Hessen

Rheinland-Pfalz

MANNHEIM
Ladenburg
Schönau
HEIDELBERG·
Heiligenberg
St. Ilgen
Lobenfeld
Billigheim
Sinsheim
Bad Wimpfen
Frauenzimmern
HEILBRONN   Weinsberg
Lauffen a. N.
KARLSRUHE
Grün-
wettersbach
Ettlingen
Maulbronn
Oberstenfeld
Bietigheim
Pforzheim
Murrhardt
Backnang
Bad Herrenalb
Baden-
Baden
Schwarzach
Hirsau
Kentheim
Lorch
Schwäb. Gmünd
STUTTGART
Esslingen
Nellingen
Sindelfingen
Plieningen
Denkendorf
Faurndau
Neresheim
Königswart
Hildriz-
hausen
Neckar-
tailfingen
Boll
Herbrechtingen
Allerheiligen
Hesselbach
Klosterreichenbach
Bebenhausen
Tübingen-
Schwärzloch
Wurmlingen
Wannweil
Oberlenningen
Brenz
Freudenstadt
Rottenburg
Schuttern
Lahr
Gengenbach
Alpirsbach
Bietenhausen
Belsen
Blaubeu...
Ettenheim-
münster
Owingen
Hohenzollern
Ehingen
Burgfelden
Zwiefalten
Obermarchtal
Rottweil
St. Georgen
Nusplingen
Veringendorf
Bayern
Breisach
St. Peter
Villingen-
FREIBURG
St. Märgen
Kappel   Bad Buchau
Ochsen-
hausen
Saulgau
Bad
Schussenried
Rot a.d. Rot
Bad
Krozingen
St. Ulrich
St. Trudpert
Sulzburg
Haisterkirch
Gaisbeuren
Engen
Baindt
Weingarten
St. Blasien
Goldbach
Salem
Überlingen
Weißenau
Schienen
Reichenau
Meistershofen
Bad
Säckingen
Konstanz
Bodensee

FRANKREICH

Rhein

Murg

Enz

Nagold

Enz

Neckar

Jagst

Kocher

Neckar

Rems

Fils

Kinzig

Elz

Brigach

Breg

Donau

Wutach

Rhein

Bronnbach
Grünsfeld-
hausen
Ober-
wittighausen
Schäftersheim
Wölchingen
Standorf
Schöntal
Niedernhall
Amrichs-
hausen
Unterregenbach
Leofels
Crailsheim
Schwäb. Hall
Steinbach   Großkomburg
Kleinkomburg
Hohenberg
Ellwangen

Tauber

Bayern

Kilometer
0   10   20   30   40   50

SCHWEIZ

ÖSTERR.

Romanik in Baden-Württemberg

Nürtingen, den 7.1.93
In „alter" Verbundenheit
und tiefer Dankbarkeit
Ihr Jürgen Welter

Heinfried Wischermann

Romanik

in Baden-Württemberg

Fotos von Joachim Feist und Peter Fuchs

Konrad Theiss Verlag

CIP-Kurztitelaufnahme der Deutschen Bibliothek

Wischermann, Heinfried:
Romanik in Baden-Württemberg / Heinfried
Wischermann. Fotos von Joachim Feist u. Peter
Fuchs. – Stuttgart : Theiss, 1987.
  ISBN 3-8062-0331-8
NE: Feist, Joachim:; Fuchs, Peter:

Schutzumschlag: Erich Plöger
unter Verwendung eines Fotos von Joachim Feist
(Krypta der ev. Pfarrkirche in Oberstenfeld)

Der Tafelteil wurde gedruckt auf
holzfrei weiß 150 g/qm Profimago
der Firma Feldmühle

© Konrad Theiss Verlag GmbH, Stuttgart 1987
Alle Rechte vorbehalten
Gesamtherstellung: Grafische Betriebe
Süddeutscher Zeitungsdienst, Aalen
Printed in Germany
ISBN 3 8062 0331 8

Für Frank, Mirjam und Katharina

Inhalt

Einleitung

Dieser Band trägt den Titel »Romanik in Baden-Württemberg« nicht nur in Anknüpfung an die bereits erschienenen Bände dieser Reihe. »Baden-württembergische Romanik« dürfte er nicht heißen, denn das hier behandelte, erst 1952 zusammengeschlossene Gebiet war weder historisch noch geographisch – und daher natürlich auch nicht kunstgeographisch – je eine Einheit. Der Name des Bundeslandes verbindet die Bezeichnungen zweier Länder miteinander (eigentlich müßte auch Hohenzollern Teil des Namens sein), die man weit ins Mittelalter, wenn auch nicht bis in die Frühzeit der deutschen Geschichte, zurückverfolgen kann. Urkundlich lassen sich weder die Markgrafen von Baden noch die Grafen von Wirtemberg oder die von Zollern vor der zweiten Hälfte des 11. Jahrhunderts belegen.

Der westliche Landesteil Baden war im 12. Jahrhundert zum Teil im Besitz einer Seitenlinie der Zähringer. Diese war von Hermann I. (gest. 1074), dem Bruder des Zähringers Berthold I., begründet worden, der seit 1061 Markgraf von Verona war, und seinem Sohn Hermann II. (gest. 1130), der diesen Titel ab 1121 als Markgraf von Baden weiterführte. Der ursprüngliche Besitz der Badener umfaßte die Burg Baden-Baden, die Grafschaften im Breisgau und in der Ortenau sowie Backnang und Besigheim. Im 13. Jahrhundert kamen u. a. Lauffen, Pforzheim, Durlach, Ettlingen, Alt-Eberstein und Herrenalb dazu.

Der östliche Landesteil war in dieser Zeit zum Teil im Besitz der Grafen von Wirtemberg (Wirdeberch). Die erstmals 1081 genannten Herren von Wirtemberg, die seit 1135 den Grafentitel trugen, waren im mittleren Neckartal und im Remstal begütert. Beim Streit der Welfen und Staufer und nach dem Zusammenbruch des staufischen Reiches hatten sie ihr Land beträchtlich vergrößern können. Stuttgart wurde ihr Hauptsitz.

Auch das Geschlecht der Grafen von Zollern läßt sich nicht über das 11. Jahrhundert zurückverfolgen. Für 1061 berichtet Berthold von Reichenau vom Tod des Burchardus und des Wezil »de Zolorin«. Die Zollern dürften damit eines der ersten schwäbischen Adelsgeschlechter sein, das sich nach seiner Stammburg, einer Höhenburg, benannte.

Auch der Titel »Schwäbische Romanik« ließe sich nicht rechtfertigen. Denn Baden-Württemberg entspricht nicht dem alten Herzogtum Schwaben, zu dem ja auch schweizerische Gebiete gehörten. Und auch das Reich der Zähringer, deren Herrschaftszeit mit der Zeit der Romanik nahezu identisch ist, deckt sich nicht mit der Fläche des jungen Südweststaates. Zudem waren noch vor 1805 Baden und Württemberg erheblich kleiner als bei ihrem Zusammenschluß. Es fehlten noch das kurpfälzische Gebiet um Heidelberg, das vorderösterreichische um Freiburg, zahlreiche weltliche und geistliche Herrschaften unterschiedlicher Größe sowie mehrere Reichsstädte.

Auch geographisch ist das Gebiet des Südwestlandes uneinheitlich. Es umfaßt Teile des Oberrheingrabens mit dem Schwarzwald, das Neckarland, die Schwäbische Alb sowie Teile des Odenwaldes, der Hohenloher Ebene und des Alpenvorlandes. Vielleicht hat die landschaftliche Vielfalt jene vielteilige Territorienbildung gefördert, die erst die Zeit Napoleons beseitigte. Die Oberfläche des Landes ist wie die seiner Nachbarn stark reliefiert. Waldreiche Mittelgebirge wechseln mit Tälern und Becken. Den natürlich-geographischen Verbindungen des Bundeslandes über den Rhein hinweg in die Schweiz, ins Elsaß, in die Pfalz, über die Bergstraße und den Odenwald nach Hessen und auf einer Linie vom Main zum Bodensee nach Bayern entsprechen vielfältige künstlerische Verflechtungen.

Das Gebiet Baden-Württembergs kann sich, da z. B. der Rhein nie eine wirkliche Grenze bildete und da das Gebiet keine historisch gewachsene Einheit ist, nicht mit einer Kunstlandschaft decken. Kunstgeographische Untersuchungen nach der Ausbreitung bestimmter Stilformen, Typen und Materialien der bildenden Kunst, nach ihren denkbaren klimatischen und geographischen Voraussetzungen müßten sich auf das oberrheinische Land beschränken oder auf Schwaben ausdehnen. Typische Merkmale badischer, württembergischer oder gar hohenzollerscher Romanik gibt es nicht, Kennzeichen oberrheinischer oder schwäbischer Romanik glauben die Kunsthistoriker dagegen deutlich fassen zu können.

Auch den Fachhistoriker wird die stattliche Zahl der in diesem Band vorgestellten Bauwerke, die ganz oder teilweise vorgotisch sind, überraschen. Auf der 35 750 km² großen Fläche des Südweststaates haben sich zwischen Säckingen im Süden und Heidelberg im Norden, zwischen Schwarzach im Westen und Brenz im Osten rund 70 früh- und hochmittelalterliche Monumente erhalten. Die Fülle von zum Teil überregional bedeutenden Bauwerken erlaubt einen brauchbaren Einblick in die Entwicklung der Kunst bis zum Ende der Staufer kurz nach der Mitte des 13. Jahrhunderts.

Wie in den anderen Bänden dieser Reihe ist der Begriff »Romanik« – eigentlich unzulässig – weit gefaßt. Unter Romanik versteht man gewöhnlich nur jene erste ganz Europa einschließende Epoche mittelalterlicher Kunst, die um 1000 beginnt und in Deutschland erst gegen Mitte des 13. Jahrhunderts endet. Der Vollständigkeit halber ist hier auch die vorromanische – also die merowingische, karolingische und ottonische – Kunst berücksichtigt worden. Die folgenden Abschnitte behandeln demnach die merowingische, karolingische, ottonische, salische und staufische Epoche und ihre Denkmäler in Baden-Württemberg.

Die merowingische Epoche (spätes 5. Jh.–Mitte 8. Jh.)

Überspringen wir die Zeit der Römer und der römisch-alemannischen Auseinandersetzungen und streifen wir kurz die Zeit der Unterwerfung der Alemannen durch die Franken. Nach dem Zusammenbruch des Weströmischen Reiches hatten die germanischen Völker in dessen Raum eigene Reiche geschaffen. Im Jahre 497 schlägt der merowingische Frankenkönig Chlodwig (482–511) die Alemannen bei Tolbiacum. Ihr König fällt. Der nördliche Teil Alemanniens wird fränkisch, die Grenze zwischen Franken und Alemannen durchschneidet das heutige Nordwürttemberg. Das südliche Alemannien untersteht dem Ostgotenkönig Theoderich. Mit der Annahme des christlichen Glaubens durch Chlodwig (498) beginnt auch für das Gebiet von Baden-Württemberg, das um 500 zwischen 60 000 und 90 000 Menschen bewohnt haben sollen, die Epoche der Christianisierung, d. h. der Errichtung von Bistümern und von Missionsniederlassungen durch Wandermönche. Die in männlicher Erbfolge regierenden Merowinger schaffen für Teilgebiete ihres Reiches das Herzogsamt. So bestimmt in Alemannien ein Herzog, der der fränkischen Aristokratie angehört, als regionaler Befehlshaber. Das germanische Prinzip des Nachfolgerechts aller Königssöhne führt zu immer neuen Reichsteilungen und zu Kämpfen zwischen den Teilkönigen. Die Auseinandersetzungen begünstigen die Stammesherzöge, die in Alemannien wie in Bayern nahezu unabhängig werden und die Erblichkeit ihrer Würde erlangen. In Alemannien regiert eine von Gotfrid (bis 709) an zu verfolgende Herzogsdynastie. Die Teilung des Frankenreiches unter die Söhne Karl Martells (Karlmann und Pippin III.) nützt der Alemannenherzog Theutbald zur Unabhängigkeit. 744

wird er niedergeworfen. Ein Aufstand seiner Anhänger wird 746 bei Cannstatt niedergeschlagen. Damit erlischt das alemannische Stammesherzogtum für gut 200 Jahre. Pippin III. wird 751 zum König der Franken gewählt und 754 von Papst Stephan II. gekrönt und gesalbt. Er führt in Alemannien die fränkische Grafschaftsverfassung ein und überträgt die Grafenwürde fränkischen Geschlechtern, die mit alemannischen Familien Verbindungen eingehen.

Die Kunst unter den Merowingerkönigen bzw. den Alemannenherzögen bildet keine stilgeschichtliche Einheit. Sie spiegelt die Auseinandersetzung heidnisch-germanischer und christlich-spätantiker Lebensformen. Ihr aus dem Mittelmeerraum stammender Formenschatz ist stark ornamental und damit kunstgewerblich bestimmt. Träger der kulturellen Entwicklung waren die Bischofssitze – um 600 entsteht das Bistum Konstanz – und die Klöster, deren Einrichtung zum Teil auf die genannten Adelsfamilien zurückgeht. Die Gestalt der frühen oberrheinischen Bischofskirchen (Basel und Straßburg) ist ebenso unbekannt wie die der Bischofskirche von Konstanz, das als erstes nachantikes Bistum im ganzen deutschen Bereich (W. Müller) entsteht und für den süddeutschen Raum von überragender Bedeutung gewesen sein muß. Dem Konstanzer Bischof unterstand fast ganz Alemannien vom Gotthard im Süden bis zum Hohenasperg im Norden. Aufsehenerregend sind die Erkenntnisse, die durch mehrere Grabungen für die Geschichte des frühen Holzkirchenbaus gewonnen werden konnten. Angeregt durch eine Arbeit von W. Zimmermann von 1958, die auch für Süddeutschland eine Reihe von schriftlichen Zeugnissen über die Existenz von Holzkirchen (ecclesiae ligneae) bekanntmachte, konnten nach 1960 auch in Baden-Württemberg (Brenz, Murrhardt, Pfullingen, Dunningen, Kornwestheim) hölzerne Vorgänger von Steinkirchen ergraben werden. G. P. Fehring hat die archäologischen Grabungsergebnisse, die uns eine brauchbare Vorstellung vom Aussehen solcher frühen Kirchen vermitteln können, zusammengestellt. Aus den freigelegten Pfostengruben ließen sich der Grundriß und die Innenaufteilung der ein- oder dreischiffigen Bauten ermitteln, deren Aufgehendes (Pfostenbau mit Lehmflechtwänden oder Ständerbohlenbau) hausähnlichen Charakter gehabt haben muß.

Zu Gebäudegrundrissen ergänzbare Pfostenlochreihen wurden bisher als Kapellen merowingerzeitlicher Reihengräberfriedhöfe und als Kirchenbauten von zugehörigen Siedlungen gedeutet. Die Errichtung der Kirche in einer Siedlung veränderte die Bestattungsgewohnheiten. Von nun an ist die Kirche Mitte eines sie umgebenden Friedhofs. In ihr finden die vornehmsten Anwohner – meist der Eigenkirchenherr und seine Familie – ihr Grab (→ Burgfelden oder Burgheim).

S. 13.1 In Murrhardt grub B. Cichy unter der Walterichskirche einen Holzbau aus, der mit gut 4 x 6 m kaum größer als eine der Kapellen der Reihengräberfriedhöfe ist. Durch zugehörige Gräber, die ein steinerner Nachfolger überschnitt, konnte der Bau, der auf dem Gelände eines bis ins 3. Jahrhundert belegten römischen Friedhofs stand, als Kirche interpretiert werden. Cichy hat allerdings auch erwogen, daß der Bau die Einsiedlerklause Walterichs gewesen sein könnte. Das einschiffige Langhaus begrenzten je vier Pfosten auf den Langseiten. Der Westabschluß ist gestört, eine wenig tiefe Chornische umschließen fünf Pfosten. Wie in Pier/Kreis Düren folgte dem hölzernen Vorgänger eine steinerne Saalkirche mit Rechteckchor.

Wesentlich älter als der Holzbau von Murrhardt ist die S. 13.2 ebenfalls von B. Cichy ergrabene erste Kirche von Brenz. Der auf einem römischen Trümmergelände errichtete Bau war dreischiffig. Die Rechteckhalle von 9,2 x 12,5 m hatte einen kleinen Westvorbau, drei Schiffe und einen östlichen Querraum, den Mittelpfosten vom Schiff abgrenzten. Diese Lösung ist merkwürdig, da die Mittelstützen den Blick auf den Altar verdeckt haben müssen. Dem Holzbau aus der zweiten Hälfte des 7. Jahrhunderts folgte ein steinerner rechteckiger Saalbau mit eingezogenem Chor. Brenz könnte die Theorie von der Entstehung der einschiffigen Steinkirchen als Nachahmungen von Holzbauten bekräftigen. Die Auffindung einschiffiger Steinkirchen der Spätantike, die denselben Grundrißtyp zeigen (Bonn,

Münster), erklärt Fehrings These, daß die Holzbauten älteren Steinbauten folgten und dann erheblich später wieder eine »Rückübersetzung« in den Stein folgte.

Nun reichen die bisherigen Befunde wohl nicht aus, um eine klare Abfolge von spätantikem Steinbau – merowingischem Holzbau – vorkarolingischem Steinbau zu behaupten. Zunächst ist in steinarmen Gegenden mit der Möglichkeit des Holzbaus immer zu rechnen, zudem ist von Holzkirchen in unserem Raum noch im 11. und 12. Jahrhundert die Rede: 1084 in St. Blasien und St. Georgen, 1098 in Zwiefalten, 1145 in Weißenau und noch 1180 in Obermarchtal. Und schließlich ist der älteste bisher in Baden-Württemberg ergrabene Kirchenbau – das von K. List S. 13.3 aufgedeckte Schuttern I – ein steinerner Saal von 5,9 x 11,8 m mit abgegrenztem Altarraum. Auf um 603, d. h. in die Gründungszeit der Niederlassung, datiert List seinen Fund, der für die frühmittelalterliche Kunstgeschichte und das frühe Mönchtum am Oberrhein von überragender Bedeutung ist. Hier konnte erstmals ein »vorpirminisches« Kloster nachgewiesen werden. Ähnliche Ergebnisse wie in Schuttern sind in St. Trudpert, in Ettenheimmünster und in Gengenbach zu erwarten; aber auch hier fehlen Grabungen. Vermutlich könnten Bodenuntersuchungen an diesen Orten die Geschichte der frühen Baukunst unseres Raumes wesentlich ergänzen.

Bis zum Ende der merowingischen Epoche entstanden in Baden-Württemberg neben weiteren Kirchen klosterähnlicher Niederlassungen (Brenz II, Gengenbach I, Schuttern II, Schwarzach I, Reichenau-Mittelzell I, Ellwangen I, Esslingen I) auch steinerne Eigenkirchen, von denen zwei (Burgheim und Burgfelden) ausgegraben werden S. 13.4, 5 konnten. Die Typenvielfalt ist wie bei den Holzbauten sehr gering. Alle Bauten sind einschiffig, dabei ein- oder mehrzellig (Reichenau-Mittelzell). Lediglich die Altar- S. 13.6 räume variieren. Brenz II folgte um 730 dem Typ von Schuttern I als Rechtecksaal mit abgegrenztem Altarraum. Ähnlich sah Schwarzach I im zweiten Drittel des 8. Jahr- S. 13.7 hunderts aus. Einen eingezogenen Rechteckchor zeigen die Pläne von Reichenau-Mittelzell und Esslingen I. Un- S. 13.6 bekannt sind noch die Grundrisse von Gengenbach I oder auch Ellwangen I, doch dürften sie kaum aus dem Rahmen der genannten Möglichkeiten fallen. Neu ist lediglich die halbrunde Apsis, die in Schuttern II um 740 und an den beiden Eigenkirchen – in Burgheim I um 650 als Halbkreis S. 13.4 und in Burgfelden I in der ersten Hälfte des 8. Jahrhun- S. 13.5 derts als Hufeisen – auftritt.

Diese Bauten bescheidener bis mittlerer Größe (Burg-

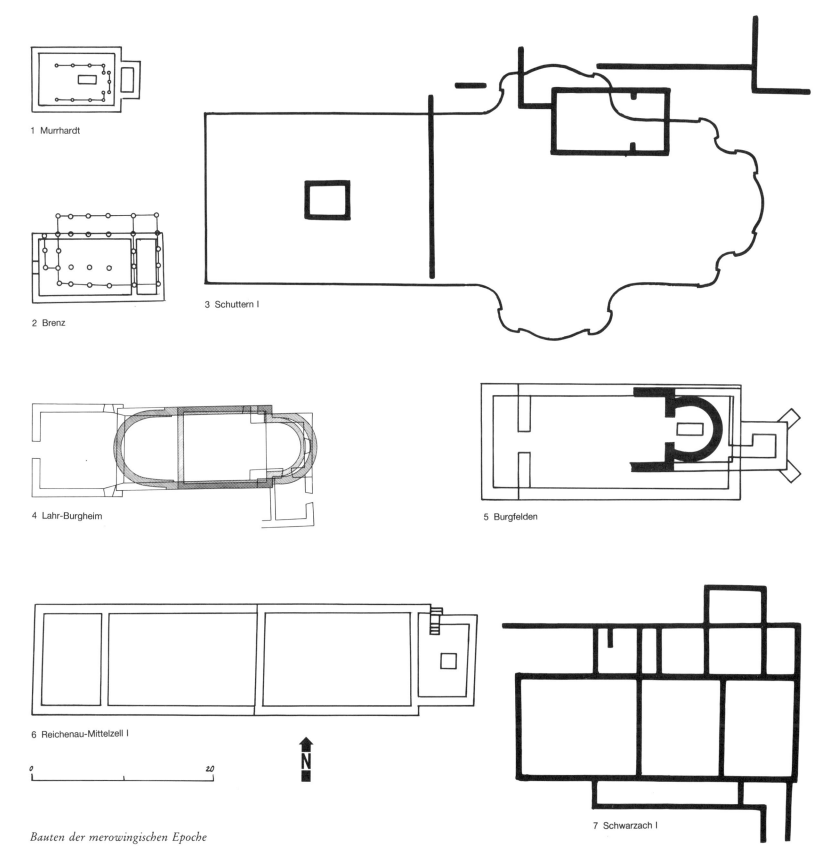

1 Murrhardt

2 Brenz

3 Schuttern I

4 Lahr-Burgheim

5 Burgfelden

6 Reichenau-Mittelzell I

0   20

N

7 Schwarzach I

Bauten der merowingischen Epoche

13

heim I war nur 14 m, Schwarzach I war immerhin 30,5 m lang) erlauben uns einen vor 20 Jahren noch unmöglichen Einblick in die Frühzeit des benediktinischen Mönchtums und das frühe Eigenkirchensystem. Waren bis dahin die frühen Benediktiner nur in Urkunden, Legenden und Handschriften greifbar, so besitzen wir nun eine Vorstellung von ihren Sakralbauten, leider aber noch so gut wie keine von ihren Wohn- und Konventsgebäuden. Doch es scheint die alte Annahme richtig zu sein, nach der voll entwickelte Klosterpläne mit Konventsgebäuden um einen Kreuzgang nördlich der Alpen erst nach 800 auftreten.

Die Anfänge der klosterähnlichen Anlagen im rechtsrheinischen Alemannien sind von Legenden verschleiert. Der iro-schottische »König« Offo, für dessen Leichnam die Mönche in Schuttern einen Memorialbau errichteten und dessen Bild mit der Umschrift REX OFFO FVNDATOR ihr Konventssiegel schmückte, ist als historische Person so wenig faßbar wie der hl. Trudpert, der als »irischer« Einsiedler am Fuß des Belchen ein Oratorium einrichtete, bei dem er erschlagen worden sein soll. Aus diesem wurde dann die Abtei St. Trudpert. Auch die Berichte über die Missionstätigkeit und das Martyrium des schottischen Eremiten Landelin, bei dessen Grab in Mönchszell das spätere Kloster Ettenheimmünster entstand, sind voll legendarischer Unschärfe.

Tragfähigen Boden erreichen wir erst mit dem frühen 8. Jahrhundert, der Zeit des hl. Pirmin, in der nicht mehr »missionseifrige Aszeten« (K. Schreiner), sondern fränkische Große mönchische Niederlassungen stifteten. Erst im 8. und 9. Jahrhundert werden die Klöster zu jenen Zentren mittelalterlicher Kultur, von deren Bedeutung eine reiche handschriftliche Überlieferung spricht. Karl Martell bediente sich 724 bei der Gründung des Inselklosters in der Mitte der Reichenau des fränkischen Klosterbischofs Pirmin, der westgotisch-aquitanischer oder spanischer Herkunft war. Als »athleta Christi« (Kämpfer Christi) vertrieb er, so schildert es noch ein Ölgemälde des 17. Jahrhunderts in der Klosterkirche, Seeschlangen und Ungeheuer von der Insel und machte sie zu einer »insula felix«, einer glücklichen Insel. Pirmin konnte seine Tätigkeit im Bodenseeraum freilich nicht lange ausüben. Der nach Unabhängigkeit strebende Alemannenherzog Theutbald, der keinen Beauftragten des fränkischen Hausmeiers in Ale-

mannien dulden wollte, vertrieb ihn. Pirmin ging ins Elsaß, wo er u. a. Murbach gründete. Auf der rechten Rheinseite richtete er mit dem fränkischen Grafen Ruthard zwischen 727 und 753 die Klöster Gengenbach und Schwarzach ein. In Schuttern führte er wie in seinen eigenen Gründungen, die selbständig gegen Bischöfe und Stifter und untereinander verbunden sein sollten, die Benediktsregel ein. Ein Pirmin-Schüler, Bischof Eddo von Straßburg, gründete am Ort des Landelin-Martyriums 734 ein Kloster, und Bischof Hariolf von Langres errichtete mit seinem Bruder Erlolf – sie entstammten bayerisch-alemannischem Hochadel – 764 die Abtei Ellwangen. Noch häufig sollten ihnen Brüder als Klosterstifter folgen.

Im Gegensatz zu diesen monastischen Einrichtungen blieben andere Kirchen, die die fränkischen oder alemannischen Großen auf ihrem Besitz bauten, als »Eigenkirchen« dauerhaft ihr frei verfügbares Eigentum. Das Vermögen und die Einkünfte der Kirchen standen ihnen zur Verfügung, und sie hatten das Recht, den Geistlichen ein- und abzusetzen. Die Bauten dienten – wie in Burgfelden und Burgheim nachgewiesen – als Grablegen ihrer Erbauer und deren Angehörigen. Die zugehörigen Herrensitze, die H. Jänichen für Burgfelden und K. List für Burgheim annehmen, sind nicht ergraben.

Die ersten archäologischen Zeugnisse für die Christianisierung Alemanniens sind – neben den Kirchen – Grabbeigaben, in der Mehrzahl sog. Goldblattkreuze. Dabei handelt es sich um kleine Kreuze aus dünnem Goldblech, die in Gräbern von Erwachsenen (z. B. Burgfelden), aber auch von Kindern (Sontheim) gefunden wurden. Die Grabbeigaben (darunter Gewänder, Waffen, Schmuck und Gefäße) sind nicht nur Zeugnisse für weitreichende Handelsbeziehungen, sondern auch für Verwandtschaftsbande, z. B. nach dem Westen. So bezeugt die Prunkspange aus Wittislingen mit ihrer christlichen Inschrift die Verbindung eines alemannischen Hochadeligen mit einer rheinfränkischen Sippe. H. Tüchle hat die Kreuzanhänger treffend als »stumme Zeugen einer stillen Missionsarbeit« bezeichnet. Ein Zeuge des aufkommenden Reliquienkults ist das Taschenreliquiar in Ennabeuren mit dem Bild eines Reiterheiligen aus der Zeit um 700. Es ist der älteste Reliquienbehälter unseres Landes.

Die karolingische Epoche (Mitte 8. Jh.–Anfang 10. Jh.)

In der Regierungszeit Karls des Großen (768–814) und seiner Nachfolger wird die Christianisierung Alemanniens abgeschlossen. Beim Ausbau der kirchlichen Organisation und bei der Errichtung weiterer Klöster und Kirchen spielten das Königshaus, der Ortsadel, die Klöster und Bischöfe die entscheidende Rolle. Im gesamten alemannischen Raum entstanden etwa 40 Klöster. Zu den bedeutendsten zählen neben der Reichenau St. Gallen, Weißenburg im Elsaß, Lorsch und Fulda, das im Südwesten reichen Besitz hat. Die Klöster sind die Träger der »karolingischen Renaissance«, einer Blütezeit christlicher Kultur auf antik-humanistischer Grundlage, die Karl intensiv förderte.

Der Kaiser hatte keine gelehrte Erziehung bekommen, schreiben lernte er erst spät. Aber er sprach Latein und etwas Griechisch. Er versuchte, Verse zu machen, sammelte eine Bibliothek und holte Lehrer aus Italien und England an seine Hofschule. Es entsteht Alkuins Neufassung des lateinischen Bibeltextes, die liturgischen Texte werden gereinigt und verbessert. In allen Klöstern und an den Bischofssitzen werden Schulen eingerichtet. Der karolingischen Renaissance verdanken wir die Erhaltung des antiken Schrifttums, denn fast alle Werke der lateinischen Klassiker, die wir kennen, sind durch karolingische Handschriften überliefert. Die leicht lesbare karolingische Minuskel löst die merowingischen Schriften ab.

Geistliche – Äbte wie Fulrad, Bischöfe wie Noting, Einsiedler wie Walterich – und weltliche Stifter (→ Obermarchtal u. a.) vermehren die Zahl der religiösen Niederlassungen (Kloster, Priorat, Einsiedelei) beträchtlich. Ein weiterer Bischofssitz entsteht aber im rechtsrheinischen Südwestdeutschland nicht mehr.

Vor 776 gründeten Alaholf und seine Frau Hitta, die mit dem alemannischen Herzogshaus verwandt war, in Marchtal (Obermarchtal) ein Kloster, das nur bis 805 bestand. Diese Stifter sind das erste von zahlreichen Ehepaaren (→ Sindelfingen), die um ihres Seelenheils willen ein Kloster einrichten.

Die Zellen Herbrechtingen, Esslingen und Hoppetenzell werden 777 im Testament des Abtes Fulrad von Saint-Denis erwähnt. Der berühmte Erzkapellan und Ratgeber Pippins d. J. muß die Zellen, die Reliquien der hll. Veranus, Vitalis und »Jorgius« hüteten, vor 774 erworben haben. Anlaß waren aber wohl nicht kultische oder missionarische Absichten, sondern politische. Die Karolinger versuchten das 746 besiegte Alemannien dauerhaft ans Frankenreich zu binden. Helfer waren die Grafen Ruthard und Warin, Bischof Eddo von Straßburg und besonders Abt Fulrad. Sein Kloster nördlich von Paris erwarb Besitz im Elsaß und die drei Zellen in Schwaben, wo sie u. a. als Stützpunkte gegen Bayern gedient haben mögen. Lediglich in Esslingen wurde bisher der Bau des 8. Jahrhunderts, eine Saalkirche mit eingezogenem Rechteckchor, ergraben.

799 weihte Egino, ein alemannischer Adliger und Mönch auf der Reichenau, der unter Karl dem Großen Bischof von Verona geworden war, am Westende der Bodenseeinsel eine Zelle, deren Kirchlein seine Grabkirche werden sollte. Die steinerne Saalkirche hatte eine gestelzte *S. 17.1* halbkreisförmige Apsis, die Wohnbauten lagen im Norden.

Graf Scrot von Florenz, ein Würdenträger aus dem alemannisch-fränkischen Hochadel, brachte um 800 Genesius-Reliquien auf sein Landgut Schienen. Die Zelle, die

Mönche und Kleriker betreuten, wurde ein vielbesuchter Wallfahrtsort. Auch hier ist noch nicht gegraben worden.

Der Einsiedler Walterich, der aus dem fränkischen Hochadel stammte, errichtete im frühen 9. Jahrhundert mit Unterstützung Ludwigs des Frommen, den man später als einen der Klosterstifter verehrt, eine Mönchsgemeinschaft in Murrhardt. Anscheinend sind die Gründer hier der Absicht des Würzburger Bischofs zuvorgekommen, im Murrwald, d. h. an der Südgrenze seiner Diözese, einen Stützpunkt einzurichten. Die von B. Cichy ergrabene Kirche dieser Zeit war eine Saalkirche mit Rechteckchor.

Im Jahre 830 brachte der karolingische Reichsbischof Noting von Vercelli, ein Verwandter des alemannischen Grafen Erlafried, der zu den Ahnen der späteren Grafen von Calw gezählt wird, die Reliquien des hl. Aurelius von Mailand nach Hirsau ins Nagoldtal. Zunächst werden die Gebeine in einer Nazarius-Kapelle niedergelegt. Eine Au- *S. 17.2* relius-Kirche wird dann neu erbaut, mit Eigentum ausgestattet und zum Mittelpunkt einer klösterlichen Anlage. Die Wohnbauten der ersten Gemeinschaft sind nicht bekannt. Die Kirche war eine vielleicht erstmals dreischiffige Anlage mit einer Ostapsis. Sie bleibt durchaus im Rahmen der bescheidenen Möglichkeiten dieser Zeit.

Von mittlerer Größe waren die Neubauten, die im frühen *S. 17.3* 9. Jahrhundert in Schuttern (Bau III) und Reichenau-Mit- *S. 17.5* telzell (Bau II) errichtet wurden. Neu an ihnen ist die Mehrzelligkeit der Grundrisse. An den Rechteckbau in Schuttern schloß im Westen ein Atrium an, in dem eine Kreuzkapelle die Grabstelle des Stifters Offo auszeichnete. In Mittelzell entstand bis zur Weihe 816 die erste entwicklungsgeschichtlich bedeutende Anlage unseres Bereichs. Die kurze, gedrungene dreischiffige Basilika des Abtes Heito brachte vielfältige Neuerungen. Sie hatte ein Querhaus mit einer fast schon völlig ausgeschiedenen Vierung, einen quadratischen Chorraum und zwei halbrunde Apsiden. Nicht gesichert sind der Stützenwechsel des Langhauses und ein Vierungsturm. Der kreuzförmige, vielleicht doch bereits turmüberhöhte Ostteil der Kirche, der in dieser Zeit auch an der Richarius-Basilika in Centula auftritt, gilt als zukunftsträchtige Erfindung der Hofkunst unter Karl dem Großen. Die Bauherren – Abt Angilbert in Centula, Abt Heito auf der Reichenau – gehörten zum engsten Ratgeberkreis um den Herrscher.

Auffallend sind die Parallelen zwischen dem Heito-Bau, von dem noch die Vierung, Teile der Querhausmauern und die sog. Witigowo-Säule stehen, und dem »St. Galler

Klosterplan«, dem Grundriß einer vollständigen Klosteranlage von etwa 820, der für St. Gallen auf der Reichenau kopiert wurde. Dieser 77,5 x 112 cm große Pergamentplan vermittelt einen einzigartigen Einblick in die Organisation eines voll entwickelten Benediktinerklosters. Was wir bis ins 12. Jahrhundert nur in Fragmenten aus Grabungen und Schriftquellen kennen, zeigt diese Zeichnung, auf der sämtliche Gebäude um die Kirche und den Kreuzgang ausführlich beschriftet sind, in größter Vollständigkeit. Einen Kreuzgang mit angrenzenden Gebäuden hat es in karolingischer Zeit auch auf der Insel gegeben. A. Zettler wies sogar eine Hypokaustenanlage im Westflügel von Mittelzell nach. Doch eine Vorstellung von einem vollständigen Kloster der Benediktiner, in dem sich die Mönche nicht nur ihren geistlichen und wissenschaftlichen Arbeiten widmeten, sondern auch körperliche Arbeit verrichteten, vermittelt allein der Plan.

Die St. Galler Plankirche – ein aufwendiger dreischiffiger Bau mit Querhaus, Vorchorjoch und Rundapsis im Osten und einer Gegenapsis mit Ringatrium und freistehenden Rundtürmen im Westen – besitzt ein wichtiges Bauglied, das wir am Oberrhein um 820 gleich zweimal, in Konstanz *S. 17.4* und Bad Säckingen, nachweisen können: eine Stollen- *S. 17.6* krypta, wie sie auf dem Plan das Vorchorjoch erhöht. Auf der Zeichnung ist die Krypta als zweifach rechteckig gebrochener tonnengewölbter Gang dargestellt. Der Zugang erfolgt aus dem Querhaus, eine Prozessionsrichtung ist nicht vorgegeben. Vom Ostgang her ist die Confessio, die Reliquienkammer, zugänglich. Den Sarkophag hätte man – wohl durch ein Fenster – auch von Westen sehen können. Eine Krypta ist also ein unterirdischer oder – wie in Basel östlich des Münsters ergraben – halb unterirdischer Raum, der der Aufbewahrung von Reliquien und dem Kult an Heiligengräbern diente.

In Konstanz führen die Stollen aus den Seitenschiffen *Abb. 2, 3* rechtwinklig umbrechend in einen Rechteckraum, einen Versammlungsraum vor dem Grab des Heiligen, dessen Reliquien wir in einer Sarkophagkammer in der Westwand annehmen müssen. Wer dieser erste Heilige war, der in der Konstanzer Bischofskirche verehrt wurde, wissen wir nicht. Die Überführung der im ganzen Bistum verehrten Pelagius-Reliquien, für die die Krypta anscheinend sogar nach Westen erweitert wurde, erfolgte erst 904. In der noch nicht restaurierten Krypta in Bad Säckingen, in der *Abb. 21* man die Gebeine des »Klostergründers« Fridolin verehrte, hat der Mittelraum nicht nur eine Grabkammer im Westen, sondern zusätzlich eine Apsis im Osten.

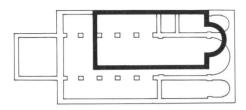

1 Reichenau-Niederzell

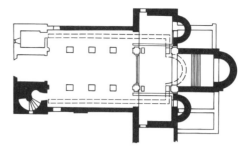

2 Hirsau, St. Aurelius I/II

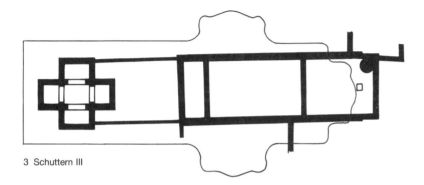

3 Schuttern III

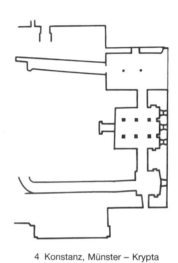

4 Konstanz, Münster – Krypta

6 Säckingen, Münster – Krypta

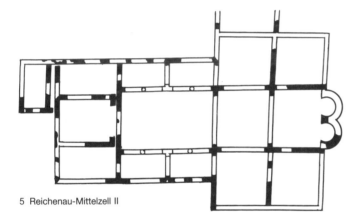

5 Reichenau-Mittelzell II

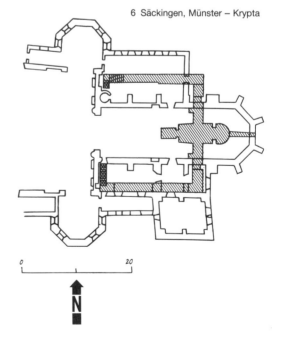

7 Reichenau-Oberzell

0   20

N

Bauten der karolingischen Epoche

Die bedeutendsten Funde zu den Fragen um Heiligenkult, Reliquiengrab und zur Frühgeschichte der Krypta in unserem Raum gelangen G. P. Fehring in Unterregenbach und Esslingen. Die beiden Kreuzkanalanlagen in dem kleinen Sakralbau des 9. Jahrhunderts in Unterregenbach können als Teil einer Reliquienkapelle in Kreuzform gedeutet werden. Ein vergleichbarer Bau stand als Georgskirche auf der Prager Burg. Das Reliquiengrab in der Esslinger Vitalis-Zelle aus der Mitte des 8. Jahrhunderts wurde als nachträglicher Einbau wohl der Fulrad-Zeit erkannt. Der Abt dürfte um 774/75 Reliquien aus Rom ins Frankenreich gebracht haben. Offensichtlich kam ein fast vollständiger Heiligenkörper in das gemauerte Bodengrab. Die Weiterentwicklung des Reliquienkults läßt sich an Ort und Stelle beobachten: In Esslingen wird im zweiten Viertel des 9. Jahrhunderts eine Hallenkrypta als ein über zwei Säulen gratgewölbter Raum mit drei Schiffen angebaut, der wohl den Unterbau eines Rechteckchors bildete. Zu klären ist, ob sich die Hallenkrypta aus der Winkelgang- oder Stollenkrypta entwickelt hat. Die Form einer Halle hat ja schon der Mittelraum der Konstanzer Krypta.

Aus der zweiten Hälfte des 9. Jahrhunderts sind drei Klostergründungen im Südwesten bekannt. Aus der um die Mitte des Jahrhunderts von Rheinau aus gegründeten »cella alba« (Albzell) wird St. Blasien. Das Klösterchen Faurndau wird 875 erwähnt, als es Ludwig der Deutsche seinem Kapellan Liutprand übergibt. Und im späten 9. Jahrhundert errichtet die Reichsabtei Lorsch/Hessen auf dem Heiligenberg bei Heidelberg ein Michaelskloster.

Die spätkarolingischen Bauten von St. Blasien und Faurndau sind unbekannt, auf dem Heiligenberg fanden umfangreiche Ausgrabungen statt. P. Marzolff machte wahrscheinlich, daß der Gründungsbau des Abtes Thiotroch nicht der bislang angenommene aufwendige basilikale Bau mit dreiteiligem Chor war, sondern ein durch Quermauern unterteilter Saal wie in Schuttern oder Schwarzach. Dieser Befund bekräftigt die Annahme, daß man Basiliken mit mehrteiliger Ostlösung (Querhaus und Apsiden) wohl nur in den bedeutendsten und reichsten Niederlassungen erwarten darf, bei Anlagen, an deren Entstehung zudem Männer wie Benedikt von Aniane (Kornelimünster/Inden), Einhard (Steinbach, Seligenstadt) und Thiotroch selbst (Lorsch) beteiligt waren. Kirchenfamilien, also Gruppen von Sakralbauten unterschiedlicher Funktion wie in Fulda, sind in unserem Gebiet für die karolingische Zeit bisher nicht nachgewiesen.

Aus der Spätzeit der Karolinger ist neben Um- und Anbauten (Brenz III, Reichenau-Mittelzell III) nur ein Bau von besonderem Interesse: Reichenau-Oberzell. Hier erbaut Abt Hatto III. (888–913) eine – weitgehend erhaltene – Säulenbasilika, an die sich ursprünglich ein Trikonchos, eine Chorform aus drei Apsiden, anschloß. Diese seltene Bauform, die die allgemein zu beobachtende Vielfalt karolingischer Bauideen unterstreicht, läßt vermuten, daß der Bauherr durch die Gestalt seiner Schöpfung Hinweise auf deren Funktion (Behälter für das Haupt des hl. Georg, das er um 896 von Papst Formosus erhalten hatte; Grabkirche für sich selbst) geben wollte.

In die erste Hälfte des 10. Jahrhunderts setzt schließlich der Ausgräber P. Marzolff die dreischiffige Basilika mit Ostquerhaus und drei Apsiden in Heiligenberg (Bau III), die man bislang Abt Thiotroch zugewiesen hat. Erst vom 11. Jahrhundert an (Hirsau, St. Aurelius) wird diese Bauform auch im deutschen Südwesten die geläufige der Klosterkirchen sein.

Ein Vergleich mit einer benachbarten Landschaft – etwa Hessen – lehrt, daß das Gebiet von Baden-Württemberg im Frühmittelalter arm an aufwendigen Bauwerken war. Nur die Reichenau kann mit den hessischen Großbauten in Lorsch, Fulda, Seligenstadt, Höchst etc. konkurrieren. Allerdings sind in diesem Gebiet mehr karolingische Sakralbauten als in jedem anderen erhalten geblieben. Innovatorische, entwicklungsträchtige Lösungen fehlen in Baden-Württemberg – abgesehen wieder von der Reichenau und dem Memorialbau in Schuttern. Der einfache Saalbau, dessen weite Verbreitung als »neutrale, bloß zweckhafte Grundform« W. Boeckelmann 1956 aufgezeigt hat, ist auch in Südwestdeutschland der geläufige Typ der Erstlingsbauten der Merowinger- und Karolingerzeit.

Profanbauten karolingischer Zeit, Pfalzen und Königshöfe etwa, die den reisenden Herrschern als Stützpunkte und Verwaltungssitze dienten, oder Herrensitze, sind urkundlich vielfach nachgewiesen, aber als Bodendenkmäler bisher nur unzureichend faßbar. Im Jahre 839 urkundet Ludwig der Fromme in »Bodoma palatio regio«, als er die Reichenau reich beschenkt. 854 wird Ulm als »palatium regium« bei einem Besuch Ludwigs des Deutschen erwähnt. Neben dem elsässischen Schlettstadt waren diese beiden Anlagen die wichtigsten Pfalzen im karolingischen Alemannien, aber auch Heilbronn ist 841 einmal in der Schenkungsurkunde als »palatium« belegt. Neben die Pfalzen als Stätten königlichen Aufenthalts pflegt man die Königshöfe als Wirtschaftshöfe zu stellen. Solche Gutshöfe erscheinen in den Itineraren u. a. für Waiblingen, Rottweil oder Neudingen. Allerdings macht die Vielzahl der lateinischen Termini (palatium, aula, curia, sedes, villa, curtis, castrum) die Unterscheidung der Anlagen, die aus dem Frankenreich nach Alemannien importiert wurden, schwierig. Aufklärung könnte – wie in Aachen, Ingelheim und Frankfurt – auch hier nur die Bodenforschung durch Mittelalterarchäologen bringen, deren Methoden heute auch Erkenntnisse an stark überbauten Plätzen ermöglichen.

Reste von Herrensitzen wurden bei der Vitalis-Zelle in Esslingen und in Untertürkheim aufgedeckt. In Unterregenbach war der Herrensitz C eng mit den sakralen Anlagen des Stifts oder Klosters verbunden.

Im Frühmittelalter lebten nicht nur die unteren sozialen Schichten in hölzernen Bauten, auch Kirchen (s. o.), Herrensitze, weitgehend auch die Pfalzen waren aus Holz. Hölzerne Profanbauten sind jedoch ebensowenig erhalten wie hölzerne Sakralbauten. Da die archäologische Hausforschung im Süden Deutschlands nie so intensiv wie in den nördlichen Küstenländern betrieben wurde, sind wir über Pfahlbauten am Bodensee besser unterrichtet als über den karolingischen Wohnbau. Vermutlich würden Grabungen das andernorts gewonnene Bild vom »Nebeneinander unterschiedlicher Formen und Techniken« (W. Sage) bestätigen. Verbindungen der volkstümlichen Bauweise zur »hohen« Steinarchitektur der Karolinger dürfte es nicht gegeben haben.

Siedlungen des frühen Mittelalters sind bisher nur unzureichend bekannt. 1939/40 wurde eine Dorfanlage in Merdingen bei Freiburg ausgegraben, die nach den Keramikfunden vom 7. bis ins 12./13. Jahrhundert bestand. Zur älteren Phase gehören Pfostengruben, die man allerdings nicht zu Hausgrundrissen ergänzen konnte. Eine 1949–1951 zum Teil ergrabene namenlose Wüstung bestand vom 7. bis 9. Jahrhundert bei Burgheim nahe Neuburg a. d. Donau. Dort konnte ein 6 x 17 m großer Wohnbau mit einer Feuerstelle festgestellt werden, der das bestbezeugte frühmittelalterliche Haus Süddeutschlands ist. Siedlungsbereiche wurden in den letzten Jahren auch in Wülfingen, Zimmern, Sindelfingen und Unterregenbach untersucht.

Die in vielfacher Hinsicht aussagefähige Anlage von Unterregenbach wirft auch ein Licht auf die Frühzeit der Wehranlagen in Baden-Württemberg. Offenbar gehörten zu unbefestigten Klöstern oder Herrensitzen ummauerte Rückzugsflächen auf nahen Höhen. So wies Fehring auf

einem Bergsporn nahe Kloster und Herrensitz die Abschnittsbefestigung »Alte Burg« nach, die ein Spitzgraben und eine Mauer sicherten. Entgegen der Annahme von J. Werner (1965) dürften Burgen und befestigte Anlagen in der Zeit der Merowinger und Karolinger ähnliche Aufgaben wie schon im 4./5. Jahrhundert erfüllt haben. Sie waren Herrschafts- und Verwaltungszentren, Militärstützpunkte und Zufluchtsorte. Es lassen sich großflächige frühmittelalterliche Burgen (Stöckenburg bei Schwäbisch Hall, Heuneburg, Heiligenberg) fassen, von denen kein direkter Weg zur kleinen hochmittelalterlichen Steinburg des Adels führt. Bei der ersten Gruppe hatte der König das Bewehrungsrecht, das er delegierte. Die Adelsburgen waren Sitze von Familien bzw. Sippen, die sich das Befestigungsrecht meist angeeignet hatten.

In einem Buch, das vornehmlich die Denkmäler der Baukunst zusammenstellt, liegt es nahe, zunächst einen Blick auf die Bauskulptur zu werfen. Waren in merowingischer Zeit Kapitelle und steinerner Bauschmuck wie Gesimse etc. unbekannt, so kommt es in karolingischer Zeit zu einer Wiedergeburt antiker Bau- und Dekorationsformen. Nicht nur Großbauten wie die Kirchen in Saint-Denis und Fulda »imitieren« römische Vorbilder, auch die Einzelteile gehen auf klassische Muster zurück. Höhepunkt dieser Renaissance sind die Kapitelle des Aachener Münsters. Solchen Glanzleistungen hat Baden-Württemberg nichts Ebenbürtiges an die Seite zu stellen. Die niedrigen trapezförmigen Kapitelle der Konstanzer Krypta zeigen nur der- *Abb. 3* ben antikisierenden Palmettenschmuck.

Reste karolingischer Kirchenausstattungen (Chorschranken, Ambonen) aus Stein kamen bei Grabungen und Bauuntersuchungen in Hirsau, Esslingen und auf der Reichenau ans Licht. In St. Dionysius in Esslingen wurde ein Flechtwerkstein im Fundamentmauerwerk der Westfassade des gotischen Langhauses gefunden. Die drei Hirsauer Flechtwerkplatten, die Teil einer Kanzelbrüstung *Abb. 67* waren, entdeckte man 1955 im Westturm von St. Aurelius. Ein krabbenbesetztes Bogenstück, das wohl die Stirnseite einer Schranke schmückte, und ein Teil eines Schrankenpfeilers befinden sich unter den Fragmenten aus Reichenau-Mittelzell. Auch in Niederzell kam eine große Flechtwerkplatte zutage. Sie diente, mit dem Gesicht nach unten, als Bodenplatte. Alle diese Reliefs sind weitgehend unfigürlich, sind bloße Ornamentsteine. Ihr Motivreichtum ist nicht groß. Meist finden wir gefüllte Kreisornamente, die symmetrisch gereiht sind, Palmetten oder Flechtbänder, die, wie in Hirsau, ein Kreuz rahmen.

Der durch die insular-angelsächsische Mission verbreitete Schmuckstil bestimmte die Edelmetallarbeiten der zweiten Hälfte des 8. Jahrhunderts. Die Denkmäler dieser Zeit stammen nicht mehr aus Gräbern, sondern, wie der Tassilo-Kelch in Kremsmünster oder der Lindauer Buchdeckel in New York, aus Kirchen und Klöstern. Bemerkenswerte Beispiele der Goldschmiedekunst des 9. Jahrhunderts sind der Tragaltar des Klosters Adelhausen in Freiburg, dessen Ornamente an den alemannischen Lindauer Deckel erinnern, und das Ellwanger Reliquienkästchen. *Abb. 130* Fragmente karolingischer Fresken fanden sich bei den Ausgrabungen auf der Reichenau.

Die ottonische Epoche (Anfang 10. Jh.–1024)

Nach dem Sieg der Ungarn 910 bei Augsburg über Ludwig das Kind (893–911), den letzten ostfränkischen Karolinger, zerfiel das karolingische Großreich. Ein erbfähiger Nachfolger fehlte. Stämme und Landschaften verfolgten verstärkt eigene, dezentralisierende Interessen. 911 kommt der Hunfridinger Burchard (aus Rätien) um, der als erster faßbarer Anwärter auf die Würde eines Herzogs von Schwaben gilt. Da das Gebiet Alemanniens sich weitgehend mit dem des Herzogtums Schwaben deckt, genügt es für unsere Übersicht, die Geschichte der Herzöge von Schwaben in Umrissen zu verfolgen. Die Zähringer werden nur kurz erwähnt, die Welfen haben nur für die Kunst in der Gegend von Weingarten eine Rolle gespielt.

Nach dem gescheiterten Versuch des Alaholfingers Erchanger (914/15), die Herzogswürde zu erlangen, wird der Bruder des 911 umgekommenen Hunfridingers Burchard d. J. (917–926) Herzog von Schwaben. Seit dieser Zeit ist das schwäbische Herzogtum als verfügbares Lehen an den König gebunden. Nach dem Tode Burchards vor Novara übergibt der 919 zum König gewählte Heinrich I. (919–936), der Herzog von Sachsen war, das Herzogtum Schwaben einem Franken, dem Konradiner Hermann I. (926–946). Dieser bleibt König Otto I., dem Großen (936–973), treu, als sich 939 dessen Bruder Heinrich mit den Herzögen von Bayern, Franken, Lothringen und anderen erhebt. 949 wird Liudolf, ein Sohn Ottos des Großen, Herzog von Schwaben. Nach der »Fürstenrevolte« von 953–955 verliert Liudolf das Herzogtum, sein Nachfolger wird der einheimische Hunfridingerherzog Burchard II. (954–973), der kinderlos stirbt. Nach seinen Erfahrungen mit den Herzögen aus seiner Verwandtschaft

findet Otto eine zuverlässige Stütze in den geistlichen Würdenträgern, die gleichberechtigt neben die weltlichen Großen treten.

Otto II. (973–983), der das Werk seines Vaters fortzusetzen versucht, übergibt Schwaben seinem Vetter Otto, einem Sohn Liudolfs. Otto von Schwaben erhält 976 auch das bayerische Herzogtum, das Heinrich dem Zänker genommen wird. Nach seinem Tod in Lucca kommt dann die Herzogswürde an drei rheinfränkische Konradiner: Konrad (982–997), Hermann II. (997–1003) und Hermann III. (1003–1012). Hermann II. bewirbt sich um die Königskrone, unterwirft sich aber dem zum König gewählten Bayernherzog, der als Heinrich II., der Heilige, 1002–1024 regiert. Der Kaiser hält die Herrschaft in Schwaben fest in der Hand, auch während der kurzen Zeit (1012–1015), in der er dem Babenberger Ernst I. die Herzogswürde überläßt.

In dieser für Schwaben bzw. das Gebiet von Baden-Württemberg wenig ruhigen Zeit konnten weder die Kaiser noch die häufig wechselnden Herzöge zu Trägern kultureller Ideen werden, obwohl Heinrich II. am Bau des frühromanischen Basler Münster beteiligt war. Bischöfe und Klöster sind neben Adligen wie Graf Birchtilo in Sulzburg die wichtigsten Auftraggeber. Zu Neugründungen kommt es nur in wenigen Fällen.

So läßt zwischen 968 und 973 die Herzogin Hadwig (gest. 994), eine bayerische Herzogstochter, die mit Burchard II. verheiratet war, bei der Burg auf dem Hohentwiel ein Kloster einrichten. Das Kloster, an dessen Entwurf wohl der St. Galler Mönch Ekkehard II. beteiligt war, sollte nicht als Grablege, sondern nach F. Beyerle als Ort einer

»schola palatina«, einer Schule für Adlige, dienen. Von den Klostergebäuden auf dem flachen Osthang unterhalb des Felskegels mit der Burg blieb nichts erhalten.

Untergegangen ist auch Kloster Petershausen, das Bischof Gebhard II. von Konstanz (949–995) 983 als bischöfliches Eigenkloster gründete. Gebhard verfolgte verschiedene Ziele: Er wollte seiner Domkirche auch in einem von den Reichsklöstern St. Gallen und Reichenau besetzten Gebiet Geltung verschaffen. Der Gründungskonvent, den er selbst aussucht, sollte Petershausen zu einem »Zentrum reformmönchischen Lebens« (I.-J. Miscoll-Reckert) machen. Die Reform zielte auf die materielle Unabhängigkeit der Klöster, auf die Einsetzung fähiger Äbte, auf die Hebung von Zucht und Ordnung, auf den Anschluß an ein Reformzentrum (hier war es Einsiedeln) und auf die Übernahme der Consuetudines (Regeln) dieses Konvents. Das Kloster sollte Gebhards Grablege und die letzte der auf Rom bezogenen ottonischen Kirchengründungen seiner Stadt sein (dazu H. Maurer). Die nach dem Vorbild von Alt-St.-Peter in Rom errichtete und 992 geweihte Kirche war eine dreischiffige Säulenbasilika mit einem nicht ausladenden Querhaus und einem dreiteiligen Chor mit Krypta.

Erhalten ist allein die dritte Gründung des späten 10. Jahr-

Abb. 27–29
S. 23.1

hunderts: die Klosterkirche in Sulzburg. Hier gründete am Ende des 10. Jahrhunderts ein Graf Birchtilo ein 993 erstmals genanntes Kloster, das er zu seiner Grablege bestimmte. Die Sorge um sein Seelenheil war bei diesem weltlichen Stifter wie bei dem Bischof von Konstanz der entscheidende Antrieb. Der Gründungsbau war eine doppelchörige Pfeilerbasilika. Der Gegenchor im Westen war wohl – nach den Untersuchungen von K. List – der Ort des Stiftergrabes. Sulzburg ist die erste nachgewiesene doppelchörige Anlage unseres Gebiets, wenig später erhielten Burgheim II und Reichenau-Mittelzell eine Westapsis. Bekannt sind solche doppelchörigen Bauten schon seit karolingischer Zeit, in ottonischer Zeit sind sie am weitesten verbreitet. Abgesehen von der Kirche des St. Galler Klosterplans kennen wir drei gebaute karolingische Beispiele: die Klosterkirchen Fulda, Saint-Maurice-d'Agaune sowie den Kölner Dom. In allen Fällen war – wie später auch in Mittelzell – der Wunsch, zwei annähernd gleich bedeutende Kirchenpatrone angemessen zu ehren, für die Wahl des Bautyps entscheidend. In Sulzburg können wir erstmals den Innenraum einer frühmittelalterlichen Kirche unseres Gebiets erleben. Er ist schlicht, klar und schmucklos. Fünf glatt aus der Wand geschnittene Pfeilerarkaden

trennen die Schiffe, ohne Kämpferprofil gehen die Stützen in die halbrunden Bögen über. Einfache halbrund schließende Fenster erhellen den Raum, dessen Maßverhältnissen A. Tschira besondere Aufmerksamkeit widmete. Ein gelb-rotes Mäanderband begrenzt die gelblich-weiß getünchten Wände. Eine reichere Bemalung wiesen wohl nur die Apsiden auf. Ebenso einfach und akzentlos wie das Innere ist der Außenbau. Auch er läßt das aus Kuben und Halbzylindern entwickelte Entwurfssystem deutlich erkennen.

Abgesehen von Bauten wie der ersten Mauritius-Rotunde in Konstanz, Reichenau-Mittelzell V, Überlingen I, Crailsheim I, Murrhardt II und der »Großen Basilika« in Unterregenbach, von denen wir nur die Grundrisse kennen, besitzen wir ottonische Bauwerke bzw. Bauteile in Bad Krozingen, Oberlenningen, Ladenburg und Heidel- Abb. 177, 80 berg-Heiligenberg. Zu erwähnen sind ausführlicher der Lambert-Bau in Konstanz und das Alte Münster in St. Blasien, denn sie ergänzen das Bild von der Vielgestalt der ottonischen Basiliken, denen man zu Unrecht eine besonders ausgeprägte Vorliebe für Gleichgewichtigkeit (Doppelchörigkeit) nachsagt.

Der bedeutendste ottonische Neubau unseres Gebiets war der Neubau des Konstanzer Doms um 1000. In einer Zeit, S. 23.3 in der die Mehrzahl der Bischofssitze (Mainz, Trier, Regensburg, Bamberg, Basel, Straßburg) neue Großbauten errichtete, riß Bischof Lambert (995–1015) einen Großteil seiner Kirche ab und erneuerte sie. Aus seiner Zeit stammt wesentlich das Mauerwerk des erhaltenen dreiteilig flachgeschlossenen Ostbaus und des Querhauses. Dieser Lambert-Bau, der wohl ein Säulenlanghaus hatte, war der entwicklungsgeschichtlich wichtigste Bau des deutschen Südwestens. Er dürfte anregend für die Klosterkirche in Limburg an der Haardt und damit für die Bauten der Hirsauer (Kreuzform, platter Chorschluß etc.) gewesen sein. Leider wissen wir über seine Querhausgliederung zuwenig. Vielleicht besaß er bereits eine ausgeschiedene Vierung und war damit in ein so festes Maßsystem eingebunden, wie es Tschira für Sulzburg postuliert hat.

Wenig bekannt, aber wegen des erhaltenen Säulenlanghau- S. 23.2 ses von besonderem Reiz ist die Kirche von Oberlennin- Abb. 177 gen. Wie in Sulzburg ist das Langhaus flachgedeckt, sind die Einzelformen (Basen, Kapitelle) unterentwickelt und schlicht. Es fehlt noch der Achsenbezug zwischen Arkaden und Fenstern. Das kastenartige Mittelschiff ist fast doppelt so hoch wie breit.

Einen in Oberitalien und Bayern verbreiteten Grundriß-

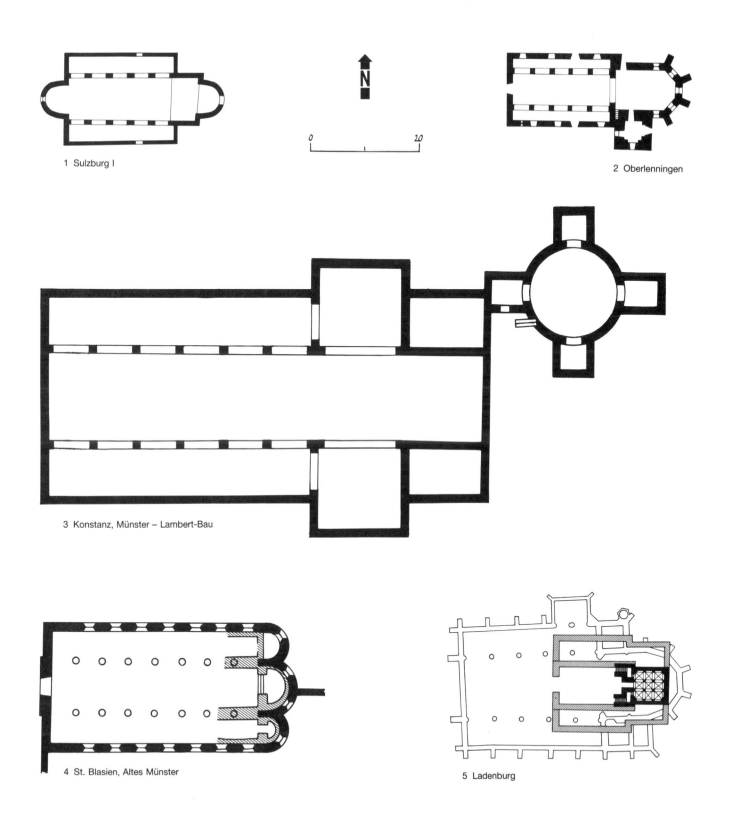

1 Sulzburg I

2 Oberlenningen

3 Konstanz, Münster – Lambert-Bau

4 St. Blasien, Altes Münster

5 Ladenburg

Bauten der ottonischen Epoche

23

typ zeigte das erst im 18. Jahrhundert abgerissene Alte
Münster in St. Blasien. Die dreischiffige querhauslose
Pfeilerbasilika mit drei Apsiden wurde 1013 begonnen und
1036 geweiht.

S. 23.4

S. 23.5

Aus dem frühen 11. Jahrhundert stammen schließlich die
Hallenkrypten von Ladenburg und Heidelberg-Heiligenberg, die einen Nachfolger in Oberstenfeld haben. Die
dreischiffigen Säulenhallen zeigen deutlich entwickeltere
Formen als Oberlenningen: Die schlanken Säulen stehen
auf attischen Basen und tragen Würfelkapitelle, die charakteristische, jede Beziehung zur Antike abstreifende Kapitellform der Frühromanik. In diesen Krypten begegnen
uns die ersten erhaltenen gewölbten Räume unseres Gebiets, das sich der Wölbung der Langhäuser lange wider-
setzen wird.

Abb. 80, 79

Abb. 162

Aus den wenigen Bauten der ottonischen Zeit läßt sich
– auch wenn man benachbarte Gebiete wie das Elsaß ein-
bezieht – keine Entwicklungsreihe erschließen. Auch unter den Ottonen ist der deutsche Südwesten Randgebiet,
überregional konkurrenzfähig war wohl nur der Lambert-
Dom in Konstanz. Die Entwicklung einer eigentlich deutschen Kunst, d. h. die Befreiung von der Tradition und die
Auswertung der in der karolingischen Zeit gesammelten
antiken, frühchristlichen und byzantinischen Anregungen, vollzog sich in anderen Landschaften. Der künstlerische Mittelpunkt war das kaiserliche Stammland Sachsen
mit Magdeburg. Hier stehen die Hauptwerke ottonischer
Baukunst: die Stiftskirche St. Cyriakus in Gernrode und
die Michaelskirche in Hildesheim. Auch diese Bauten
wachsen noch ohne Sockel aus dem Boden auf, auch ihre
Mauern aus einfachem Bruchstein- oder Kleinquaderwerk, das verputzt war, umschließen rechtwinklig klare,
flachgedeckte Kastenräume. Aber sie zeigen eine rhythmische Gruppierung des Äußeren und eine Zerlegung des Inneren in Raumabschnitte, die die Zukunft des Kirchenbaus bestimmen werden. Die »ausgeschiedene« Vierung
als Planungsgrundlage und Maßeinheit für die Querhausflügel und das Langhaus – sie öffnet sich in gleicher Höhe
und Breite nach allen Seiten und schafft eine echte räumliche Durchdringung von Quer- und Langbau, wie sie
Reichenau-Mittelzell noch nicht erreichte – ist vielleicht in
Hildesheim erstmals gebaut worden. In Baden-Württemberg tritt sie gesichert vor der Mitte des 11. Jahrhunderts
nicht auf. Auch die klare tektonische Form des Würfelkapitells, die erste rein deutsche Kapitellform, tritt erst in
salischer Zeit (z. B. Ottmarsheim im Elsaß) auf.
Unsere Bauten – Sulzburg und Oberlenningen – teilen mit

den führenden Bauten der ottonischen Zeit zwei entscheidende Merkmale: Sie sind flach, d. h. die Wand ist (noch)
relieflos glatt, und sie sind kubisch, d. h. sie sind aus Würfeln zusammengefügt. Die Vorliebe für die geschlossene,
weite Hochwand kommt den Wandmalern entgegen.
So erhielt die Georgskirche von Reichenau-Oberzell den
umfangreichsten und großartigsten Zyklus ottonischer
Wandmalereien, der erhalten blieb. Ohne ihn hätten wir Abb. 7
nur über eine vereinfachte und vergröberte Nachfolge
(Goldbach, Bad Krozingen) eine Vorstellung von der dekorativen Ordnung, der Komposition, der Farbigkeit dieser Kunst, deren Wurzeln A. Weis untersucht hat.
H. Jantzen hat der großen kupfervergoldeten Scheibe mit
dem Bild des thronenden Christus in Konstanz eine »Mit- Abb. 1
telstellung zwischen Monumentalmalerei und Goldschmiedekunst« zugewiesen und betont, daß hier die Malerei eine Aufgabe erfüllt, die später die Skulptur über-
nimmt. Die Reichenau war nicht nur ein Zentrum der
Wandmalerei, sondern auf der Klosterinsel entstand auch
eine Folge illustrierter liturgischer Handschriften, die zu
den großen Leistungen der abendländischen Buchmalerei
zählt. In einer eigenen, gestenreichen Bildersprache erzäh-
len die Miniaturen des Codex Egberti, des Aachener Otto-
nen-Codex, des Evangeliars Ottos III. und des Perikopen-
buchs Heinrichs II. bevorzugt das Leben Christi nach.
Von den zahlreichen plastischen Bildwerken dieser Zeit,
die u. a. die Entstehung der Vollskulptur erlebt, ist nur
wenig erhalten geblieben. Ein bemerkenswertes Stück ist
immerhin der Deckel der Buchkassette in Bad Säckingen.
An nennenswerter Bauplastik sind eigentlich nur die Kapitelle der Krypta in Unterregenbach auf uns gekommen, die Abb. 99a, b
S. Kummer eingehend untersuchte.
Sehr dürftig sind zur Zeit noch unsere Kenntnisse vom
Profanbau ottonischer Zeit. Die Pfalzenforschung steckt
im Süden Deutschlands noch in den Anfängen, und die
bisherigen Grabungsergebnisse in Konstanz, Bodman,
Neudingen und Ulm sind bescheiden. Obwohl dem ottonischen Städtebau in den letzten Jahren verstärkt Aufmerksamkeit gewidmet worden ist, wissen wir bislang von
den in ottonisch-salischer Zeit in steigender Zahl entste-
henden Städten nicht sehr viel. Lediglich ihr Umfang ist
faßbar, in groben Zügen ihr Straßennetz und ihr Charakter
als Stadtlandschaft. Von ihrer Bebauung – ausgenommen
sind die Kirchen – haben wir fast keine Vorstellung. Dazu
kommt natürlich, daß es in ottonischer Zeit in unserem
Bereich außer Konstanz wohl keine Niederlassung gab,
die schon Stadtcharakter hatte.

Die salische Epoche (1024–1125)

Die fränkischen Salier begannen ihren Aufstieg als Herzöge von Lothringen. Konrad der Rote (944–955) heiratete Liudgard, eine Tochter Ottos des Großen, und kam so in die nächste Nähe der Königswürde, die sein Urenkel Konrad II. (1024–1039) erlangen sollte. Unter den Saliern, die ihren Besitzschwerpunkt im Nahe-, Speyer- und Wormsgau hatten, wurde der Oberrhein Mittelpunkt der Herrschaft. Konrad II., dessen Gattin Gisela, eine schwäbische Herzogstochter, erheblichen Anteil an der Regierung hatte, ist der Bauherr des Doms von Speyer, der bedeutendsten deutschen Bauunternehmung des 11. Jahrhunderts.

1039 wird Heinrich III. (1039–1056), der seit 1038 auch Herzog von Schwaben und Mitkönig von Burgund war, Kaiser. Er verleiht das Herzogtum Schwaben an einen Verwandten, den rheinischen Pfalzgrafen Otto (1045–1047) und nach dessen Tod an den Babenberger Otto von Schweinfurt (1048–1057). Dessen Nachfolger wird der Sisgaugraf Rudolf von Rheinfelden (1057–1079), dessen Hauskloster St. Blasien war. In der Zeit Heinrichs III. verbreitet sich das feudale Standeskriegertum allgemein, dessen Grundlage Konrad II. mit der Einführung der erblichen Lehen geschaffen hatte. Der aus freiem Adel und Ministerialen hervorgegangene Stand der Ritter erbaut, wie die Bischöfe, zahlreiche Burgen.

Unter Heinrich III. herrscht noch Eintracht zwischen Kaiser und Papst, hatte doch Heinrich, der selbst ein entschiedener Vertreter einer Kirchenreform war, 1046 die drei gleichzeitig in Rom herrschenden Päpste abgesetzt und Bischof Suitger von Bamberg (Papst Clemens II.) auf den Thron Petri gehoben. Der ebenfalls deutsche Papst Leo IX. (1048–1054), ein Graf von Egisheim, verfolgt seine Ziele in Übereinstimmung mit dem Kaiser. Erst zwischen Heinrich IV. (1056–1106) und Papst Gregor VII. (1073–1085) entbrennt der Kampf zwischen Kaiser und Papst. Gregor propagiert die Autonomie und Souveränität der Kirche und bestreitet vor allem dem König das Recht, Männer seiner Wahl auf die Bischofsthrone des Reiches zu setzen. Es folgt eine unruhige Zeit. Papst und Kaiser setzen sich gegenseitig ab. Im Jahre des Gangs nach Canossa (1077) ruft die schwäbische Fürstenopposition auf dem Fürstentag in Forchheim Rudolf von Rheinfelden als Gegenkönig aus. Heinrich IV. macht 1079 – wohl auch wegen der strategisch günstigen Lage von dessen Kernbesitz an der Remstal- und der Filstalstraße – Friedrich von Büren (1079–1105), den späteren Mann seiner Tochter Agnes, zum Herzog von Schwaben. Dieser erbaut auf dem Hohenstaufen nahe Göppingen seiner Familie einen (neuen?) Stammsitz, die Burg Stoph oder Stauf (1525 zerstört), von der sich der Name der Dynastie herleitet. Den Aufstieg des Adelshauses aus politischer Bedeutungslosigkeit zu einem Geschlecht, das alle zeitgenössischen Familien überragte und ein ganzes Jahrhundert prägte, hat H. Schwarzmaier beschrieben. Er zeigt eingehend, wie die Staufer ihrem Amt durch Klostergründungen, den Erwerb von Kirchen- und Klostervogteien und die Errichtung von Burgen am Oberrhein und im Elsaß eine haltbare Basis zu verschaffen wußten.

Der Aufstieg der Staufer, die ab 1138 die Geschicke des Reiches lenken sollten, vollzog sich im Dienste der Salier. Das Hauskloster des ersten Herzogs wurde Lorch, wo er auch beigesetzt wurde. Ebenfalls 1079 wählen die Adligen

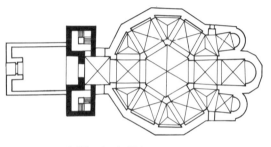

1 Wimpfen im Tal

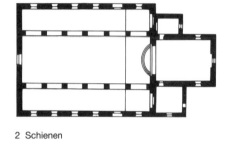

2 Schienen

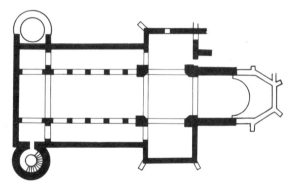

3 Lorch

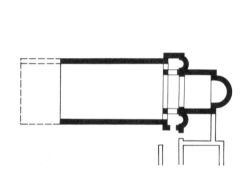

4 Klosterreichenbach

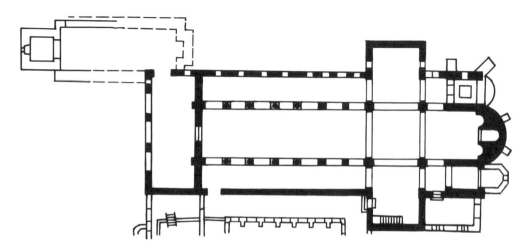

5 Alpirsbach

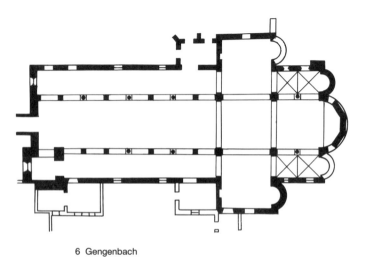

6 Gengenbach

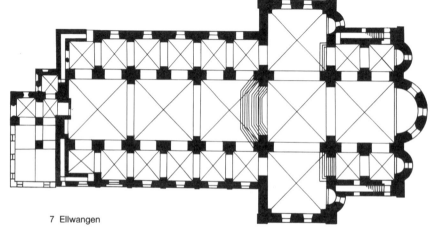

7 Ellwangen

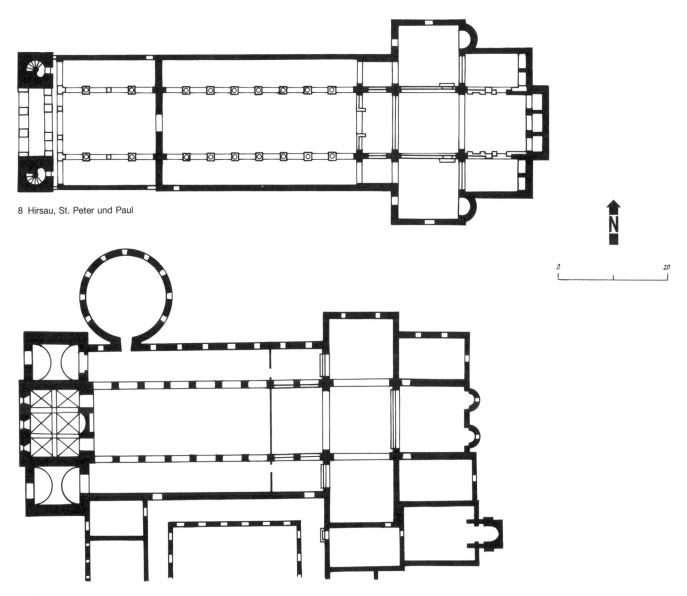

8 Hirsau, St. Peter und Paul

9 Weingarten

N

0   20

10 St. Blasien, Neues Münster

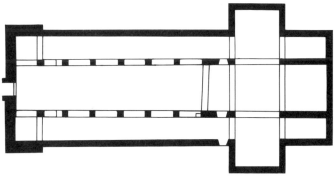

Bauten der salischen Epoche

Schwabens und die Bürger von Ulm Berthold I. (1079–1090), einen Sohn des päpstlich gesinnten Rudolf von Rheinfelden, zum Herzog. 1080 kämpfen die Staufer mit Heinrich IV. gegen Rudolf von Rheinfelden, der nach der Schlacht an der Elster stirbt.

Die wichtigsten Herren in Ober- und Ostschwaben sind seit der Zeit Ludwigs des Frommen die Welfen. Ihre ältere Linie starb 1055 mit Welf III. aus. Welf IV., mit dem die jüngere Linie beginnt, erhält 1070 das Herzogtum Bayern. Hauskloster der Familie ist Altdorf bzw. Weingarten. Welf VI. ist aber auch an der Errichtung der Stiftskirche in Sindelfingen beteiligt.

Einen ähnlichen Aufstieg wie die Welfen erleben die bereits 1218 ausgestorbenen Zähringer, deren Hauskloster ab 1093 St. Peter im Schwarzwald ist. Vom antikaiserlichen Reformadel wird 1092 Berthold II. (1092–1098), der mit Agnes von Rheinfelden verheiratet war, als Herzog von Schwaben anerkannt. Der Besitz der Zähringer reicht von Weilheim an der Teck, wo vielleicht zunächst ihre Grablege war, und Urach bis Villingen. Sie sind Grafen im Breisgau und in der Ortenau; ihr Herzogtitel stammt von Berthold I., der 1061 zum Herzog von Kärnten ernannt worden war, dieses Amt aber nie antrat.

Erst 1098 einigen sich nach Vermittlung Heinrichs IV. die beiden Schwabenherzöge, der Staufer Friedrich I. und der Zähringer Berthold II. Der Zähringer verzichtet zugunsten des Staufers auf das Herzogtum Schwaben und erhält dafür vom Kaiser die Herrschaft über die Stadt Zürich und die Anerkennung seines Zähringer Herzogtitels. Die Zähringer sind als Kirchenbauer (St. Peter, Freiburg) ebenso wichtig wie als Städtebauer (Freiburg im Breisgau, Freiburg im Üechtland, Bern etc.). Die Teilung der Herrschaft an zwei Häuser zwang die Staufer zum Ausbau ihres Besitzes im Umkreis ihrer Stammburg. Ihre Vororte wurden der Pfalzort Ulm und Rottweil mit einem Königshof als Mittelpunkt.

Unter dem starken Kaiser Heinrich V. (1106–1125), der kinderlos stirbt, wird 1105 der Staufer Friedrich II. (1105–1147) Nachfolger seines Vaters als Herzog von Schwaben. Von ihm überliefert Otto von Freising, der die Vorzüge der Staufer geschickt gegen die Zähringer herausstreicht, das Sprichwort, er ziehe am Schweif seines Rosses stets eine Burg mit sich. Friedrich hat offenbar die Bedeutung von Burgen und Städten für die Sicherung seines Territoriums erkannt und sie systematisch angelegt. Sein Grabkloster wurde St. Walburg im Elsaß.

Auch in der salischen Zeit liegen die frühen Hauptbauten (Speyer, Limburg an der Haardt) außerhalb unseres Gebiets. Doch häufen sich nun die erhaltenen Bauten. Und nach der Mitte des Jahrhunderts entstehen Bauten wie die Peter-und-Pauls-Basilika in Hirsau, die mit nahezu allen *Abb. 64* Schöpfungen des damaligen Abendlandes konkurrieren kann.

Ein Bau, bei dem man streiten kann, ob er noch der ottonischen oder schon der salischen Epoche zuzurechnen ist, ist die merkwürdige Stiftskirche zu Wimpfen im Tal. Ihre *S. 26.1* Fassade verdeckte einen Zentralbau, der als Zwölfeck einen doppelgeschossigen Umgang und ein inneres Sechseck umschloß. Wie in Ottmarsheim im Elsaß wählten hier die Bauherren die karolingische Pfalzkapelle in Aachen als Vorbild. Kennzeichnend für die Entstehungszeit ist das einfache, heute unverputzte Mauerwerk, die glatte Wand. *Abb. 88* Lediglich an den Turmaufsätzen erscheinen Säulchen mit Würfelkapitellen und Blendbogenfelder – die Wand wird hier erstmals reliefiert –, was eine Datierung oder Vollendung um 1030/40 rechtfertigen mag. Als Zentralbau bleibt Wimpfen allein, wenn man von der Rotunde am Ostchor von Reichenau-Mittelzell und dem Trikonchos in Oberstenfeld absieht.

Zwar begegnen auch im 11. Jahrhundert Saalkirchen als Kapellen, als Pfarr- und Prioratskirchen (Klosterreichen- *S. 26.4* bach, Burgfelden II, Wannweil, Meistershofen), doch *Abb. 61, 173, 195* herrscht die dreischiffige flachgedeckte Basilika vor, die seit etwa 1000 die repräsentative Kirchenform Europas ist. Sie tritt seit dem frühen 11. Jahrhundert als Pfeilerbasilika *Abb. 17, 18, 164, 1* ohne Querhaus (Schienen, Sindelfingen, Rottweil, Verin- *S. 26.2* gendorf) oder mit Querhaus (Großkomburg, Lorch, Sins- *Abb. 104, 141; S.* heim) und als Säulenbasilika ohne Querhaus (Reichenau- *Abb. 15* Niederzell) und mit Querhaus (Konstanz IV, Hirsau, Au- *Abb. 4, 68* relius und Peter und Paul, Zwiefalten, St. Peter[?], St. Bla- *Abb. 64; S. 27.8* sien, Alpirsbach, Ellwangen II[?], Kleinkomburg, St. *Abb. 53, 113; S.* Georgen, Weingarten II) auf. Der im Rheinland und in *S. 27.9* Sachsen verbreitete Stützenwechsel von Säulen und Pfeilern kommt im Elsaß häufiger vor (Surburg, Rosheim) als auf der rechten Rheinseite, wo wir ihn um 1100 nur in Gengenbach antreffen. Vermutet hat man ihn bereits für das karolingische Langhaus von Reichenau-Mittelzell.

Die Chorformen sind vielgestaltig. Bei den frühen Bauten herrscht der dreiteilig platte Chorschluß vor. Schienen hat *S. 26.2* ihn wohl nach dem Vorbild des Lambert-Baus in Kon- stanz, von wo ihn die Peter-und-Pauls-Kirche in Hirsau, *S. 27.8* der wichtigste Bau der Reform des 11. Jahrhunderts, und das Neue Münster in St. Blasien übernommen haben wer- *S. 27.10* den.

Mehrfache Nachfolge findet auch der Dreiapsidenchor, den Aurelius in Hirsau nach Heidelberg-Heiligenberg aus der karolingischen Baukunst aufgreift. Direkte Nachfolger des Hirsauer Musters sind die kleinen Klosterkirchen Kleinkomburg und Ellwangen-Hohenberg. Kombiniert mit den sog. Schwäbischen Osttürmen begegnet dieser Chortyp in Klosterreichenbach, Rottweil und Veringendorf. Mit verlängerten Chorseitenschiffen, die zum Hauptchor in Bögen geöffnet sind, finden wir ihn auch in der eng zusammengehörenden Gruppe Alpirsbach, Gengenbach, Ellwangen, später auch noch in Schwarzach, die Verwandte bis nach Regensburg-Prüfening und Paulinzella in Thüringen hat. Für die liturgischen Bedürfnisse der Hirsauer Reformmönche muß diese Chorform ideal gewesen sein.

Einmalig in salischer Zeit bleiben die Doppelapsis von St. Georgen, die ihr Vorbild im karolingischen Münster von Mittelzell hat, der Trikonchos in Oberstenfeld, der an Oberzell erinnert, und die drei rechteckig ummantelten Apsiden von Niederzell. Die vorchorjochlosen Apsiden von Sindelfingen haben eine Parallele im Alten Münster von St. Blasien.

Es ist hier nicht der Ort, auf die Gründe für die beschriebene Vielfalt der Chorformen und besonders für die Vergrößerung der Ostpartie einzugehen. Man hat auf die Vermehrung der Altarstellen, die Vergrößerung der Zahl der Kleriker und die Konzentrierung der Altäre im Ostteil der Kirche hingewiesen, doch scheinen die eigentlichen Gründe Wandlungen der Liturgie und vielleicht auch soziale Differenzierungsprozesse (F. Möbius) gewesen zu sein.

Weniger übersichtlich als die Chorformen der frühromanischen Bauten sind ihre Fassadenlösungen und Turmgruppierungen, an denen der mittelalterliche Besucher den Rang der Kirche unmittelbar erkannt haben dürfte. Am unauffälligsten ist die Querschnittfassade, die kleine oder mittelgroße Gotteshäuser (Schienen, Oberstenfeld) oder solche bevorzugen, die Osttürme (Klosterreichenbach etc.) besitzen.

Die Einturmfront, deren frühestes erhaltenes Beispiel die Klosterkirche Sulzburg bewahrt, wurde vorbildlich für zahllose Pfarrkirchen, für die aber auch der Chorturm in zahlreichen Beispielen – etwa in der Ortenau (W. Müller) – überliefert ist. Schönstes Beispiel eines Chorturms ist der Westturm des Berno-Baus in Reichenau-Mittelzell, der den Chor des ab 1015 erbauten Straßburger Münsters wiederholt.

Die vornehmste Fassadenform ist die Doppelturmfassade, deren Entstehung mit guten Gründen am Oberrhein angenommen wird (Straßburg, Limburg an der Haardt, Basel). Wir finden sie in Konstanz, Hirsau und St. Blasien. Sonderformen wie die beiden Rundtürme in Lorch belegen, daß in vielen Fällen die Verbindung des Auftraggebers (hier nach Maria Laach) für die Wahl einer Bauform entscheidender war als der Anschluß an regional verbreitete Typen. So sind auch die achtseitigen Würfelkapitelle des Konstanzer Münsters nur durch die Herkunft Bischof Rumolds aus dem Goslarer Kunstkreis zu erklären. Ohnehin muß man in der Romanik mit Einflüssen aus ganz Deutschland, aber auch aus Frankreich und Italien (→ Sindelfingen) rechnen.

Die etwas ausführlichere Behandlung weniger Bauten muß hier genügen, um am Beispiel der Langhäuser die Merkmale der salischen Architektur herauszustellen. Die Kennzeichen dieser Epoche lassen sich auf eine kurze Formel bringen: Ihre Hauptwerke sind größer und höher als die der vorangehenden Epochen, sie sind in der Ausführung aufwendiger, in der Dekoration reicher und in der Gliederung reliefstärker. Die Monumentalisierung läßt sich an einschiffigen Bauten (Klosterreichenbach) ebenso wie an den mehrschiffigen beobachten. Allein die Abmessungen machen deutlich, daß die Pfeilerbasilika von Schienen kein – wie lange angenommen – karolingischer Bau sein kann. Üblich sind Längen bis zu 30 m, einzelne Bauten erreichen sogar fast 40 m (Sindelfingen). Am eindrucksvollsten läßt sich die zunehmende Monumentalisierung der Sakralbauten und die damit einhergehende Veränderung zum schlanken Kastenraum mit Mittelschiffproportionen von bis zu 1 : 2,1 (Alpirsbach) an der Hauptgruppe unseres Gebiets, der Säulenbasilika mit Querhaus, beobachten. Das Langhaus von St. Aurelius in Hirsau ist noch fast so lang wie breit, d. h. es ist kurz und gedrungen. Die Säulen sind stämmig, die Kapitelle übermächtig. Die gut zehn Jahre später (1082) begonnene Peter-und-Pauls-Basilika zeigte das neue Ideal: Sie war 97 m lang, hatte ein schlankes hohes Langhaus von einfachen, aber leicht faßlichen Maßverhältnissen. Wie bei sehr vielen Bauten des 11. Jahrhunderts war das Vierungsquadrat die Maßeinheit. Das klare Verhältnis der Räume zueinander – das Mittelschiff war doppelt so hoch und breit wie die Seitenschiffe – zeugte von mathematischer Strenge. Die Säule trat als monumentale Stütze unter die abstrakte neue Würfelform des Kapitells. Ihr verlorenes Raumbild läßt sich in der Klosterkirche von Schaffhausen erleben. Der erhöhte

Aufwand, den die salischen Bauherren trieben, läßt sich in Hirsau am Mauerwerk, an den Hausteinprofilen, an den Schmuckrahmen der Arkaden beobachten. Blieb auch der Außenbau glatt und relieflos, so zeigten sich an den großen Blendbogen im Chor – lange nach Limburg an der Haardt und Speyer – Ansätze einer Wandstufung und -modellierung, die in der Stauferzeit ihren Höhepunkt erreichen sollte.

Der Neubau in Hirsau bildet mit mehreren Nachfolgern (Weingarten II, Zwiefalten, St. Peter[?], St. Blasien) eine erste Gruppe. Eine zweite umfaßt die Nachfolger von St. Aurelius in Hirsau. Das nach der Weihe des großen Neubaus in Hirsau (1091) zum Priorat reduzierte Aureliuskloster war offenbar das Vorbild von Kleinkomburg und Ellwangen-Hohenberg, die ja ebenfalls Zweigniederlassungen waren. Eine dritte Gruppe bilden schließlich die Bauten um Alpirsbach im ersten Drittel des 11. Jahrhunderts, zu denen Gengenbach, Ellwangen II und Schwarzach gehören. Ihre Chorform aus drei halbrunden Apsiden unter Osttürmen setzt sie deutlich von der Hauptkirche der Hirsauer ab.

Die genannten drei Gruppen von Säulenbasiliken sind gute Ausgangspunkte für eine Betrachtung des mittelalterlichen Kirchenbaus als »Ausdruck geistiger Strömungen« (L. Schürenberg). Diese Bauten entstanden als Kirchen von Klöstern, die direkt aus Hirsau besiedelt worden waren oder doch im unmittelbaren geistigen Umfeld des Schwarzwaldklosters standen. Hirsau war neben St. Blasien und Einsiedeln das Zentrum einer seit dem späten 10. Jahrhundert von Cluny in Burgund ausgehenden Klosterreform, deren Ziele die Rückbesinnung auf die Regel des hl. Benedikt von Nursia und ihre Auslegung durch Benedikt von Aniane, die Befreiung der Klöster von jeder äußeren Eingriffsmöglichkeit, aber gleichzeitig die Aufgabe des benediktinischen Prinzips der Selbständigkeit jedes Konvents waren. Der Ausbau eines Klosterverbandes, einer Kongregation, beinhaltete die Führung durch ein Hauptkloster, dem die übrigen Mitglieder als Priorate unterstellt waren.

So erlangte Abt Wilhelm von Hirsau (1069–1091), das geistige Haupt der Bewegung, 1075 vom Grafen von Calw die volle Freiheit für seine Niederlassung, d. h. den Verzicht auf alle Eigentumsrechte und das Recht auf freie Abts- und Vogtswahl. Hirsau wurde unmittelbar dem Papst unterstellt – und zu einem ebenso wichtigen Vertreter der päpstlichen Partei in Deutschland, wie es der Bischofssitz Konstanz unter Gebhard III., einem ehemaligen Hirsauer

Mönch, war. Wilhelm ließ sich von Ulrich von Cluny die Gebräuche des burgundischen Klosters aufschreiben und führte 1079 – in dem Jahr, in dem der erste Staufer Herzog von Schwaben wurde – in seinem Kloster die Constitutiones Hirsaugienses ein. Aufpasser überwachten ununterbrochen die Mönche, deren Erkennungszeichen eine große Tonsur und eine besonders lange Kukulle waren. Wilhelm führte die Institution der Laienbrüder ein, die die liturgischen Hilfsdienste und alle körperlichen Arbeiten zu verrichten hatten. Er übernahm zwar die cluniazensischen Gewohnheiten, doch unterstellte er sein Haus keineswegs als Priorat Cluny. Dieses hatte nur zwei Priorate im deutschen Südwesten: St. Ulrich bei Freiburg und St. Alban in Basel.

Wilhelm, den Bernold von St. Blasien einen »Vater vieler Klöster« nannte, hat wohl auch seinerseits nicht beabsichtigt, den hierarchischen Aufbau Clunys für seinen Klosterverband zu übernehmen. Abhängige Priorate Hirsaus bestanden lediglich in Weilheim, Schönrain am Main, Fischbachau, Klosterreichenbach, Alspach und Mönchsrot. Die großen Neugründungen, die Hirsau besiedelte, waren nach der Benediktinerregel selbständig und hatten einen eigenen Abt. Allerdings waren sie durch vielfache Bande an das Schwarzwaldkloster geknüpft. Nach H. Jakobs läßt sich ein Bild von der Tätigkeit Hirsaus im späten 11. Jahrhundert in Südwestdeutschland gewinnen: Es reformierte 1079 das Kloster in Schaffhausen, schickte 1084 die ersten Mönche nach St. Georgen und 1085 die ersten nach Blaubeuren; um 1085/88 reformierte es Großkomburg, sandte 1088 den ersten Abt nach Weingarten und 1089 den ersten nach Zwiefalten. 1093 beteiligte es sich an der Gründung von St. Peter, und auch nach Neresheim kamen im frühen 12. Jahrhundert Mönche aus Hirsau. Aus St. Blasien, das mit der oberitalienischen Reformabtei Fruttuaria verbunden war, kamen die ersten Mönche nach Wiblingen (1093), Ochsenhausen (1093) und Alpirsbach (1095).

Wir haben gesehen, daß im ganzen 10. Jahrhundert im Bereich des schwäbischen Herzogtums nur drei Klöster (Hohentwiel, Petershausen, Einsiedeln) neu gegründet worden sind. Auch die Klosterreform von Gorze/Lothringen, die immerhin den allgemeinen Niedergang des Mönchtums aufhielt und der Reichenau um die Jahrtausendwende sogar einen neuen Höhepunkt brachte, hatte nicht zu Neugründungen geführt. Erst die Hirsauer und die übrigen Reformzentren regten durch ihre Predigten, die die Reformgedanken verbreiteten, wieder Adlige zu Kloster-

Abb. 112
Abb. 131

Abb. 47, 48, 127, 128
Abb. 44

stiftungen an. Mehrfach wurden adlige Hauptwohnsitze zugunsten religiöser Niederlassungen aufgehoben (Sindelfingen, Altdorf/Weingarten, Achalm/Zwiefalten, Lorch) und gleichzeitig jeweils neue Burgen errichtet.

Die Tätigkeit der Hirsauer war auch harter Kritik ausgesetzt, bedrohte sie doch die Reichsklöster in ihrer Existenz. Die Ortenauklöster Gengenbach, Schuttern, auch Schwarzach und Ellwangen haben sich lange gegen eine Reform gewehrt. Der Abt von Petershausen floh sogar 1085/86 auf die Reichenau, um nicht von Bischof Gebhard reformiert zu werden.

Klöster wie die Reichenau, Kempten und St. Gallen blieben zwar Reichsklöster, verloren aber ihre Anziehungskraft in einem solchen Maße, daß man die Benediktiner meist mit Hirsau gleichsetzte. Bereits um 1120/30 hatten Hirsau und St. Blasien ihren reformerischen Schwung und ihre Attraktivität eingebüßt. Ihre ärgsten Feinde kamen nicht aus dem kaiserlichen Lager, das 1122 die Auseinandersetzungen mit den Päpsten durch einen Kompromiß beendet hatte, sondern aus dem eigenen benediktinischen Reich: die Zisterzienser.

Für die Kunst hätte die Reform der Cluniazenser bzw. Hirsauer eigentlich eine Reduzierung bzw. Vereinfachung des Dekors etc. mit sich bringen müssen. Doch von Bescheidenheit kann weder in Hirsau, das dem kleinen Cluny II den gewaltigen Neubau der Peter-und-Pauls-Basilika gegenüberstellte, noch in Cluny selbst, das mit dem Bau von Cluny III ab 1088 mit dem Kaiserdom in Speyer konkurrierte, die Rede sein.

Abb. 64

Seit C. H. Baer (1897) hatte man sich daran gewöhnt, von einer Hirsauer Bauschule zu sprechen, deren Existenz aber vielfach bezweifelt wurde. Tatsächlich reichen die Gemeinsamkeiten der genannten Bauten kaum aus, um von einer Bauschule im engeren Sinne zu reden. Neben der Vorliebe für die Säule und der Ablehnung von Fassadentürmen, Krypten und Wölbungen sind es nämlich nur zwei liturgisch bedingte Sonderformen, die alle Bauten gemeinsam haben: die Anlage eines Langchors, dessen Nebenräume sich auf das Sanktuarium öffnen, und die Einbeziehung der Vierung als Chorus maior oder Chorus psallentium und des ersten Langhausjochs als Chorus minor (für ältere und kranke Mönche, die sich nicht mehr am Chorgebet beteiligen konnten) in den Gottesdienstraum der Mönche. Nach Westen begrenzt diesen Chorus minor ein Pfeilerpaar anstelle der üblichen Säulen.

Mit den Bauten der Reformer kann nur ein Bau wetteifern: das Westquerhaus der Reichsabtei Reichenau, das Abt Berno von etwa 1030 bis 1048 erbauen ließ. Für die Reliquien des hl. Markus entstand hier ein Gegenchor, dessen heller, offener Querbau das Ideal salischer Großräumigkeit rein erkennen läßt.

Abb. 10

Denkmäler salischer Malerei und Skulptur sind auffallend wenige erhalten. Aus dem frühen 12. Jahrhundert bereits stammt die Ausmalung der Apsis von Reichenau-Niederzell. Über aufgereihten Propheten und Aposteln thront der von den Kirchenpatronen Petrus und Paulus und den Evangelistensymbolen umgebene Christus. Von ungewöhnlicher Bedeutung ist das Kain-und-Abel-Mosaik, das älteste Fußbodenmosaik Deutschlands, das K. List in Schuttern freilegte. Es überdeckte das Grab des Klostergründers, von dessen figürlicher Grabplatte nur ein Bruchstück gefunden werden konnte.

Abb. 41

Die staufische Epoche (1125/38–1268)

Die Kunstgeschichtsschreibung läßt gewöhnlich die staufische Epoche unmittelbar an die salische anschließen,
ohne zu berücksichtigen, daß 1125 in Mainz nicht der Erbe
Heinrichs V., der Staufer Friedrich II. von Schwaben,
sondern sein Gegenspieler, der Sachsenherzog Lothar III.
von Supplinburg (1125–1137), zum König gewählt
wurde. Schon jetzt hätte die enge Bindung der Staufer an
das salische Königshaus Wirkung zeigen können. Doch
die Furcht kirchlicher Kreise vor der Fortsetzung salischer
Kirchenpolitik sowie das herrische Auftreten der schwäbischen Herzöge verhinderten ihren Erfolg. Der Widerstand
der staufischen Brüder Friedrich und Konrad – dieser war
Herzog von Rothenburg – gegen die Wahl des Sachsen en-
dete erst 1134, als Lothar und der mit ihm verbündete Wel-
fenherzog Heinrich sie besiegten (Zerstörung Ulms). Hier
entstand der Gegensatz zwischen Welfen und Staufern,
der später (1140) auch zur Belagerung der Burg Weinsberg, die Welf VI. gehörte, führen sollte.
1138 wird – nach einer wiederum irregulären Wahl – nicht
der Welfe Heinrich der Stolze von Bayern, der Erbe und
Schwiegersohn Lothars von Supplinburg, König, sondern
der genannte Staufer Konrad (III. von Hohenstaufen), den
die Stauferanhänger schon 1127 zum Gegenkönig erhoben
hatten. 1147 stirbt der bei der Wahl von 1125 unterlegene
Herzog Friedrich II. Er wird nicht in Lorch, sondern auf
seinen Wunsch in St. Walburg im Elsaß begraben. Die
Idee einer Familiengrablege, die der Stifter der Dynastie
verfolgt hatte, geben schon die unmittelbaren Nachfolger
auf. Konrads Bedeutung für die Kunst ist so gering wie
seine politische Wirksamkeit. Sein Kreuzzug (1147–1149)
endet so erfolglos wie seine Bemühungen um Eintracht

unter den deutschen Fürsten. Immerhin erweitert er das
Reichsgut in Franken und am Mittelrhein beträchtlich.
Auch der Wiederaufbau von Ulm beginnt unter seiner Herrschaft. 1152 wird Konrad III. in Bamberg beigesetzt.
Tatkräftiger und glücklicher ist sein Nachfolger Friedrich I. Barbarossa (1152–1190, als Herzog Friedrich III.,
seit 1155 römischer Kaiser), der die staufische Hausmacht
in Südwestdeutschland erheblich vergrößert und seine Familie auf den Höhepunkt ihrer Macht führt. Er erbt um
1180 den Besitz der Grafen von Pfullendorf im Bodenseegebiet, erhält die Anwartschaft auf den schwäbischen Wel-
fenbesitz um Weingarten-Ravensburg, der 1191 tatsächlich den Staufern zufallen wird, erwirbt Gebiete um Hall
und Markgröningen und dehnt Schwaben so in ostfränki-
sches Gebiet aus.
Das Herzogtum Schwaben geht zunächst an den letzten
Sohn König Konrads, an Friedrich IV. von Rothenburg
(1152/53–1167), dann an Barbarossas eigene Söhne Friedrich V. (1167/68–um 1171) und Friedrich VI. (um
1171–1191). Friedrich Barbarossa baut das Rittertum zur
Grundlage seiner Macht aus. Ministeriale und Edelfreie
– sogar Unfreie – können durch eigene Tatkraft den
Aufstieg in hohe Ämter schaffen. Als Sitze dieser Ritter-
schaft entstehen zahlreiche Burgen auf den Hügeln Schwabens.
Auch nach Barbarossas Tod auf dem Kreuzzug (1190)
bleibt das staufische Haus unter Heinrich VI. (1190–
1197) auf der Höhe seiner Macht. Herzog von Schwaben
ist Konrad II. (1192–1196), ein Bruder des Königs. Wie
Friedrich Barbarossa versuchte, das schwäbische Herzog-

tum als vererbbares Lehen an seine Familie zu ziehen, so versucht Heinrich VI. 1195 die Erblichkeit der Krone zu erreichen. 1196–1208 ist Philipp, der jüngste Sohn Kaiser Friedrichs I., Herzog von Schwaben. Dieser Philipp von Schwaben wird nach dem plötzlichen Tod Heinrichs VI. in Messina 1198 von der Mehrheit der Kurfürsten zum König gewählt.

Die Opposition aber wählt den Welfen Otto IV. (1198–1215/18), einen Sohn Heinrichs des Löwen, zum Gegenkönig. Die kriegerischen Auseinandersetzungen enden erst 1207 mit einem Waffenstillstand. Otto IV., der sich mit einer Tochter Philipps verlobt, wird 1208 – nach der Ermordung des Staufers – anerkannt, auch als Herzog von Schwaben. Doch wird er schon 1210 vom Papst gebannt, auf dessen Initiative hin Friedrich II., der Sohn Kaiser Heinrichs VI., zum Gegenkönig gewählt wird.

Friedrich II. (1212/15–1250) regiert in Deutschland durch seinen Sohn Heinrich VII. (1217–1235), der mit dem Herzogtum Schwaben und 1219 – nach dem Tod des letzten Zähringers – auch mit dem Rektorat in Burgund belehnt wird. Auf Heinrich VII., der sich gegen seinen Vater empört und abgesetzt wird, folgt sein junger Bruder Konrad IV. (1236–1254), der 1237 als Konrad III. Herzog von Schwaben wird. Wie von 1220 bis 1228 wird das Herzogsamt nun erneut (bis 1243) von Hofbeamten verwaltet, u. a. von Gottfried von Hohenlohe.

Mit dem Tod Friedrichs II., der 1245 auf dem Konzil von Lyon abgesetzt und gebannt worden war, endet 1250 die große Zeit der Staufer. Nach dem Tode Konrads IV. in Sizilien findet auch sein kleiner Sohn Konradin (1254–1268) sein Ende im Süden Italiens. Mit seiner Enthauptung endet nicht nur das staufische Geschlecht, sondern auch das Herzogtum Schwaben als Institution.

Vom »Aussehen« der Herzöge von Schwaben, deren Schicksal für die Geschichte unseres Gebiets ungleich wichtiger ist als das der Zähringer oder Welfen (auf die ich hier nicht ausführlich eingehen kann), wissen wir nicht viel. Erwähnt seien ihre Darstellungen auf Siegeln und besonders die Darstellung des Dux Otto, der auf einem Kreuz des Essener Münsterschatzes neben seiner Schwester Mathilde abgebildet ist, die berühmte Miniatur der Welfenchronik, die den thronenden Barbarossa zwischen seinen Söhnen Heinrich und Friedrich zeigt, und die Halbfigur Friedrichs II. von Schwaben als Ritter mit einer Fahnenlanze auf dem Armreliquiar Karls des Großen im Louvre.

Die Zeit der staufischen Kaiser, Könige und Herzöge ist aber nicht nur die Zeit des Rittertums, der Kreuzzüge, der Minnesänger, sondern auch die Zeit der Zisterzienser und der Prämonstratenser, der Augustiner-Chorherren und der Bettelorden (Franziskaner und Dominikaner), deren Bauten aber meist schon der um 1220/30 auch in Deutschland einsetzenden Gotik verpflichtet sind. Sie ist schließlich auch die Zeit vermehrter Städtebildung und damit der Entfaltung eines Bürgertums. Denn nach dem Vorbild der Zähringer und Welfen verfolgten die Staufer eine ausgedehnte Städtepolitik. In der Zeit der Staufer tritt schließlich der Profanbau erstmals gleichberechtigt neben den Sakralbau.

Die großen Leistungen der Baukunst der Stauferzeit liegen außerhalb unseres Gebiets. An den Domen von Worms und Mainz, von Bamberg und Naumburg lassen sich am ehesten die Kennzeichen einer Architektur studieren, die auf den vollständigen Wölbungsbau zielt und dabei die massive Hülle der Räume außen und innen reich dekoriert und plastisch durchgliedert. Die zunächst noch flachen Lisenen, Dienste (Westteil in Lorch) und Bögen werden zunehmend profiliert. Die Wand, in die zunächst die Öffnungen noch glatt eingeschnitten wurden, wird in der Spätzeit eingestuft (Lobenfeld), wobei ihre Stärke sichtbar gemacht wird. Sie wird mitgeformt und wie das Werk eines Bildhauers behandelt (Murrhardt, Kapelle). Die staufische Epoche ist wenig schöpferisch. Sie lebt von den Ideen der Salier und von fremden Einflüssen. Aus Frankreich (Elsaß) stammen die – dort noch meist zu früh datierte – Rippenwölbung und das Großquaderwerk, aus Oberitalien kommen Anregungen für die Außengliederung nach Sindelfingen und bis nach Königslutter.

Das staufische Ideal war der allseits von Stein umschlossene Raum mit durchgeformten Grenzen, dennoch sind viele Flachdeckbauten als Bauschöpfungen nicht geringer zu werten als die Wölbungsbauten. Im Gebiet von Baden-Württemberg entstanden in staufischer Zeit keine Dome, der Bischof von Konstanz begnügte sich mit seiner flachgedeckten Säulenbasilika. Lediglich das spätromanische Freiburger Münster, eine Pfarrkirche, hebt sich in den Umkreis der Domkirchen und konkurriert als Grabkirche des letzten Zähringers mit dem Basler Münster.

Als Kirchentyp dominiert im 12. und frühen 13. Jahrhundert wie in salischer Zeit die dreischiffige Basilika. Daneben entstehen weiterhin Saalbauten: als Pfarrkirchen in Belsen, Plieningen, Owingen, Nusplingen, Schäftersheim *Abb. 178, 156, 179, 183* und Frauenzimmern, als Hauskapelle in Ulm, als Pfalzkapelle in Ulm und Wimpfen, als Prioratskirche(?) in Tü- *Abb. 87*

33

bingen-Schwärzloch, als Klosterkirche in Billigheim und als Kirche der Augustiner-Chorherren in Lobenfeld. Bei *Abb. 83* den Basiliken tritt eine auffallende Verschiebung zugunsten der Pfeilerbasilika auf, was sicher mit der Bevorzugung von quadratischem Schematismus und gebundenem System als Planungsgrundlage zusammenhängt.

Säulenbasiliken ohne Querhaus treten noch in mittlerer *Abb. 171, 172* Größe auf in – jeweils in chronologischer Folge – Neckar- *Abb. 132, 133, 147* tailfingen, Herrenalb, Petershausen II, Brenz und Faurndau. Säulenbasiliken mit Querhaus sind lediglich noch *Abb. 44* Schuttern V und Schwarzach III als Nachfolger der Alpirsbach-Gruppe. Echten Stützenwechsel zwischen *Abb. 120* Säulen und Pfeilern zeigen nur noch Bronnbach und *Abb. 91* Weinsberg. Erklärungsbedürftige Mischformen von Pfei- *Abb. 26, 161* lern und wenigen Säulen finden wir in Villingen und Oberstenfeld.

Gegen sieben Säulenbasiliken stehen 20 in der Mehrzahl *Abb. 146* erhaltene Pfeilerbasiliken ohne (Schussenried, Bad Boll, *Abb. 152, 138, 191* Niedernhall, Denkendorf, Schwäbisch Gmünd, Baindt) und mit Querhaus (Ellwangen-Hohenberg, Schönau, *S. 35.4; Abb. 74, 167* Maulbronn, Schöntal, Tennenbach, Hildrizhausen, Ell- *S. 35.6, 5; Abb. 169, 40* wangen, Bebenhausen, Breisach, Wölchingen, Frei- *S. 35.1, 7; Abb. 117* burg II, Allerheiligen, Großkomburg, Pforzheim). Aller- *Abb. 50, 71* dings sind solche Statistiken nur mit Vorsicht zu gebrauchen. Ausgrabungen in Rot an der Rot, Weißenau, Ettenheimmünster und Obermarchtal könnten das Bild verändern. Zudem steht bei einigen Bauten (Freiburg I, St. Ilgen, Bad Säckingen) die Stützenform nicht fest, in Neresheim II fehlen Nachrichten über die Ostteile.

Besonderes Interesse verdient eine Gruppe von spätroma- *S. 35.2; Abb. 123* nischen Zentralbauten im Taubergebiet (Grünsfeldhau- *Abb. 126, 124* sen, Standorf, Oberwittighausen) mit ungeklärter Bestimmung, die aber wohl im Bereich der Memorialbauten zu *Abb. 106* suchen ist. Neben sie ist die sechseckige Kapelle der Komburg zu stellen, deren Funktion umstritten ist.

Die Chorgrundrisse bringen – abgesehen von den Zister- *S. 35.1* zienserbauten – wenig Neuerungen. In Freiburg tritt nach dem Vorbild des Basler Münsters der Polygonalchor auf, der in der Gotik üblich wird. Auch die Fassadenlösungen oder die Turmgruppierungen (Doppelturmfassaden in Neckartailfingen, Bad Säckingen, Faurndau; Einturmfas- *Abb. 132* saden in Schwäbisch Hall und Brenz; Chorflankentürme in Murrhardt III, Schwäbisch Hall, Ellwangen, Breisach, Freiburg II, Großkomburg und Esslingen) bleiben konventionell. Bei den Pfarrkirchen lebt die Chorturmkirche *Abb. 160* weiter, die gelegentlich (Oberstenfeld) sogar als Klosterkirche vorkommt. Wie Campanile angesetzte Türme (Sin-

delfingen oder Schwäbisch Gmünd) sind nur selten anzu- *Abb. 164, 136* treffen.

Der Aufriß der Mittelschiffwand bleibt durchweg zweigeschossig (Arkadenzone, Hochfenster). Eine Ausnahme bildet wieder das Freiburger Münster, dessen Langhaus nach dem Vorbild Basels eine Emporenbasilika werden sollte (→ auch Ellwangen). In der Arkadenzone der Langhäuser treten verschiedene Pfeilerformen auf. Die reine Rechteck- oder Quadratform (Lorch) wird abgefast (Boll), mit Eckdiensten (Sindelfingen) oder – in Verbindung mit Gewölben – mit Vorlagen (Breisach etc.) besetzt, die Gurtbögen und Rippen aufnehmen.

Eine Gliederung der zahlreichen staufischen Kirchen unseres Gebiets nach formalen Kriterien allein ist wenig sinnvoll. Vielversprechender ist die Frage nach den Auftraggebern, treten doch im 12. Jahrhundert neben die bisherigen neue: die Zisterzienser, die Prämonstratenser, die Augustiner-Chorherren und schließlich die Bettelorden. Lohnend wäre sicher auch eine Untersuchung, die die Stifter ausführlich berücksichtigt und etwa die auffallende Bevorzugung der Prämonstratenser durch die Welfen zu erklären sucht.

Die weltlichen Bauherren – Friedrich von Büren in Lorch, die Zähringer beim ersten Münster in Freiburg – begnügen sich zunächst mit bemerkenswert einfachen flachgedeckten Bauten. Weitaus anspruchsvoller baut der Staufer-Konkurrent Lothar von Supplinburg in Königslutter. Dort entsteht ein aufwendiger Bau mit gratgewölbten Ostteilen, der sogar im Mittelschiff gewölbt werden sollte. In Schwaben bleibt die Mehrzahl der Bauten noch bis weit ins 13. Jahrhundert hinein ungewölbt. In unserem Bereich wird die Gratwölbung des Mittelschiffs nirgendwo aufgenommen. Lediglich in Chor- oder Langhausseitenschiffen und in Krypten kommt diese Art der Steinwölbung vor. Tonnengewölbe zeichnen die Altarräume von Neckartailfingen und Kleinkomburg aus.

Für die Einführung der Mittelschiffwölbung in das Gebiet der Staufer und Zähringer sind offenbar die Zisterzienser verantwortlich. Dieser benediktinische Reformorden ist nach dem 1098 gegründeten Kloster Cîteaux in Burgund benannt. 1108 wurde er selbständig, und 1119 bestätigte der Papst seine liturgische und ordensrechtliche Verfassung. Kennzeichen der neuen Gemeinschaft sind u. a. die Überordnung des Mutterklosters über alle Töchter, die Einführung eines Generalkapitels als oberste Instanz und jährliche Visitationen. Die Regelstrenge der »Weißen Mönche«, ihre stark marianisch orientierte Frömmigkeit

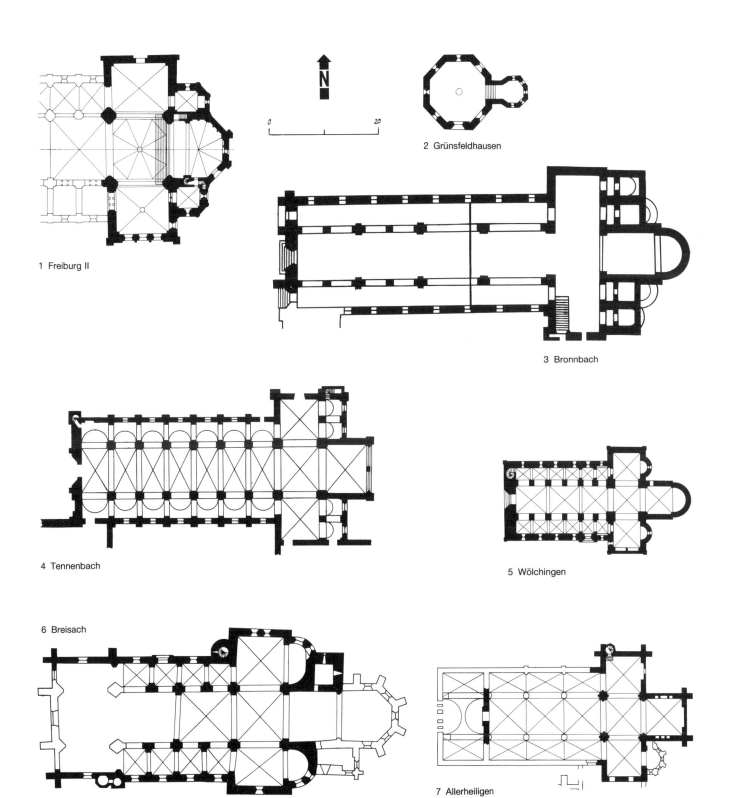

1 Freiburg II

2 Grünsfeldhausen

3 Bronnbach

4 Tennenbach

5 Wölchingen

6 Breisach

7 Allerheiligen

Bauten der staufischen Epoche

und besonders das Wirken Bernhards von Clairvaux machten sie für viele Stifter anziehend. Die Zisterzienser hatten sich besonders die körperliche Arbeit zur Pflicht gemacht, die freilich nur die Konversen, die Laienbrüder, verrichteten. Sie siedelten mit Vorliebe in wasser- und waldreichen Tälern, wo sie bei der Urbarmachung, in Landwirtschaft und Viehzucht Hervorragendes leisteten. Dieser neue Orden, der als Reformorden gegen den zunehmenden Luxus der Cluniazenser entstand, breitete sich rasch aus. Bereits 1123 kommen die ersten Zisterzienser nach Lützel ins Oberelsaß und 1133 nach Neuburg, von wo sie noch zu Lebzeiten Bernhards von Clairvaux, der auch in Freiburg für den Kreuzzug predigt, über den Rhein wechseln. 1134 kommen die ersten Mönche aus Lützel nach Salem, 1142 wird Schönau von Eberbach aus besiedelt. Die Lützel-Tochter Neuburg entsendet 1147 Mönche nach Maulbronn und 1148 nach Herrenalb. Tochterklöster von Maulbronn werden 1151 bzw. 1157 Bronnbach und um 1155 Schöntal. Nur Tennenbach erhält 1158/61 den ersten Konvent aus Frienisberg, also aus der Schweiz. Die Zisterzienser aus Schönau gehen schließlich kurz vor 1187 nach Bebenhausen.

Zur Reform von Cîteaux gehörten strenge Bauvorschriften. Erlaubt waren nur einfache langgestreckte Kirchen, die allein den Klosterangehörigen vorbehalten waren. Für die Glocken waren nur Dachreiter erlaubt. Die Chöre sind meist gerade geschlossen, wobei den Hauptchor vier oder sechs Kapellen am Ostende des Querhauses flankieren. Auf Farbfenster oder plastischen Schmuck wurde verzichtet. Große Sorgfalt verwendete man auf das Mauerwerk, das als nacktes Großquaderwerk seit etwa 1100 am Oberrhein verbreitet war. Auffallend ist, daß die Zisterzienser ihre Bauten wölbten – und zwar mit Spitztonnen im Mittelschiff, die Quertonnen über den Seitenschiffen abstützen.

Unsere Beispiele beweisen, daß sie diesen Bautyp, dessen schönste Verwirklichung sich in Fontenay erhielt, bei Neugründungen nicht zur Vorschrift machten. Die Grabungen in Bronnbach, auch in Herrenalb, zeigen, daß ihre ersten Bauten in Baden-Württemberg – also wohl auch Schönau und Maulbronn – benediktinische Staffelchöre mit halbrunden Apsiden und Flachdecken hatten. Die erste wirklich zisterziensisch aussehende Kirche dürfte Tennenbach gewesen sein, für das man in der ersten Planung eine Spitztonne annehmen muß, die von der Bautengruppe der Mutterabtei Frienisberg mit Hauterive und Bonmont angeregt wurde.

Die Einführung des Rippengewölbes in Burgund gegen 1160/70 (Langres, Pontigny) und wenig später im Elsaß (Rosheim, Murbach, Zabern) ist die Voraussetzung für das Auftreten der Wölbungsform, die eine steinerne Bedeckung über basilikalem Aufriß ermöglichte, auch im Südwesten Deutschlands. Die Rippengewölbe von Schönau, Maulbronn und Tennenbach gehören nicht zur Erstplanung dieser Kirchen. Sie sind nachträglich, d. h. erst seit dem späten 12. Jahrhundert eingebaut oder in bestehende Planungen übernommen worden. Bronnbachs Wölbung ist ein merkwürdiger Zwitter, der zeigt, daß man lange zwischen Tonne und Gratgewölbe schwankte.

Erst mit Ellwangen, Breisach, Wölchingen und Freiburg entstehen dann vom späten 12. Jahrhundert an Großbauten, die von vornherein auf eine Rippenwölbung mit schweren Bandrippen über einem Stützenwechsel aus starken und schwachen Pfeilern angelegt waren. Deutlich zeigt sich hier, daß Schwaben traditionsverhafteter war als das Oberrheingebiet, das sich mit französischen und italienischen Anregungen auseinandersetzt. Bei der Mehrzahl kleinerer oder teilerneuerter Bauten erhalten nur einzelne Teile wie die Ostpartie (Lobenfeld) oder Chöre und Eingangsbauten (Faurndau, Denkendorf) oder nur die Altarräume (Weinsberg, Schäftersheim, Frauenzimmern) als Auszeichnung um und besonders nach 1200 Rippengewölbe. Daß das vierteilige Rippengewölbe im 13. Jahrhundert zum üblichen Erscheinungsbild einer Kirche gehörte, zeigen die Kapellen in Murrhardt und Tübingen-Schwärzloch, die trotz ihrer Kleinheit von wuchtigen Rippen überspannt werden.

Die Baukunst der Chorherren oder Kanoniker, der Prämonstratenser und der Augustiner-Chorherren, also jener Ordensleute, die nicht nach einer Mönchsregel, sondern nach den Canones (Richtlinien) für Kleriker unter den drei Ordensgelübden zusammen lebten, ist mangels Ausgrabungen kaum faßbar. Direkt aus Prémontré kamen die Nachfolger Norberts von Xanten nach 1126 nach Rot an der Rot, 1144 folgte die Gründung von Lochgarten. Von Rot aus gingen sie um 1145 nach Weißenau und 1171 nach Obermarchtal. Aus Roggenburg kamen sie 1178 nach Adelberg. 1183 wird Schussenried von Weißenau, 1191/96 Allerheiligen von Obermarchtal aus besiedelt. Gefördert wurden sie nachdrücklich von den Welfen. Die barockisierte Kirche Schussenried und die Ruine in Allerheiligen *Abb. 50, 51* legen die Annahme nahe, daß die Regularkanoniker von Prémontré, deren Orden Norbert von Xanten 1120 bei Laon gründete, sich wie an anderen Orten auch den Baugewohnheiten der Landschaften anpaßten, in die sie kamen.

Auch die Augustiner-Chorherren, die wir in Sindelfingen, Öhringen(?), Backnang, St. Märgen, Herbrechtingen, Lobenfeld und Bad Waldsee antreffen, bilden keinen eigenen Kirchentyp aus. In Lobenfeld zeigen sie sich Worms und dem Elsaß verpflichtet. Die wichtigsten Aufgaben der nach der Gregorianischen Kirchenreform entstandenen Gemeinschaft sind der Chordienst, die Seelsorge, der Unterricht und die Wissenschaft.

Auch die Architektur der Bettelorden zeigt sich zunächst noch in spätromanischen Formen. So ist die bald nach 1236 begonnene Konstanzer Dominikanerkirche eine flachgedeckte Säulenbasilika, deren stämmige Stützen noch ganz romanisch aussehen. Offenbar zogen die Bettelorden zunächst die strenge Schlichtheit der Hirsauer und Zisterzienser dem Formenreichtum der aufkommenden Gotik vor, die sich in Maulbronn (Paradies etc.) und in Schönau (Refektorium) äußerte.

In staufischer Zeit spielt die Bauornamentik und die Skulptur eine ungleich bedeutendere Rolle als in den vorangehenden Epochen. Im Inneren der Kirchen bleibt es beim Schmuck der Kapitelle oder Kämpfer, der stetig bereichert wird. Die einfach-klare Form des Würfelkapitells verschwindet unter aufgelegten Schilden, sie wird überwuchert von Blättern und Ranken.

Der Außenbau, der zunächst glatt und nackt war (Sulzburg, Alpirsbach), wird besonders in der Spätromanik außerordentlich aufwendig dekoriert. Vor allem zum Chor hin nehmen reliefstarke Gliederungsformen wie Blendnischen, Blendarkaden, Dienste, Lisenen und Rundbogenfriese an vielen Bauten zu. An der Profilierung der Rundbogenfolgen und ihrer Füllung mit Tieren und Pflanzen läßt sich eine zunehmende Ornamentfreude erkennen, die für das dekorative Auslaufen einer Epoche so bezeichnend ist wie für die Unfähigkeit der Künstler, ohne fremde Anregungen zu neuen Formen zu gelangen. Besonders im nordöstlichen Schwaben (Murrhardt, Faurndau, Schwäbisch Gmünd etc.) werden die Außenwände der Kirchen üppig verziert. Ganze Relieffolgen erscheinen außen am Eulenturm von Hirsau und am Langhaus von Plieningen. Ohne erkennbare Ordnung sind in Belsen und Schwäbisch Gmünd einzelne Reliefs wie »Streuplastik« verteilt. Die in salischer Zeit (Speyer, Rottweil) zunächst glatt gestuften Öffnungen der Portale werden nach französischen Vorbildern mit Säulen ausgesetzt. Sie erhalten figürliche Tympana wie in Alpirsbach, Lauffen, Freiburg, Ellwangen

oder St. Ilgen. Häufig sind Bogensteine, die mit Flachreliefs geringer Qualität, aber interessanter Ikonographie (Pforzheim, Bietenhausen, Hildrizhausen) gefüllt sind. Ein Figurenportal in der Nachfolge der Basler Galluspforte besaß nur Petershausen.

Aus staufischer Zeit stammen schließlich einige zum Teil bedeutende Skulpturen, die zur Ausstattung von Kirchen und Klöstern gehörten. Sie sind aus Gold, aus Bronze, aus Holz und aus Stein. Werke der Goldschmiedekunst gibt es oder gab es in St. Trudpert und Villingen (Kelche), Denkendorf, Zwiefalten, Reichenau-Mittelzell (Reliquiare), Freiburg, St. Peter, St. Trudpert, Villingen, Zwiefalten (Kreuze), Großkomburg (Radleuchter und Antependium) und Weingarten (Buchdeckel). Kleine Bronzekreuze haben sich in Amrichshausen oder Wolpertswende erhalten, aus Bronze sind auch die Türbeschläge in Alpirsbach, Blaubeuren oder Sindelfingen. Drei Kultbilder aus Holz blieben erhalten: der hl. Nikolaus aus Berau und die Madonnen aus Ittenhausen und St. Märgen. Von bemerkenswerter Qualität sind die Holzkreuze aus Obermarchtal, Reichenau-Mittelzell und Saulgau, denen das berühmte Lesepult in Freudenstadt an die Seite zu stellen ist. Ein Unikat ist die hölzerne Sitzbank in Alpirsbach. Aus Stein waren Grabmäler (Backnang, Wölchingen, Öhringen) und Tumben (Großkomburg), aber auch Altäre (Engen, Heilbronn), Lesepulte (Großkomburg), Opferstöcke (Billigheim), Taufsteine (Boll, Freudenstadt), Weihwasserbecken (Boll) und Brunnenstöcke (St. Ulrich). Aus Stein sind auch die figürlichen Reliefplatten auf der Burg Hohenzollern, die, wie die Stuckfragmente auf der Großkomburg, zu Chorschranken gehört haben mögen.

Die Inschriften auf manchen Werken (Leuchter, Brunnenstock etc.) erläutern den Sinn dieser Gegenstände und Darstellungen gelegentlich sehr ausführlich. Der Frage nach der Bedeutung von Bauteilen und Ausstattungsstücken geht K. Kunze in einer faszinierenden Untersuchung am Beispiel des Freiburger Münsters nach.

In staufischer Zeit gab es in Schwaben mehrere Zentren der Buchmalerei. Besonders bedeutend war neben Zwiefalten und Hirsau Weingarten, das durch eine Schenkung der Herzogin Judith (gest. 1094) eine Reihe kostbarer Codices aus Flandern und England erhielt. Unter Abt Berthold (1200–1232) entstanden dort zwölf zum Teil noch nachweisbare Handschriften. Auf die Bedeutung Hirsaus im frühen 12. Jahrhundert hat A. Boeckler im Zusammenhang mit dem Stuttgarter Passionale aufmerksam gemacht. Die Reste hoch- und spätromanischer Wandmalerei sind

Abb. 83

Abb. 77

Abb. 82

Abb. 27, 52

Abb. 143, 147

Abb. 136, 137

b. 55, 94, 34, 128

Abb. 72

Abb. 5

Abb. 31

Abb. 13

Abb. 37, 30a, b

Abb. 109, 110

Abb. 192

Abb. 54

Abb. 165

Abb. 23

Abb. 185, 38

Abb. 187

Abb. 14, 190

Abb. 59a, b

Abb. 58

Abb. 118, 95

Abb. 108b

Abb. 108a, 85

Abb. 60

Abb. 32

Abb. 180

bescheiden, zeugen aber noch von der hohen Qualität dieser Kunst. Zu erwähnen sind Kappel, das ikonographisch bemerkenswerte Programm der Chorausmalung von Kleinkomburg, Lobenfeld, Schäftersheim und Haisterkirch. Einen überraschend farbfrohen Eindruck spätromanischer Außenbaubemalung bietet seit der Renovierung vor einigen Jahren Denkendorf.

Unter den Staufern erreicht der Profanbau eine erstaunliche Höhe. Waren die steinernen Burgen des frühen 11. Jahrhunderts noch reine Verteidigungsbauten, so entstehen seit der Mitte des Jahrhunderts innerhalb der Wehrmauern künstlerisch ausgestaltete Wohnbauten, deren Höhepunkt die repräsentativen Säle der Kaiserpfalzen (Wimpfen, Gelnhausen) bilden. Die Burgen waren Wohnsitze und Stützpunkte ihrer Besitzer und Erbauer. Sie können meist als sichtbarer Ausdruck adeligen Unabhängigkeitsstrebens in Zeiten einer geschwächten Reichsgewalt verstanden werden. Königs-, Herzogs- oder Bischofspfalzen bezeichnen dagegen eher die Macht und den Reichtum ihrer Erbauer. Bezeichnendstes Merkmal staufischer Burgen ist der Buckelquader, der, so H.-M. Maurer, »wie keine andere Steinbearbeitung ... den Trotz und das Selbstbewußtsein der ritterlichen Burgbewohner verkörpern« soll. Über die staufische Palast- und Burgenbaukunst hat W. Hotz einen umfassenden Überblick publiziert. F. Arens hat Wimpfen mustergültig dokumentiert, den Baubeginn aber wohl zu spät angesetzt. In unseren Katalog sind aus Platzmangel nur der Leofels, die Tiefburg Lahr und die Pfalz Wimpfen aufgenommen. Erwähnt wird aber auch die »Königswart« bei Baiersbronn, mit der eines

der ungewöhnlichsten Bauwerke des Mittelalters in unserem Raum lokalisiert und untersucht werden konnte. Es handelt sich um einen kleinen, 1209 datierten Zentralbau, der als Gedächtnisbau für den Pfalzgrafen Rudolf von Tübingen identifiziert wurde.

Der Städtebau der Stauferzeit kann hier ebenfalls nur am Rande behandelt werden, obwohl die »Gründungsstädte« der Zähringer, Welfen und Staufer im Hinblick auf ihren Umriß, ihr Straßensystem, ihre Hofstätten so lehrreich sind wie im Hinblick auf ihren Aufriß (Mauern, Bürgerhäuser, Rathäuser, etc.). Erstmals seit Jahrhunderten entstanden damals Niederlassungen von Händlern und Handwerkern nach festen Plänen, deren Realisierung allerdings nicht, wie man früher glaubte, in wenigen Jahren, sondern in Jahrzehnten erfolgte. Architektonischen Gestaltungswillen sah man lange besonders in den »Zähringerstädten« am Werk, doch hat B. Schwineköper jetzt nachdrücklich vor dem Gebrauch eines solchen Begriffs im Sinne eines bestimmten Städtetyps, den eine Gründerfamilie bewußt entworfen und immer wieder verwirklicht habe, gewarnt. Vom Aufriß romanischer Städte haben sich in unserem Gebiet – abgesehen von den Stadtmauern – nur geringe Reste erhalten; genannt seien die Keckenburg und die Turmhausteile in Konstanz. Immerhin lassen auch Städte wie Ellwangen oder Reutlingen noch erkennen, daß man den Städtebau der staufischen Zeit als »ganzheitliches Bauunternehmen« (C. Meckseper) verstehen muß, das nicht nur die Planung des Inneren, sondern auch das Erscheinungsbild des Äußeren mit Mauern, Toren und Türmen umfaßte.

Abb. 188

Abb. 114, 84, 194

Abb. 152

Abb. 86

Abb. 100
Abb. 86, 87

38

Nachwort

In dieser Einführung konnten nur wenige der Fragen angeschnitten werden, die an das umfangreiche Material zu stellen sind. Die Kunstgeschichte fragt u. a. nach Alter und Verbreitung der Kirchentypen – um bei der Mehrzahl der hier behandelten Objekte zu bleiben – und ihrer Teile sowie nach der Abfolge der Epochen und ihrer Merkmale. Als Teil einer allgemeinen Kulturgeschichte fragt sie aber auch nach Ideen, die die Monumente verkörpern, nach den Absichten der Auftraggeber und Bauherren.

Zu klären ist bei der Mehrzahl der in diesem kommentierten Bildband behandelten Kirchenbauten, inwieweit sie Ausdruck des Selbstverständnisses, der Gruppenzugehörigkeit, der Sorge um das Seelenheil, des Reformeifers ihrer Stifter bzw. Auftraggeber sind. Die Hirsauer Bauten, das Konstanzer Münster, die Grabkirchen der Herzöge (Lorch) bieten sich an, sie als Artikulationen nicht nur ästhetischer, sondern besonders politischer Ideen zu deuten.

Noch aus anderen Gründen muß dieser erste Versuch eines Überblicks über die vorromanische und romanische Kunst auf dem Gebiet von Baden-Württemberg unvollkommen bleiben. Ausgrabungen als »Mittel der Erschließung archäologischer Sachquellen« (G. P. Fehring) fehlen an vielen Orten, an denen wesentliche Ergänzungen zu erwarten sind. Vor allem aber fehlen monographische Untersuchungen von der Genauigkeit und Ausführlichkeit der Arbeiten von F. Arens über Wimpfen und R. Hussendörfer über Faurndau. Auch an motivkundlichen Arbeiten mangelt es. Einzig das »Hirsauer Kapitell mit der Ecknase« wurde von R. Strobel ausführlich behandelt.

Die weitere Entwicklung der Mittelalterarchäologie als selbständige Disziplin, die Baugeschichtsforschung und allgemeine Mittelalterforschung vereint, wird die hier entworfene Übersicht über die Kunst eines Gebiets, das nie eine politische oder geographische Einheit war, vielfach verändern und erweitern. Und sie wird unsere Kenntnis des geistlichen und weltlichen Lebens im Mittelalter weiter vertiefen.

Abb. 2 Konstanz. Münster Unserer Lieben Frau. Krypta.
Vorhergehende Seite:
Abb. 1 Konstanz. Münster Unserer Lieben Frau. Die Majestasscheibe in der Krypta.

Abb. 3 Konstanz. Münster Unserer Lieben Frau. Krypta, Kapitell der Südwestsäule.

43

Abb. 4 Konstanz. Münster Unserer Lieben Frau. Mittelschiff nach Osten.

Abb. 5 Konstanz-Petershausen. Ehem. Benediktinerkloster. Westportal (heute im Badischen Landesmuseum Karlsruhe).

Abb. 6 Reichenau-Oberzell.
Ehem. Stiftskirche St. Georg.

Abb. 7 Reichenau-Oberzell. Ehem. Stiftskirche St. Georg. Mittelschiff nach Osten.

Abb. 8 Reichenau-Oberzell. Ehem. Stiftskirche St. Georg. Fresken an der Ostwand der Kapelle über der Eingangshalle.
Abb. 9 Reichenau-Oberzell. Ehem. Stiftskirche St. Georg. Krypta.

*Abb. 10 Reichenau-Mittel-
zell. Ehem. Klosterkirche
St. Maria und Markus.
Westbau.*

Abb. 11 Reichenau-Mittelzell. Ehem. Klosterkirche St. Maria und Markus. Langhaus nach Osten.

Abb 12 a, b Reichenau-Mittelzell. Ehem. Klosterkirche St. Maria und Markus. Pfeiler mit ornamentiertem Kämpfer im Langhaus und das Kapitell der sog. Witigowo-Säule.

Abb. 13 Reichenau-Mittelzell. Ehem. Klosterkirche St. Maria und Markus. Reliquienkästchen in der Schatzkammer.

Abb. 14 Reichenau-Mittel-
zell. Ehem. Klosterkirche
St. Maria und Markus.
Romanischer Kruzifixus (sog.
Oberzeller Kreuz), Detail.

Abb. 15 Reichenau-Nieder-
zell. Ehem. Stiftskirche
St. Peter und Paul.

Abb. 16 Reichenau-Niederzell. Ehem. Stiftskirche St. Peter und Paul. Hauptapsis.

Abb. 17 Öhningen-Schienen. Ehem. Klosterkirche St. Genesius.

Abb. 18 Öhningen-Schienen. Ehem. Klosterkirche St. Genesius nach Osten.

Abb. 19 Überlingen-Goldbach. Sylvesterkapelle.

Abb. 21 Bad Säckingen. Ehem. Damenstiftskirche St. Hilarius und Fridolin. Krypta.

◁ *Abb. 20 Überlingen-Goldbach. Sylvesterkapelle. Detail des Freskenzyklus im Langhaus.*

Abb. 22 Bad Säckingen. Ehem. Damenstiftskirche St. Hilarius und Fridolin. Raum über der Vorhalle.

Abb. 23 Ühlingen-Birkendorf-Berau. Ehem. Kloster St. Nikolaus. Lindenholzplastik des hl. Nikolaus (heute im Historischen Museum Basel).

Abb. 24 St. Blasien. Ehem. Benediktinerkloster. Das sog. Adelheid-Kreuz (heute in St. Paul im Lavanttal, Kärnten).

Abb. 25 Villingen-Schwenningen. Liebfrauenmünster in Villingen von Südwesten.

Abb. 26 Villingen-Schwenningen. Liebfrauenmünster in Villingen. Mittelschiff nach Osten.

Abb. 27 Sulzburg. Ehem. Klosterkirche St. Cyriacus.

Abb. 28 Sulzburg. Ehem. Klosterkirche St. Cyriacus. Mittelschiff nach Osten.

Abb. 29 Sulzburg. Ehem. Klosterkirche St. Cyriacus. Krypta.

Abb. 30 Münstertal-St. Trudpert. Ehem. Benediktinerkloster. Vortragekreuz. Vorder- und Rückseite.

Abb. 31 Münstertal-St. Trudpert. Ehem. Benediktinerkloster. Kelch (heute im Metropolitan Museum New York).

Abb. 32 Bollschweil-St. Ulrich. Romanischer Taufstein des ehem. Benediktinerpriorats im Hof des Pfarrhauses.

Abb. 33 Freiburg. Münster Unserer Lieben Frau. Südliches Querhaus mit Hahnenturm.

*Abb. 34 Freiburg. Münster
Unserer Lieben Frau.
Portal am Südquerhaus.*

Abb. 35 Freiburg. Münster
Unserer Lieben Frau.
Relief in der Nikolauskapelle.
Samuel krönt David.

Abb. 36 Freiburg. Münster Unserer Lieben Frau. Friesreliefs und Kapitelle in der Nikolauskapelle.

Abb. 37 Freiburg. Münster Unserer Lieben Frau. Das »Böcklin-Kreuz« in einer Kapelle des Chorumgangs.

*Abb. 38 St. Märgen. Ehem.
Augustinerchorherrenstift.
Gnadenbild in der Mutter-
gotteskapelle.*

*Abb. 39 Breisach. Kath.
Stadtpfarrkirche St. Stephan
von Südosten.*

Abb. 41 Friesenheim-Schuttern. Ehem. Klosterkirche. Mosaikfragment. Kain erschlägt Abel.

◁ *Abb. 40 Breisach. Kath. Stadtpfarrkirche St. Stephan. Südliches Seitenschiff nach Osten.*

Abb. 42 Friesenheim-Schuttern. Ehem. Klosterkirche. Fragment eines Engels vom romanischen Vorgängerbau.

82

Abb. 43 Lahr-Burgheim.
Ev. Pfarrkirche St. Peter von
Nordosten.

Abb. 45 Rheinmünster-Schwarzach. Ehem. Benediktinerklosterkirche St. Peter und Paul. Säulenkapitell mit stilisiertem Blattdekor und Diamantbändern.

◁ *Abb. 44 Rheinmünster-Schwarzach. Ehem. Benediktinerklosterkirche St. Peter und Paul. Mittelschiff nach Osten.*

Abb. 46 Rheinmünster-Schwarzach. Ehem. Benediktinerklosterkirche St. Peter und Paul. Tympanon des Westportals.

Abb. 47 Gengenbach. Ehem. Benediktinerklosterkirche St. Maria. Westfassade.

Abb. 48 Gengenbach. Ehem.
Benediktinerklosterkirche
St. Maria. Inneres gegen
Osten.

Abb. 49 Baden-Baden.
Ehem. Stiftskirche Unserer
Lieben Frau von Westen.

Abb. 50/51 Oppenau-Lierbach. Die Ruine der ehem. Prämonstratenserklosterkirche Allerheiligen von Osten (links) und von Süden mit Querhaus.

Abb. 52 Alpirsbach. Ehem.
Benediktinerklosterkirche.
Ansicht von Osten.

Abb. 53 Alpirsbach. Ehem.
Benediktinerklosterkirche.
Inneres nach Westen.

Abb. 54 Alpirsbach. Ehem. Benediktinerklosterkirche. Portal in der Vorhalle.

Abb. 55 Alpirsbach. Ehem. Benediktinerklosterkirche. Tympanon des Portals in der Vorhalle.

Umseitig:
Abb. 56 Alpirsbach. Ehem. Benediktinerklosterkirche. Kapitelle und Basen des ersten Säulenpaars von Osten im Mittelschiff.
Abb. 57 Alpirsbach. Ehem. Benediktinerklosterkirche. Fresko in der mittleren Altarnische der Hauptapsis.

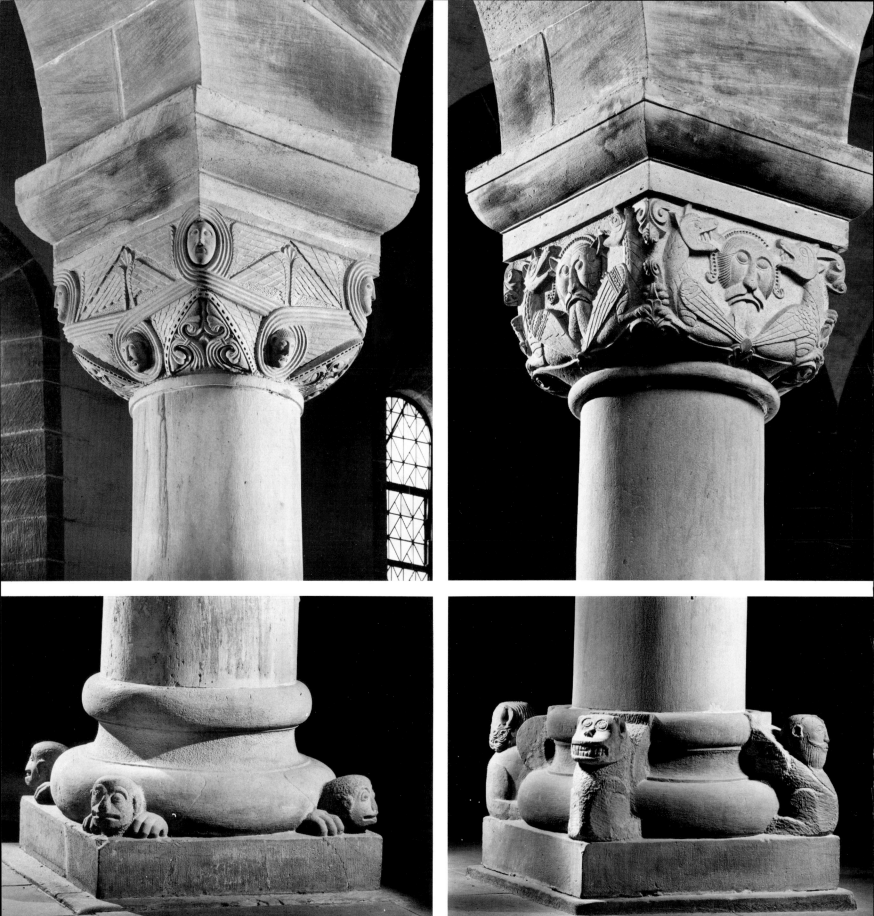

Abb. 58 Alpirsbach. Ehem.
Benediktinerklosterkirche.
Kirchenbank aus gedrehten
Rundhölzern. Detail.

Abb. 59 Freudenstadt.
Ev. Stadtkirche. Das Lesepult
aus dem 12. Jahrhundert.
Rück- und Seitenansicht.

Abb. 60 Freudenstadt.
Ev. Stadtkirche.
Der Taufstein aus dem
12. Jahrhundert.

Abb. 61 Baiersbronn-
Klosterreichenbach.
Ehem. Benediktiner-
prioratskirche
von Osten.

Abb. 62 Baiersbronn-Klosterreichenbach. Ehem. Benediktinerprioratskirche. Vorhalle.

Abb. 63 Bad Teinach-Zavelstein. Ev. Gottesackerkirche St. Candidus in Kentheim.

102

Abb. 64 Calw-Hirsau. Die Ruinen des ehem. Benediktinerklosters St. Peter und Paul. Links der erhaltene »Eulenturm«.

Abb. 65 Calw-Hirsau. Ehem. Benediktinerklosterkirche St. Peter und Paul. Der »Eulenturm«.

Abb. 66 Calw-Hirsau. Ehem. Benediktinerklosterkirche St. Peter und Paul. Fries mit Tier- und Menschenfiguren am »Eulenturm«.

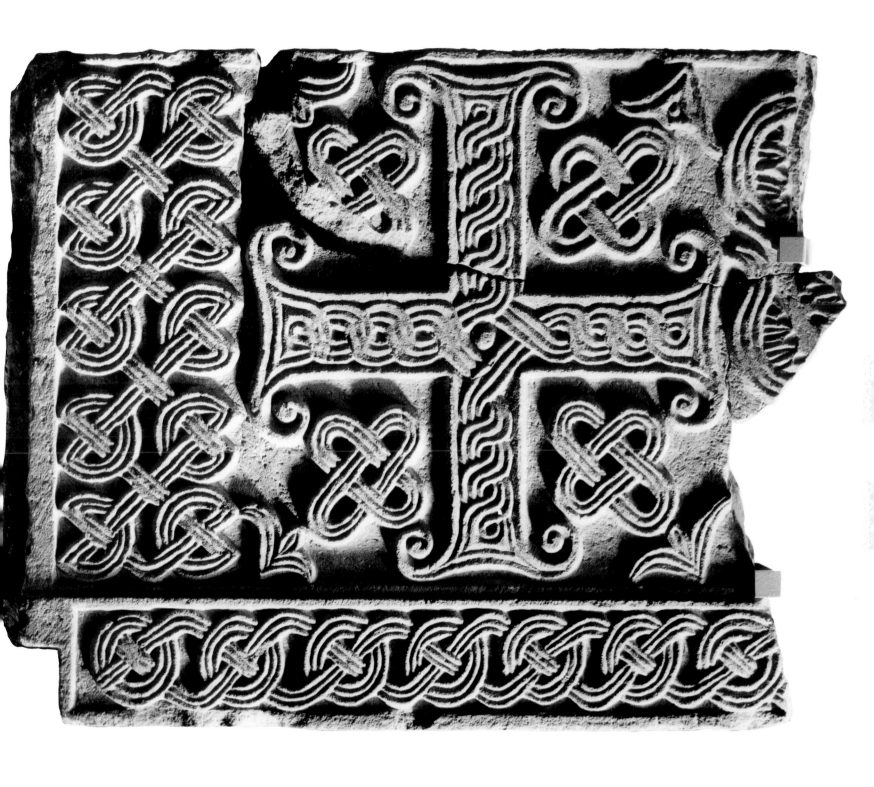

Abb. 67 Calw-Hirsau. Ehem. Benediktinerklosterkirche St. Peter und Paul. Flechtbandplatte (heute im Württembergischen Landesmuseum Stuttgart).

Abb. 68 Calw-Hirsau. St. Aurelius. Inneres nach Osten.

Abb. 69 Calw-Hirsau. Darstellung des Hirsauer Abtes Wilhelm aus dem Reichenbacher Schenkungsbuch.

Abb. 70 Pforzheim.
Schloßkirche St. Michael.
Westportal.

Abb. 71 Pforzheim.
Schloßkirche St. Michael.
Inneres des Westbaus von
Süden.

Abb. 72 Pforzheim. Altenstädter Pfarrkirche St. Martin. Tympanon in der westlichen Vorhalle.

Abb. 73 Maulbronn. Ehem. Zisterzienserklosterkirche von Osten.

Abb. 74 Maulbronn. Ehem. Zisterzienserklosterkirche. Langhaus nach Osten.

Abb. 75 Maulbronn. Ehem. Zisterzienserklosterkirche. Schranke des Mönchschors.

114

Abb. 77 Maulbronn. Ehem. Zisterzienserklosterkirche. Paradies.

◁ *Abb. 76 Maulbronn. Ehem. Zisterzienserklosterkirche. Westportal.*

Abb. 78 Bad Herrenalb. Ehem. Zisterzienserklosterkirche St. Maria. Doppelarkaden in der Ruine des Paradieses.

Abb. 79 Heidelberg. Ehem. Benediktinerkloster St. Michael auf dem Heiligenberg. Aufnahme der Ruine nach Osten.

Abb. 80 Ladenburg. Kath. Stadtpfarrkirche St. Gallus. Krypta.

Abb. 81 Ladenburg. Sebastianskapelle. Wandstück des romanischen Vorgängerbaus auf der Nordseite.

Abb. 82 Schönau. Ehem. Zisterzienserkloster. Refektorium.

Abb. 83 Lobbach-Lobenfeld. Ehem. Augustinerchorherren-Klosterkirche. Chor von Osten.

Abb. 84 Lobbach-Lobenfeld. Ehem.
Augustinerchorherren-Klosterkirche.
Fresko im Chor.

Abb. 85 Billigheim. Ehem. Klosterkirche Mariä Geburt. Spätromanischer Opferstock.

Abb. 86 Bad Wimpfen. Palas der Kaiserpfalz in Wimpfen am Berg. Nördliche Arkadenwand.

Abb. 87 Bad Wimpfen. Südseite der Pfalzkapelle in Wimpfen am Berg.

Abb. 88 Bad Wimpfen.
Ehem. Stiftskirche St. Peter
in Wimpfen im Tal.
Westfassade.

Abb. 89 Heilbronn. Kath. Pfarrkirche St. Peter und Paul (Deutschhauskirche). Spätromanischer Blockaltar.

Abb. 90 Weinsberg.
Ev. Stadtkirche St. Johannes
d. T. Westportal.

Abb. 91 Weinsberg.
Ev. Stadtkirche St. Johannes
d. T. Inneres nach Osten.

Abb. 92 Weinsberg. Ev. Stadtkirche St. Johannes d. T. Säulenkapitell im Innenraum.

Abb. 93 Weinsberg. Ev. Stadtkirche St. Johannes d. T. Rippengewölbe im Chorturm.

Abb. 94 Lauffen am Neckar. Spätromanisches Tympanon (heute im Württembergischen Landesmuseum Stuttgart).

Abb. 95 Öhringen. Ehem. Stiftskirche St. Peter und Paul. Die Adelheid-Tumba.

Abb. 96 Künzelsau-Amrichshausen. Kath. Pfarrkirche St. Martin. Bronzekruzifixus aus dem 12. Jahrhundert.

Abb. 97 Niedernhall. Ev. Pfarrkirche. Westportal.

Abb. 98 Langenburg-Unterregenbach. Ehem. Benediktinerklosterkirche. Krypta.

Abb. 99 Langenburg-Unterregenbach. Ehem. Benediktinerkloster. Zwei Säulenkapitelle aus der Krypta (heute im Württembergischen Landesmuseum Stuttgart).

138

Abb. 100 Ilshofen. Burgruine Leofels. Palas.

Abb. 101 Schwäbisch Hall. Ev. Stadtkirche. Westturm.

Abb. 103 Schwäbisch Hall. Ev. Stadtkirche. Bogenfeld des Westportals.

◁ *Abb. 102 Schwäbisch Hall. Ev. Stadtkirche. Mittelstütze im Erdgeschoß des Westturms.*

Abb. 104 Schwäbisch Hall-Großkomburg. Das ehem. Benediktinerkloster St. Maria und Nikolaus.
Abb. 105 Schwäbisch Hall-Großkomburg. Klostertor.

Abb. 107 Schwäbisch Hall-Großkomburg. Schenkenkapelle.

◁   *Abb. 106 Schwäbisch Hall-Großkomburg. Erhardskapelle.*

Abb. 108 Schwäbisch Hall-Großkomburg. Schenkenkapelle. Steinernes Lesepult und die Tumba mit den Gebeinen der Stifter.

Abb. 109 Schwäbisch Hall-Großkomburg. Klosterkirche. Das Antependium.

Abb. 110 Schwäbisch Hall-Großkomburg. Klosterkirche. Der Radleuchter.

Abb. 111 Schwäbisch Hall-Großkomburg. Schenkenkapelle. Deckenbalken mit romanischer Bemalung.

Abb. 112 Schwäbisch Hall-Kleinkomburg. Ehem. Klosterkirche St. Ägidius von Süden.

Abb. 113 Schwäbisch Hall-Kleinkomburg. Ehem. Klosterkirche St. Ägidius. Inneres nach Osten.

Abb. 114 Schwäbisch Hall-
Kleinkomburg. Ehem.
Klosterkirche St. Ägidius.
Fresken im Chor.

Abb. 115 Schwäbisch Hall-
Steinbach. Kath. Pfarrkirche
St. Johannes d. T. von Osten.

Abb. 116 Boxberg-Wölchingen. Ev. Pfarrkirche von Südosten.

Abb. 117 Boxberg-Wölchingen. Ev. Pfarrkirche. Mittelschiff nach Osten.

Abb. 118 Boxberg-Wölchingen. Ev. Pfarrkirche. Grabstein im südlichen Querhaus. Detail.

Abb. 119 Wertheim-Bronnbach. Ehem. Zisterzienserklosterkirche. Ostansicht.

Abb. 120 Wertheim-Bronn-
bach. Ehem. Zisterzienserklosterkirche. Inneres nach
Osten.

Abb. 121 Wertheim-Bronn-
bach. Ehem. Zisterzienserkloster. Kapitelsaal.

*Abb. 122 Wertheim-Bronn-
bach. Ehem. Zisterzienserklosterkirche. Westportal.*

*Abb. 123 Grünsfeld-Grünsfeld-
hausen. Kath. Filialkirche
St. Achatius.*

Abb. 124 Wittighausen-Oberwittighausen. Kath. Sigismundkapelle.

Abb. 125 Wittighausen-Oberwittighausen. Kath. Sigismundkapelle. Portal.

Abb. 126 Creglingen-Standorf. Ulrichskapelle.

Abb. 127 Ellwangen.
Ehem. Stiftskirche St. Veit.
Ostansicht.

Abb. 129 Ellwangen. Ehem. Stiftskirche St. Veit. Krypta.

Abb. 128 Ellwangen. Ehem. Stiftskirche St. Veit. Südportal.

Abb. 130 Ellwangen. Ehem. Stiftskirche St. Veit. Reliquienkästchen aus dem Kirchenschatz (heute im Württembergischen Landesmuseum Stuttgart).

Abb. 131 Rosenberg-Hohenberg. Kath. Pfarrkirche St. Jakob. Bogenfeld des Seitenportals.

Abb. 133 Sontheim-Brenz. Ev. Pfarrkirche. Inneres nach Osten.

◁ *Abb. 132 Sontheim-Brenz. Ev. Pfarrkirche von Osten.*

Abb. 135 Sontheim-Brenz. Ev. Pfarrkirche. Tympanon des Hauptportals.

◁ *Abb. 134 Sontheim-Brenz. Ev. Pfarrkirche. Bogenfriese am Chor.*

Abb. 136 Schwäbisch Gmünd. St. Johannis. Westfassade.

Abb. 137 Schwäbisch Gmünd. St. Johannis. Detail der Westfassade.

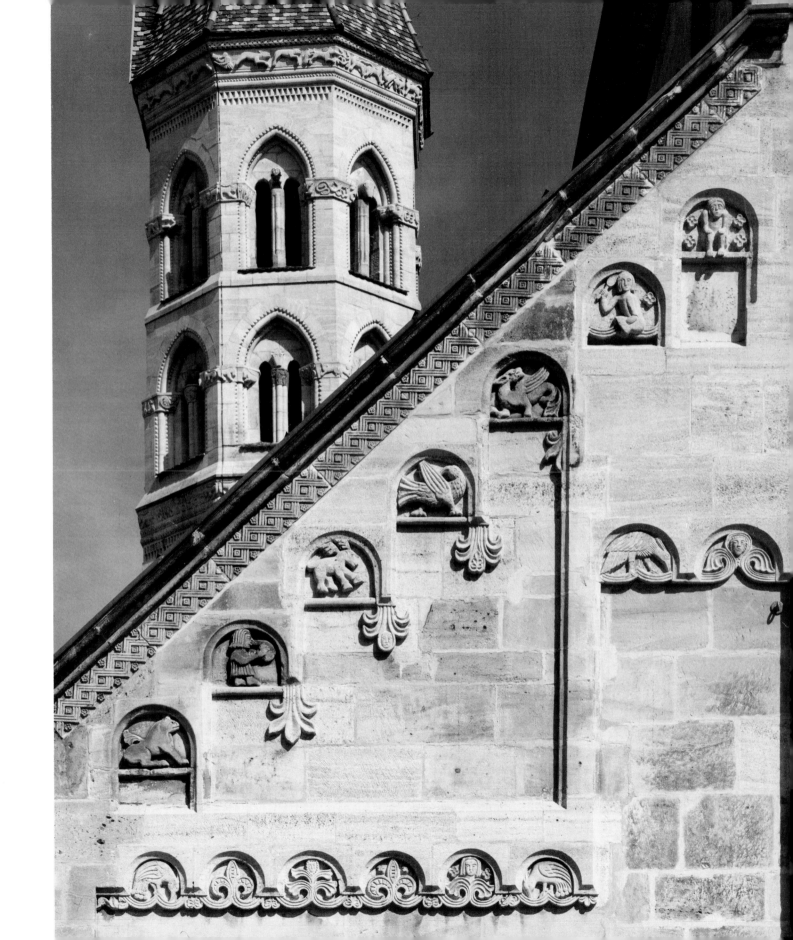

Abb. 138 Schwäbisch Gmünd. St. Johannis. Inneres nach Osten.

Abb. 139 Schwäbisch Gmünd. St. Johannis. Thronende Madonna an der Südwand (Original im Chor).

Abb. 140 Schwäbisch Gmünd. St. Johannis. Westliches Portal an der Südseite.

Abb. 141 Lorch. Ehem. Benediktinerklosterkirche St. Petrus und Paulus.

180

Abb. 142 Lorch.
Ehem. Benediktiner-
klosterkirche St. Petrus
und Paulus. Inneres
nach Westen.

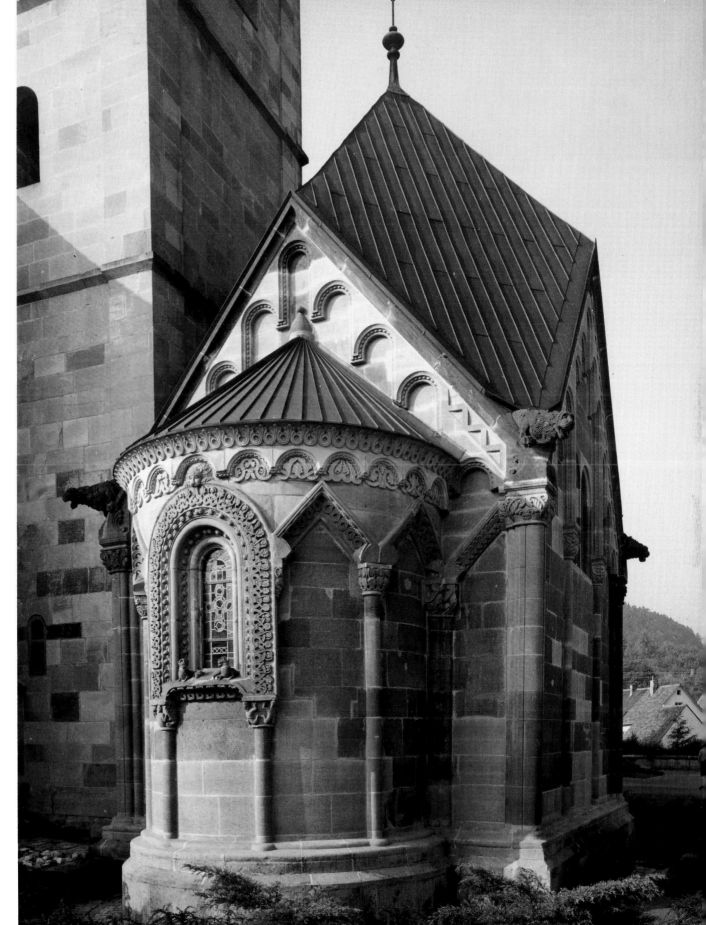

Abb. 143 Murrhardt.
Walterichskapelle von Osten.

Abb. 144 Murrhardt. Walterichskapelle. Inneres.

184

Abb. 145 Murrhardt. Ev. Walterichskirche. Im Kircheninnern vermauertes Bogenfeld.

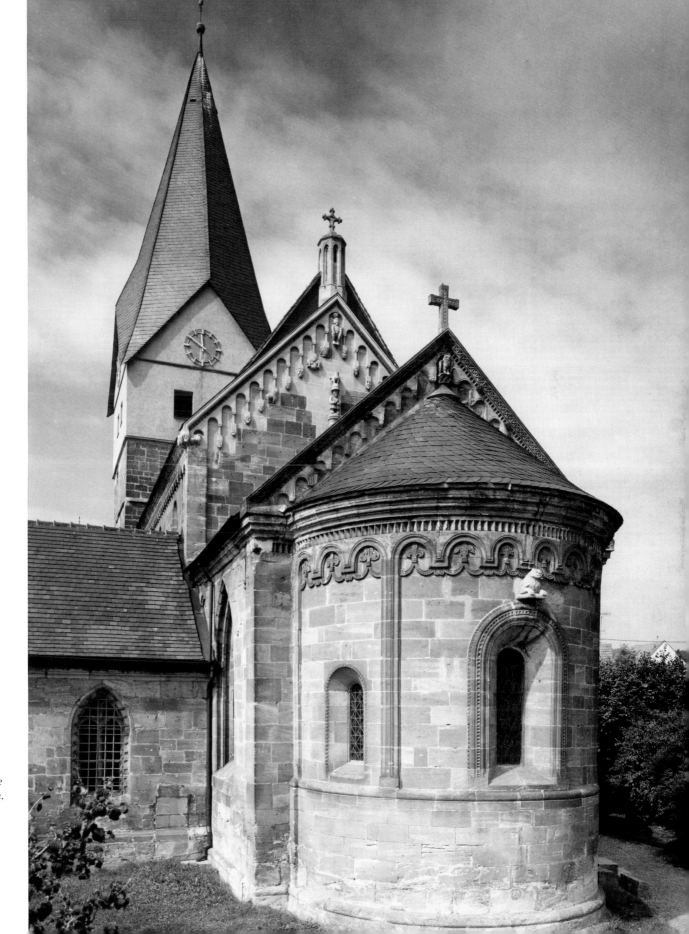

Abb. 154 Denkendorf. Ehem. Stiftskirche St. Pelagius. Die in Blendbogen aufgelöste Sockelzone des Chors.

Abb. 155 Denkendorf. Ehem. Stiftskirche St. Pelagius. Krypta.

Umseitig:
Abb. 156 Stuttgart-Plieningen. Ev. Pfarrkirche. Südseite.
Abb. 157 Stuttgart-Plieningen. Ev. Pfarrkirche. Reliefs an der Südseite des Langhauses.

Abb. 159 Backnang. Ehem. Chorherrenstiftskirche St. Pankratius. Krypta.

◁ Abb. 158 Stuttgart. Ev. Stiftskirche Hl. Kreuz. Im Vordergrund der romanische Unterbau des Südostturms.

Abb. 160 Oberstenfeld.
Ehem. Damenstiftskirche
St. Johannes Bapt. Südseite.

Abb. 161 Oberstenfeld.
Ehem. Damenstiftskirche
St. Johannes Bapt. Inneres
nach Osten.

Abb. 162 Oberstenfeld.
Ehem. Damenstiftskirche
St. Johannes Bapt. Krypta.

Abb. 163 Oberstenfeld.
Gottesackerkirche St. Peter.

Abb. 164 Sindelfingen. Ehem. Augustinerchorherren-Stiftskirche St. Martin von Osten.

Abb. 165 Sindelfingen. Ehem. Augustinerchorherren-Stiftskirche St. Martin. Holztür mit Eisen- und Bronzebeschlägen.

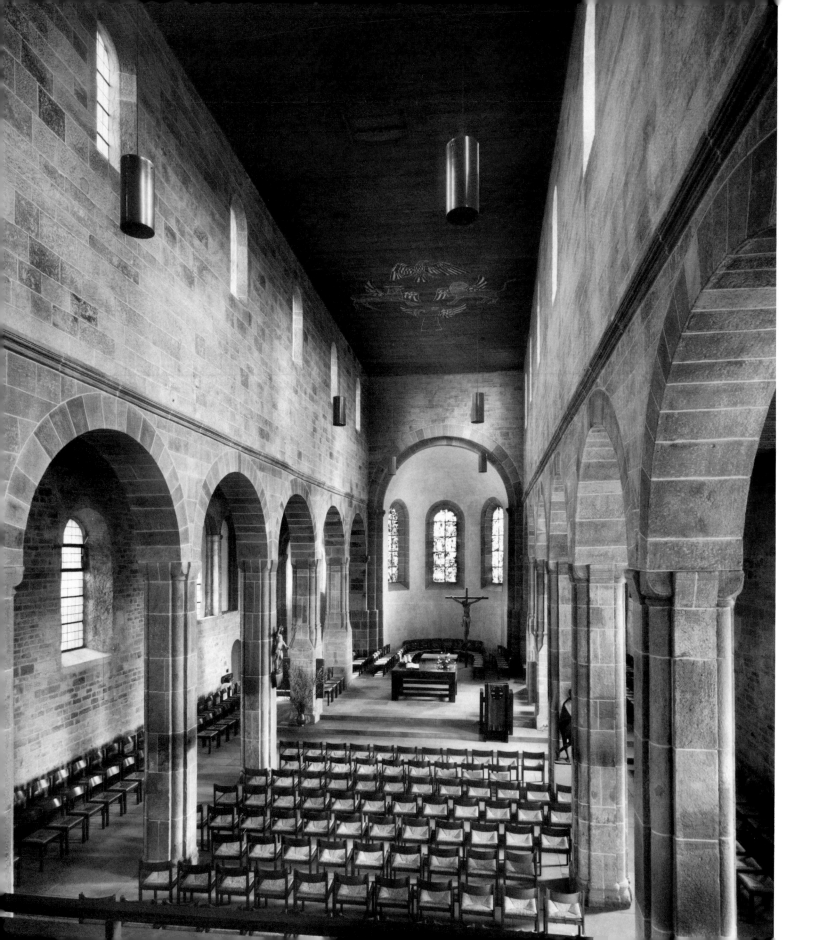

Abb. 167 Hildrizhausen. Ev. Pfarrkirche nach Westen.

◁ *Abb. 166 Sindelfingen. Ehem. Augustinerchorherren-Stiftskirche St. Martin. Inneres nach Osten.*
Umseitig:
Abb. 168 Tübingen-Bebenhausen. Ehem. Zisterzienserkloster von Norden.
Abb. 169 Tübingen-Bebenhausen. Ehem. Zisterzienserklosterkirche. Kapellen an der Ostwand des Nordquerhauses.

*Vorhergehende Seiten:
Abb. 170 Tübingen-
Bebenhausen. Ehem.
Zisterzienserkloster.
Kapitelsaal.*

*Abb. 171 Neckartailfin-
gen. Ev. Pfarrkirche
St. Martin von Osten.*

*Abb. 172 Neckartailfin-
gen. Ev. Pfarrkirche
St. Martin. Inneres nach
Osten.*

Abb. 173 Wannweil. Ev.
Pfarrkirche von Südwesten.

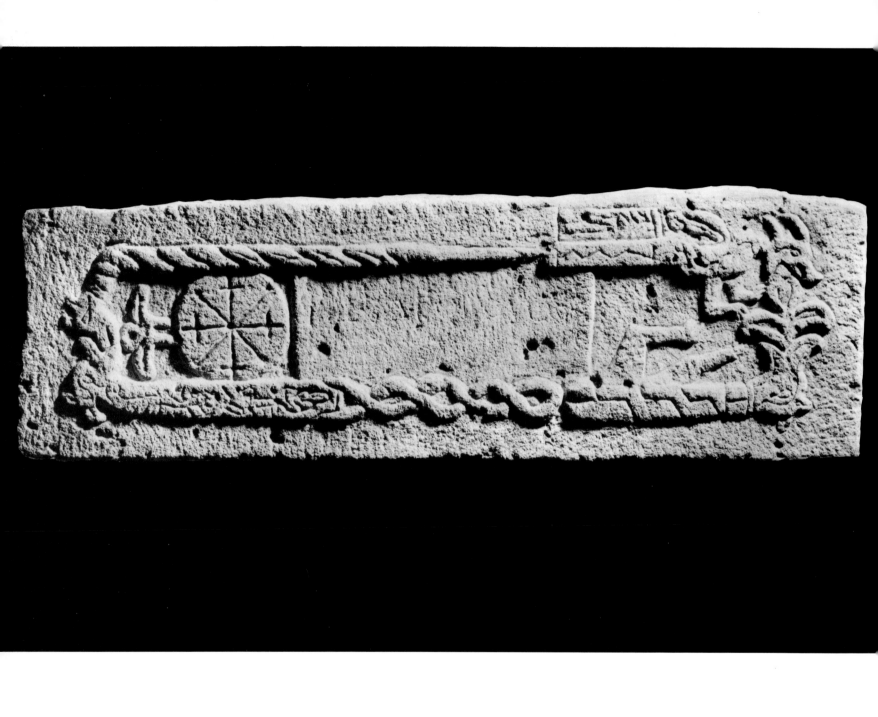

Abb. 174 Wannweil. Ev. Pfarrkirche. Türsturz (heute im Württembergischen Landesmuseum Stuttgart).

Umseitig:
Abb. 176 Rottenburg-Wurm-
lingen. Bergkapelle St. Remigius. Krypta.

Abb. 177 Lenningen-Ober-
lenningen. Ev. Pfarrkirche
St. Martin. Inneres nach
Westen.

Abb. 175 Tübingen-Schwärzloch. Ehem. Kapelle St. Nikolaus. Chorseite.

Abb. 178
Mössingen-Belsen. Ev.
Pfarrkirche. Westfassade.

Abb. 179 Haigerloch-
Owingen. Weilerkirche.
Portal.

Abb. 180 Bisingen-Hohenzollern. Burgkapelle St. Michael. Sandsteinreliefs.

Abb. 181 Albstadt-Burgfelden. Ev. Pfarrkirche. Fresko an der Ostwand. Detail.

Abb. 182 Albstadt-Burgfelden. Ev. Pfarrkirche. Inneres nach Osten.

Abb. 183 Nusplingen. Friedhofskirche St. Peter und Paul.

222

Abb. 184 Veringenstadt-
Veringendorf. Kath. Pfarr-
kirche St. Michael. Osttürme.

Abb. 185 Langenenslingen-Ittenhausen. Thronende Madonna (Privatbesitz). Ehemals in der Anna-Kapelle.

Abb. 186 Ulm. Nikolaus-kapelle. Westfassade.

Abb. 187 Obermarchtal. Ehem. Prämonstratenser-Reichsstift. Holzkruzifixus. Detail (heute im Fürst Thurn und Taxis Schloßmuseum Regensburg).

Abb. 188 Bad Buchau-Kappel. Kath. Pfarrkirche St. Peter und Paul. Fresken an der Ostwand.

Abb. 189 Bad Waldsee-Gaisbeuren. Kapelle St. Leonhard.

Abb. 191 Baindt. Ehem. Zisterzienserinnenklosterkirche St. Maria und Johannes Bapt. Inneres nach Osten.

◁ *Abb. 190 Saulgau. Kreuzkapelle. Holzkruzifixus.*

Abb. 192 Weingarten.
Benediktinerkloster Hl. Blut.
Graduale und Missale des
Hainricus Sacrista. Einband,
spätes 12. Jahrhundert (heute
in der Pierpont Morgan Library New York).

Abb. 193 Weingarten. Bene-
diktinerkloster Hl. Blut.
Berthold-Missale, frühes 13.
Jahrhundert (heute in der
Pierpont Morgan Library
New York, Ms. 710 f. 19v.).

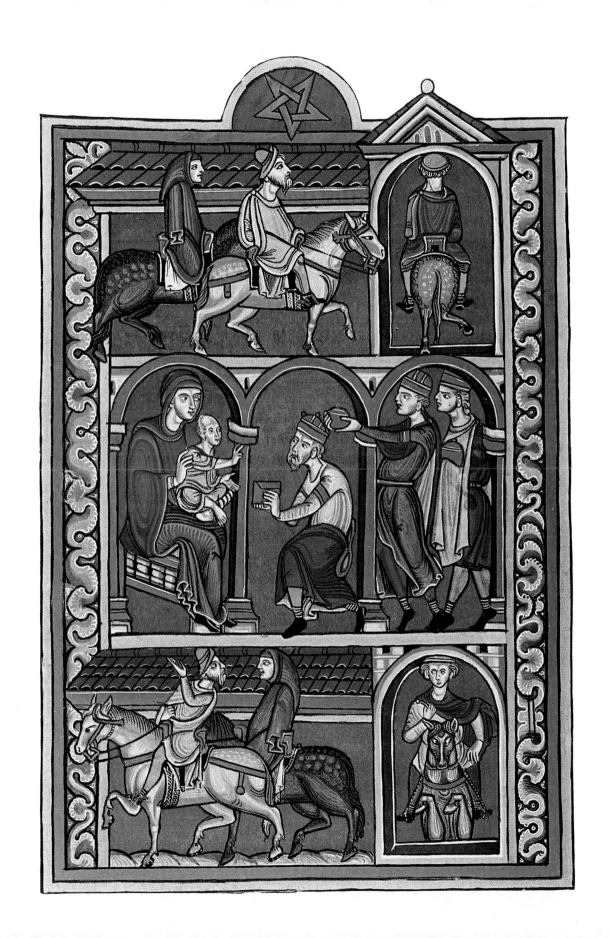

Abb. 194 Bad Waldsee-Haisterkirch. Kath. Pfarrkirche St. Johannes d. T. Fresken an der Nordseite des Chors.

Abb. 195 Friedrichshafen-Meistershofen. St.-Blasius-Kapelle.

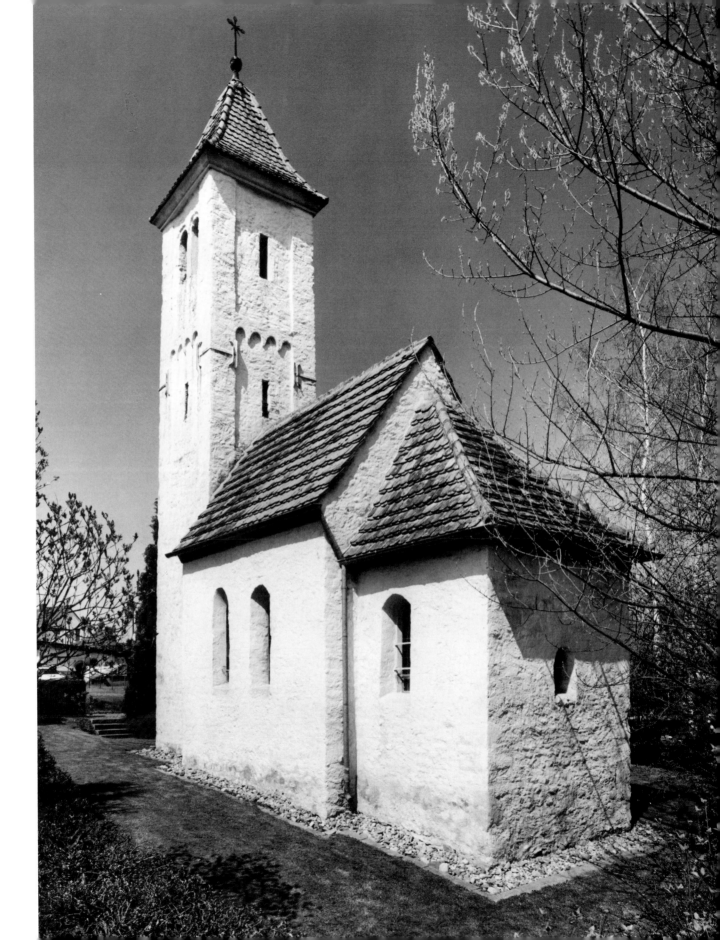

Die Baudenkmäler

Albstadt-Burgfelden (Zollernalbkreis)

Ehem. St. Michael, ev. Pfarrkirche
Abb. 181, 182

Grabungen erbrachten 1957 in der Kirche des kleinen Ortes auf der Hochfläche der Balinger Alb einen Vorgänger, den G. Scheja wegen seiner hufeisenförmigen Apsis in die erste Hälfte des 8. Jh. datierte. In ihrem Zentrum wurde ein Stiftergrab aufgedeckt: Die Kirche war also wohl die Eigenkirche eines seit der zweiten Hälfte des 7. Jh. angenommenen Herrensitzes.

Der Chorraum wurde später rechteckig erneuert. Die heutige flachgedeckte Saalkirche (16,7 x 6,6 m) stammt wegen ihres Großquaderwerks (Tuff) erst aus der Zeit um 1100. An sie stößt ohne Verband im Osten ein Turm (kein Chorturm!) an, der älter als der Saal ist. Offenbar besaß die Kirche keinen gesonderten Chorraum. Die Errichtung und Ausmalung des Quaderbaus geht auf das elsässische Kloster Ottmarsheim zurück, dem Burgfelden um 1064 von Graf Rudolf von Habsburg, einem Vorfahren der Habsburger, geschenkt wurde.

Die Fresken des Langhauses sind seit ihrer Aufdeckung 1891–1893 weitgehend verlorengegangen. Auf der Nordwand erkannte man nach erhaltenen Umzeichnungen u. a. das Gleichnis vom Barmherzigen Samariter, auf der Südwand die Lazarus-Geschichte und Märtyrerszenen. Die schmucklose Westwand wurde schon im 16. Jh. um gut 2 m nach Osten zurückverlegt. Erstaunlich gut erhalten ist der Schmuck der Ostwand, ein Jüngstes Gericht, dessen gezeichnete unterste Schicht auf einem rot, blau und gelb gestreiften Untergrund die Hand eines bedeutenden Künstlers erkennen läßt. Das Zentrum des oben von einem perspektivischen Mäander, unten von einem Blütenband gerahmten Bildstreifens bildet der thronende jugendliche Christus des Weltgerichts, der seine Wundmale zeigt. Zwei Engel zu seiten der Mandorla halten ein Kreuz. Tubablasende Engel erwecken die Toten, die sich aus kleinen Kastengräbern erheben. Zur Linken Christi bekämpft ein Engel die Teufel, die die am Hals gefesselten Verdammten zur Hölle ziehen. Zur Rechten leiten Engel die Seligen zu Michael, der als Ritter mit einer Fahnenlanze und einem Schild den Eingang zum Paradies bewacht. Die klare Komposition, die überlegte Gruppenbildung, die überlängten und energisch bewegten Figuren weisen auf eine Entstehung im frühen 12. Jh. hin. Der zeitliche Abstand zu den ottonischen Fresken der Reichenau und in Goldbach ist unverkennbar.

Lit.: Inv. Schwarzwaldkreis, Stuttgart 1897, 22 ff.; K. Hecht, Die Michaelskirche von Burgfelden im Lichte einer neuen Bauuntersuchung, in: ZWLG 11 (1952), 75 ff.; O. Heck, Die Michaelskirche in Burgfelden, in: DBW 1 (1958/59), 85 ff.; G. Scheja, St. Michael Burgfelden (Große Baudenkmäler 177), München–Berlin 1963; Demus 1968, 177; J. und K. Hecht 1979, 147 ff.

Allerheiligen → Oppenau-Lierbach

Alpirsbach (Kreis Freudenstadt)
Ehem. Benediktinerklosterkirche, ev. Pfarrkirche
Abb. 52–58

Auf ihrem gemeinsamen Erbgut gründeten die drei Adeligen Ruotman von Hausen, Alwig von Sulz und Adelbert von Zollern ein Doppelkloster, das sie reich ausstatteten. Am 16. Januar 1095 fand die Schenkung und gleichzeitig schon die Weihe einer provisorischen Holzkirche (oratorium) statt. Anwesend waren der päpstliche Legat und Bischof von Konstanz Gebhard III. und Abt Uto von St. Blasien, der die ersten Mönche unter Abt Cuno schickte. Alpirsbach ist damit eines der 24 Tochterklöster von St. Blasien. Eine für den 28. August 1099 überlieferte Weihe durch Gebhard kann nicht sicher auf die Ostteile der erhaltenen Kirche bezogen werden, sondern auch die bis auf ihren Westturm verschwundene Leutkirche nordwestlich der Fassade der Klosterkirche betroffen haben. Diese selbst wurde am 3. Mai eines Jahres nach 1100 (wohl um 1130) geweiht. Ob sich das 1099 genannte Patrozinium (Dreifaltigkeit, Hl. Kreuz, Maria und Benedikt) bereits auf die Klosterkirche bezieht, ist unklar. Ein Kalender von 1471 nennt Nikolaus als ihren Patron, für die Leutkirche aber Benedikt. 1101 trat der Stifter Adelbert ins Kloster ein; gleichzeitig erfolgte die Bestätigung der Stiftung sowie des Rechtes auf freie Abts- und Vogtswahl durch Papst Paschalis II.

Für eine Datierung der Klosterkirche und der südlich anschließenden Klausur in das erste Drittel des 12. Jh. sprechen die Bau- und Schmuckformen. Trotz einiger spätgotischer Veränderungen (Obergeschoß der Hauptapsis, südlicher Nebenchor, Vorhalle, Kreuzgang) ist die Alpirsbacher Klosterkirche eines der am besten erhaltenen Beispiele der sog. Hirsauer Bauschule. An eine ehedem zwei-

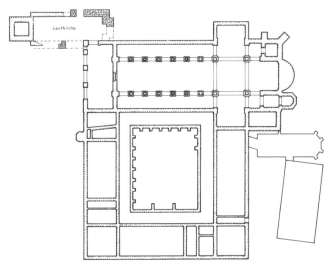

Alpirsbach. Grundriß des Klosters

geschossig geplante Vorhalle (Paradies), deren Obergeschoß sich ins Langhaus öffnen sollte, schließt eine Kirche mit dem Grundriß eines lateinischen Kreuzes, der typischen Form der Cluniazenserkirchen, an. Auf ein mäßig langes (30 m) dreischiffiges Säulenlanghaus folgt ein östliches Querhaus und ein dreischiffiger Chor, bei dem ursprünglich halbrunde Apsiden die Chorarme beschlossen. Über der östlichen Hälfte der Nebenchöre waren Türme vorgesehen – nur der nördliche wurde mit einer Empore ausgeführt –, die sich vielleicht zunächst über den östlichen Seitenschiffjochen erheben sollten, wo statt einer Säule ein Pfeiler die Mittelschiffstütze bildet. In die Hauptapsis ist ein Sockel eingebaut, in den drei halbrunde Altarstellen stollenartig eingetieft sind. Den Altar auf der Chorbühne erreichte man über eine Treppe im Nordturm. Der Kirchengrundriß stellt eine einheitliche Folge von Quadraten dar, deren Grundlage die Vierung mit 8,8 m Seitenlänge ist. Das Mittelschiff zählt dreieinhalb Quadrate, das Seitenschiff sieben kleine Quadrate von halber Seitenlänge des Grundquadrats. Einem Mittelschiffquadrat entsprechen so – im sog. gebundenen System – zwei Seitenschiffjoche.

Aus der Vorhalle führt ein glatt gestuftes Rundbogenportal, das wie die Westwand und der Unterbau der Hauptapsis aus sauber gefugten Großquadern aufgebaut ist, ins Innere. Typisch für Hirsau bzw. die schwäbische Romanik ist die Fortführung des Sockelprofils um die Öffnung. Das skulptierte Tympanonfeld zeigt einen thronenden Christus mit Buch in einer von Engeln gehaltenen Mandorla und zwei kniende Stifter. Die Umschrift lautet: EGO SVM OSTIVM, DICIT DOMINVS. PER ME SI QVIS INTROIERIT, SALVABITVR (»Ich bin die Tür, spricht der Herr. Wer durch mich eintritt, der wird gerettet werden.« Jo 10,9). Die burgundisch inspirierte Darstellung gehört zu den ältesten Portalskulpturen Deutschlands. Auf den Türflügeln sitzen acht Beschlagbänder und zwei ausdrucksstarke Löwenköpfe romanischer Zeit.

Bis auf diese Portalzone ist der Außenbau ganz schmucklos aus – jetzt unverputzten – Handquadern aufgemauert. Nur die Ecken, die Tür- und Fensterrahmen sind aus Großverband. Konsolen an der nördlichen Seitenschiffaußenwand zeigen, daß hier, wie in Klosterreichenbach, ein Gang zum Querhaus führte.

Das Innere bietet – neben Schaffhausen – den großartigsten Eindruck eines Baus der Reformorden. Auffallend schlank steigt der in allen Schiffen flachgedeckte Raum kastenartig auf. Kräftige Säulen von 6,2 m Höhe aus heimi-

Alpirsbach. Kirchenbank des 12. Jahrhunderts

schem Buntsandstein über mächtigen attischen Basen tragen wohlproportionierte Würfelkapitelle mit Schildflächen und kleinen dreieckigen Nasen (Eckzähne) oben an den Kanten – eine typische Schmuckform der Hirsauer. Figürliche Formen, die man als Weltgericht gedeutet hat, erscheinen nur an den Basen und Kapitellen des ersten Säulenpaars von Osten. Vor den kreuzförmigen Stützen der Vierung steht ein Paar quadratischer Pfeiler, die den Chorus minor (kleiner Chor) begrenzten. Über den Arkaden verläuft ein leicht eingetieftes Rechteck mit weißen und roten Steinen im Zackenmuster. In die ungeteilte Hochwand sind sieben schlanke Fenster eingeschnitten, die auf der Achse der Arkaden stehen und fast die 19,15 m hohe Decke erreichen. Auch für den Aufriß war die Seitenlänge des Vierungsquadrats maßgebend. Das gemusterte Feld teilt zwei Zonen (Arkade, Hochwand) von je 8,8 m Höhe. Das Verhältnis von Mittelschiffbreite und -höhe kommt mit 1:2,16 Speyer nahe (1:2,25). Vier gewaltige Rundbögen begrenzen die Vierung. Die etwas überquadratischen Querhausflügel werden durch je zwei Fenster erhellt. In der Mitte des Ostquadrats (Presbyterium) stand der Hauptaltar, vor dem sich in der Vierung (Chorus maior, Chorus psallentium) die sangeskundigen Brüder versammelten, die aktiv am Gottesdienst teilnehmen konnten. Im Chorus minor nahmen die übrigen Brüder Platz, während für die Konversen und die Laien das

Säulenlanghaus mit einem Kreuzaltar an der Grenze des Chorus minor vorgesehen war. In den drei Nischen des Chorhaupts stehen noch (→ Hirsau) die von den cluniazensischen Consuetudines (Regeln, Gebräuche) vorgeschriebenen drei Nebenaltäre. Die Nebenchöre dienten dem stillen Gebet und der Selbstgeißelung der Mönche. Die Funktion der Kapelle über dem westlichen Joch des nördlichen Nebenchors ist unbekannt. Ihre Lage erinnert an Murbach, ohnehin sind die Verbindungen mit der elsässischen Romanik vielfältig (Schichtwechsel, Mauertechnik, Profile).

Vom Vorraum der südlichen Apsis aus (Sulzer Kapelle von 1506) erreicht man die Sakristei, einen rippengewölbten zweijochigen Rechteckraum von etwa 1220, der zu den frühesten gotischen Bauten in Süddeutschland gehört. Die Wanddienste mit Schaftringen, die Palmetten- und Knospenkapitelle wie auch die rosettenbesetzten Schlußsteine, verraten die Herkunft aus der burgundischen Frühgotik (vgl. den südlichen Kreuzgangflügel in Maulbronn). Der romanische Vorgänger der Sakristei stand auf der Nordseite.

Der Klosterkomplex auf der Südseite der Kirche schließt im Westen an die Vorhalle, im Osten an das Querhaus an. Unschwer als romanisch zu erkennen sind noch seine gesamte Ausdehnung, der Unterbau des spätgotisch erneuerten Kreuzgangs und die Westwand des Kapitelsaals.

Hervorragendster Teil der beweglichen Ausstattung ist eine lange Kirchenbank aus gedrehten Rundhölzern, die ins 12. Jh. datiert wird. Zum Taufstein und zum Lesepult vgl. Freudenstadt.

Die Klosterkirche von Alpirsbach ist von außerordentlicher historischer und kunsthistorischer Bedeutung. Sie ist die älteste bekannte Grablege der Zollern und eines der reinsten Beispiele der ungewölbten Sakralbauten der deutschen Romanik. Als ein fast unverändertes Beispiel für die monumentale Einfachheit und asketische Strenge der Reformordensarchitektur (Verzicht auf Schmuckformen und Wandgliederung, auf Krypta und Wölbung; sorgfältige Materialbehandlung, Teilung der Ostanlage in Chorus maior und Chorus minor, Chorbühne etc.) vereint sie »Höhendrang und feste Bindung« (Mettler). Schließlich ist sie ein sehr gutes Zeugnis für die mathematischen Grundlagen der deutschen Romanik, ihre einfachen Maßzahlen und Proportionen. Ihre Flächen sind aus Quadraten, ihre Räume aus Würfeln aufgebaut. Diese geben dem Kirchenraum seine »durchsichtige Klarheit und strafgegliederte Schönheit« (Fehleisen).

Lit.: A. Mettler, Zur Baugeschichte der Klosterkirche und der Klausurräume in A., in: WVjHLG NF 30 (1921), 156 ff.; A. Mettler, Kloster Alpirsbach (Deutsche Kunstführer 8), Augsburg 1927; G. Fehleisen, Die Bauten des Klosters Alpirsbach (Beiträge zur Kulturgeschichte 39), Leipzig–Berlin 1929; V. Fiala, Die Baugeschichte und Patrozinien der Klosterkirche von Alpirsbach, in: Alemannisches Jahrbuch 1964/65, 225 ff.; D. Lutz, Die Untersuchungen an der ehemaligen Leutkirche in Alpirsbach, in: DBW 3 (1974), 28 ff.

Amrichshausen → Künzelsau-Amrichshausen

Backnang (Rems-Murr-Kreis)

Ehem. Chorherrenstiftskirche St. Pankratius, ev. Stadtkirche
Abb. 159

Auf dem wohl schon im 11. Jh. befestigten Burgberg bestand eine Pankratius-Kirche (Burgkapelle?), die vor 1116 von Markgraf Hermann II. von Baden und seiner Gattin Judintha in ein Augustiner-Chorherrenstift verwandelt und zur Grablege bestimmt wurde. 1116 stellte Paschalis II. die Gründung unter päpstlichen Schutz. Von der häufig veränderten Kirche sind die beiden romanischen Chorflankentürme erhalten. In die Ostwände ihrer Erdgeschoßkapellen sind wie in Veringendorf oder Klosterreichenbach Apsiden eingetieft. Die Ostapsis ist durch einen

spätgotischen Chor ersetzt. Zwischen den Türmen, deren äußere Blendfeldergliederung eine Datierung ins frühe 12. Jh. sichert, lag eine gratgewölbte Krypta. 1929 wurde sie freigelegt und als Gruft erneuert, in die man die als romanische Tumben wertvollen Grabdenkmäler der Stifter stellte: Eine Steinkiste erinnert an Hermann II. (gest. 1130), ein Sarkophag, dessen Deckel ein Lamm mit Kreuzstab schmückt, an Judintha (gest. 1162), weitere Steinkisten an Hermann III. (gest. 1160) und die Kinder Hermanns II.

Lit.: Festschrift Stiftskirche Backnang, Backnang 1957; Inv. Rems-Murr-Kreis, München–Berlin 1983, I 208 ff.; A. Schahl, Stiftskirche Backnang (Kunstführer 1073), München–Zürich 1976.

Bad Buchau (Kreis Biberach)

Ehem. Damenstiftskirche St. Cornelius und Cyprian, kath. Stadtpfarrkirche

Die heutige Stadtpfarrkirche, die Pierre Michel d'Ixnard 1773–1776 klassizistisch erneuerte, war die Kirche eines Stifts für hochadlige Damen, das bereits im frühen 9. Jh. gegründet wurde. Vor 857 ist die selige Irmingard, Tochter Kaiser Ludwigs des Deutschen, als Äbtissin bezeugt. 902 erfolgte eine Neugründung durch Adelinde, die Gattin des Grafen Ato von Buchau. Eine Brandnachricht von 1032 betraf einen frühromanischen Bau – vermutlich eine ungewölbte dreischiffige Pfeilerbasilika –, von dem Reste im Chormauerwerk stecken. 1929 konnte unter dem Chor eine dreischiffige Krypta, die wohl aus dem frühen 11. Jh. stammt, freigelegt werden.

Lit.: H. Klaiber, Stift und Stiftskirche zu Buchau (Deutsche Kunstführer 36), Augsburg 1929; A. Scheffold, Die Stiftskirche in Bad Buchau am Federsee, Bad Buchau o. J.

Bad Buchau-Kappel

Kath. Pfarrkirche St. Peter und Paul
Abb. 188

Die Pfarrkirche des Dorfes über dem Federsee sollte 1927 einen Neubau erhalten. Da man seit einer Renovierung von 1886 wußte, daß der Chor des Altbaus Wandmalereien besaß, ließ man ihn beim Neubau als Kapellenanbau links am Langhaus stehen. Der kleine Viereckchor (5,45 x 3,35 m) des 12. Jh. hat einen spätgotischen dreiseitig polygonalen Abschluß. Auf den Seitenwänden konnten 1927 romanische Fresken freigelegt werden. Sie zeigen eine Folge auf Truhen unter Arkaden sitzender Apostel, die sich mit wechselnder Gestik offenbar einem thronenden Christus (→ Goldbach) auf der Ostwand zuwandten. Die Apostel führt im Norden ein Engel, im Süden David an. Alle tragen Bücher und sind in gelbe Tuniken und abwechselnd weiße und ziegelrote Mäntel gekleidet. Ähnlich wie in Goldbach oder Burgfelden schließt ein Mäander die Bildreihe ab. Der Stil der Figuren, die den Aposteln von Reichenau-Niederzell nahestehen, und einzelne Motive (Rautennetz, Säulenarkaden) verweisen auf eine Entstehung um oder kurz vor der Mitte des 12. Jh.

Lit.: W. F. Laur, Die neu entdeckten Wandmalereien in Kappel, in: Oberrheinische Kunst 4 (1930), 3; Baum 1932, 163 ff.; Inv. Riedlingen, Stuttgart 1936, 81; J. und K. Hecht 1979, 205 ff.

Baden-Baden

Ehem. Stiftskirche Unserer Lieben Frau, kath. Pfarrkirche St. Petrus und Paulus
Abb. 49

Über den römischen Thermen Aquae Aureliae ist erstmals für 987 eine Kirche erwähnt, die zu einem praedium (Gutshof) gehörte. Da 1967 bei Arbeiten in der Kirche ein Steinsarg des 8.–10. Jh. ausgegraben wurde, könnte diese Eigenkirche an der Stelle der heutigen gestanden haben. Von einem spätromanischen querhauslosen Neubau (21 m lang) des Markgrafen Hermann V. (1190–1243), einer dreischiffigen Säulen(?)basilika, blieben der Unterbau des Westturms, der Chorbogen bis zu den Kämpfern und der Ansatz der Langhausarkaden erhalten. Die Dekoration des in Stockwerke eingeteilten, ehedem im Erdgeschoß dreiseitig offenen Turmes (→ Schwäbisch Hall) weist in das frühe 13. Jh.

Lit.: Inv. Baden XI 1, Karlsruhe 1942, 70 ff.; C. Weis, Die wechselvolle Geschichte der Stiftskirche »ULF« zu Baden-Baden, Baden-Baden o. J.

Bad Herrenalb (Kreis Calw)

Ehem. Zisterzienserkloster St. Maria, ev. Pfarrkirche
Abb. 78

Am Ausgang des Schwarzwalds gegen das Rheintal entstanden kurz vor der Mitte des 12. Jh. am Ufer des Flüßchens Alb zwei Klöster: Frauenalb 1138 und Herrenalb

(Alba dominorum) 1148. Beide wurden von Berthold III. von Eberstein (vor 1112–1181), einem Teilnehmer am Zweiten Kreuzzug, und seiner Gattin Uta von Sinsheim gestiftet. Berthold übergab seine zweite Stiftung, die er zu seiner Grablege bestimmte, den Zisterziensern. Die ersten Mönche kamen aus Neuburg im Elsaß. Die Klosterkirche war – für Zisterzienser ungewöhnlich (vgl. aber den ersten Plan für Bronnbach) – eine dreischiffige querhauslose Säulenbasilika von acht Jochen und drei halbrunden (!) Apsiden. Kloster und Kirche wurden 1642 durch die Schweden zerstört. Erhalten blieben aus spätromanischer Zeit Teile der 1739 erneuerten Kirche (Mauern der Ostwand, der linken Seitenkapelle, der heutigen Sakristei etc.). Der Chor ist ein Neubau von 1427.

Schönster Teil aber ist die ungemein malerische Ruine des Paradieses vor dem mehrfach gestuften Portal des Mittelschiffs. Eine Inschrift erinnert an den Stifter: SI QUAERIS LECTOR FUERIT SUO NOMINE DICTUS NOSTER FUNDATOR BERTOLDUS NOMINE FERTUR IPSUM CUM SANCTIS NUNC DETINET AULA PERENNIS (»Leser, wenn du wissen willst, wie unser Stifter hieß, nun, sein Name war Berthold. Mit den Heiligen umfängt ihn nun die ewige Halle«).

Das Mauerrechteck (17 x 11,8 m) wurde um 1200 begonnen. Es liegt asymmetrisch vor der Kirchenfassade, da es nur deren Mittelschiff und nördliches Seitenschiff deckt. Der Sockel des ehedem gewölbten (?) Vorbaus läuft in typisch schwäbisch-romanischer Art um das Portal herum. Das Gewände ist in Zickzackform gestuft. Flach reliefierte Ornamente füllen das Bogenfeld mit der Unterschrift: AD PORTAM VITAE FRATRES PROPERANTER ADITE. QUI SUNT CONDIGNI NUNC INTRENT CORDE BENIGNI (»Brüder, kommt eilig zum Tor des Lebens! Die, die würdig sind, mögen freudigen Herzens eintreten«).

Die Doppelarkaden auf je zwei oder sogar sechs Säulchen (Westfront) erinnern an Kreuzgänge (Fontenay) oder an Fassaden staufischer Pfalzgebäude (Wimpfen, Gelnhausen).

Lit.: Inv. Schwarzwaldkreis, Stuttgart 1897, 179 ff.; C. Seilacher, Herrenalb. Ein verschwundenes Zisterzienserkloster. Karlsruhe 1927, ³Bad Herrenalb 1972; A. Kottmann, Bad Herrenalb (Kunstführer 844), München–Zürich 1966, ³1981.

Bad Krozingen (Kreis Breisgau-Hochschwarzwald)

Glöcklehof-Kapelle

Im Ortsteil »Oberdorf« an der Straße nach Staufen liegt die Glöcklehof-Kapelle. Die kleine, seit 1755 nach dem hl. Ulrich benannte Kapelle dürfte die Eigenkirche eines Herrenhofs gewesen sein. Der Ort wird erstmals 807 urkundlich genannt, doch hat schon die Bauuntersuchung durch H. Leonards wahrscheinlich gemacht, daß der Bau nicht karolingisch ist, sondern im 10. Jh. oder kurz vor 1000 entstand.

Das Kirchlein besteht aus einem Langhaus von 7,3 x 4,6 m und einem tonnengewölbten schiefen Altarraum. Der anspruchslose Bau besitzt an der Chorwand Reste einer mittelalterlichen Ausmalung in Seccotechnik, die 1936 freigelegt und 1959/60 restauriert wurden. Der Bildstreifen ist etwa 1,5 m hoch und 3 m lang. Erhalten blieb kaum mehr als die Pinselvorzeichnung in roten Umrissen auf hellem Ocker. Über dem nach links verschobenen Fenster erscheint die Halbfigur eines thronenden Christus mit Kreuznimbus. Seine Rechte ist segnend erhoben, die Linke hält ein offenes Buch. Rechts von Christus steht ein schlanker, hochgewachsener Heiliger – der Kirchenpatron –, der sich diesem bittend zuwendet. Der bartlose Jüngling – Johannes d. T.(?) – trägt ein kurzes Mäntelchen

Bad Krozingen. Glöcklehof-Kapelle, Wandmalerei im Chor (Detail).

über Tunika und Albe. Links von der Mittelgruppe folgt die »Enthauptung des Täufers«. Johannes ist bereits enthauptet, der Henker stößt sein Schwert in die Scheide zurück. Zwei Engel führen die Seele des gefesselten Toten zu Gott. Rechts findet das »Gastmahl des Herodes« statt. Herodes und Herodias sitzen hinter einem Tisch. Beide schauen auf einen Diener, der das Haupt des Hingerichteten auf einer Schüssel bringt. Von der weiter rechts auf den Zehen tanzenden Salome ist nur noch die untere Hälfte erkennbar. Ein roter Strich schließt den Bildstreifen nach unten ab, ein Mäander bildet den oberen Abschluß. In der Leibung des Ostfensters stehen Kain und Abel einander gegenüber. Sie heben ihre Gaben – ein Lamm und ein Ährenbündel – der Hand Gottes entgegen.

Die Datierung und Einordnung der Bildfolge ist nicht abschließend geklärt, doch dürfte Gomberts Frühdatierung (zweite Hälfte 9. Jh., abhängig von Buchmalerei aus St. Gallen) ebenso ausscheiden wie Hechts Spätdatierung (Mitte 12. Jh.). Die bislang überzeugendste Theorie stammt von W. Werth, der die Bilder wegen vielfacher motivischer Beziehungen zur ottonischen Buchmalerei der Reichenau (Liuthar-Gruppe) frühestens um 1000, spätestens um 1050 ansetzt. Auch Komposition, Figurenbildung, Gestik und Mimik sprechen, wie die Ikonographie der Johannes-Szenen, für das frühe 11. Jh. Die Ausmalung dürfte also recht bald nach der Fertigstellung des Kirchleins erfolgt sein.

Lit.: H. Gombert, Frühmittelalterliche Wandmalereien in Bad Krozingen, in: Badische Heimat 30 (1950), 106 ff.; Leonards 1959, 30 ff.; W. Werth, Die Datierung der Wandmalereien der Glöcklehof-Kapelle in Bad Krozingen, in: Schau-ins-Land 89 (1971), 21 ff.; J. und K. Hecht 1979, 210 ff.

Bad Säckingen (Kreis Waldshut)

Ehem. Damenstiftskirche St. Hilarius und Fridolin
Abb. 21, 22

Der Alemannenapostel Fridolin, der aus Poitiers an den Hochrhein kam, gründete im frühen 6. Jh. auf einer Rheininsel eine Missionszelle mit einer Kirche des hl. Hilarius. Am Grab des Einsiedlers entstand das weitaus älteste Kloster dieses Gebiets, das bis ins 13. Jh. ein Doppelkloster war. Ein Frauenkloster »Seckinga« wird 878 erstmalig genannt; bereits damals war das königseigene Damenstift offenbar eine bedeutende Anlage. Wie in Buchau wurden nur Mitglieder des hohen Adels in das Kloster aufgenommen, dessen Äbtissin seit 1307 Reichsfürstin war.

Vom Kirchlein des Fridolin aus merowingischer Zeit ist nichts bekannt. Aus karolingischer Zeit (Bau II) stammt noch die symmetrische Stollenkrypta: Tonnengewölbte Gänge führen rechtwinklig umbrechend in einen Mittelraum mit einer Apsis im Osten und einer Grabkammer im Westen. Der Chor darüber muß dem der Kirche auf dem St. Galler Klosterplan sehr ähnlich gewesen sein. Auch von einer ottonischen Kirche aus der Zeit nach dem Ungarneinfall von 917 wissen wir nichts. Dem gotischen Neubau von 1343–1360, der ab 1678 barockisiert wurde, ging ein romanischer Bau (Bau IV) der Mitte des 12. Jh. voraus, den 1272 ein Großbrand vernichtete. Von diesem stammen die beiden unteren Geschosse der bestehenden Doppelturmfassade (8 m tief, 17,5 m breit). Zwischen den Türmen liegt eine nach außen offene Vorhalle, über ihr ein Raum (Empore der Stiftsdamen?) mit einem erneuerten Gewölbe. Der obere Abschluß romanischer Zeit (zwei Türme, Mittelturm oder Dreiturmgruppe) ist unbekannt. Einige romanische Reste des Konventsbaus (zwei Säulchen mit attischer Basis, Würfelkapitellen und einem kuriosen Kämpfer aus drei Rundstäben) wurden 1972/74 aufgedeckt und als Arkade in den neuen Archivbau eingesetzt.

Eines der bedeutendsten Werke des Münsterschatzes ist der ottonische Deckel einer Buchkassette, die ein verschollenes Missale enthielt. Als Unterseite des im 14. Jh. in Basel angefertigten Holzkastens wurde ein getriebener Edelmetalldeckel verwendet, der Christus am Kreuz zwischen Sol und Luna sowie Stephaton und Longinus über einer Darstellung des Sündenfalls zeigt. Die Schlange windet sich um den Dorn des Kreuzes, das Blut Christi wird in einem Kelch aufgefangen. Der Sündenfall als Ursache der Erlösungstat und der Vollzug der Erlösung durch das Kreuzesopfer Christi haben eine ikonographische Parallele auf einer Miniatur eines Fuldaer Sakramentars von etwa 975. Eine Entstehung des Reliefs in Fulda ist damit natürlich keineswegs gesichert. Für das Verständnis solcher Werke ist die Inschrift am Seitenrand aufschlußreich: HAC CAVEA DVPLICI TEXTVS EVANGELII CLAVDITVR EN CVNCTVM QVEM CONSTAT CLA(VDERE MVNDVM) CORDA HOMINVM PVRGA(T) ORN(ATQVE) VIRTVTE QVI FRECIO GEMMIS MELIOR CVNCTISQ · METALLIS (»Durch diese Hülle wird der Text des Evangeliums doppelt umschlossen, der die ganze Welt umfaßt, der die Herzen der

Menschen reinigt und mit Tugend schmückt und der wertvoller ist als alle Edelsteine und Metalle«).

Lit.: Inv. Baden: Kreis Waldshut, Freiburg 1892, 45 ff.; W. A. Tschira, in: Badische Heimat 19 (1932), 53 ff.; A. Reinle, Der Schatz des Münsters zu Säckingen, in: ZAK 10 (1948/49), 131 ff.; F. Jehle, A. Reinle, P. Schmidt-Thomé, in: ZAK 32 (1975), 1 ff.; Kat. Suevia Sacra 1973, Nr. 116.

Bad Schussenried (Kreis Biberach)

Ehem. Prämonstratenserstift, kath. Pfarrkirche St. Magnus

Im Jahre 1183 stifteten die Brüder Berenger und Konrad von Schussenried bei ihrer Burg das Kloster »Soreth« oder »Sorech«, in das sie selbst als Laienbrüder eintraten. Die ersten Mönche kamen aus dem Prämonstratenserkloster Weißenau an die Obere Schussen. Propst Friedrich und den ersten Mönchen stand die benachbarte Pfarrkirche St. Johann (an der Stelle der Barockbibliothek) zur Verfügung, so daß schon um 1185 der Bau einer großen Steinkirche begonnen werden konnte, in der bereits 1188 der erste Klostervorsteher und der Stifter Berenger bestattet wurden. Zwischen 1191 und 1205 kam es zu einer längeren Bauunterbrechung, da nach dem Tod des Stifters Konrad (1191) dessen Schwester Agnes, die Konrad von Wartenberg geheiratet hatte, Erbansprüche geltend machte und damit die sog. »Wartenbergischen Wirren« auslöste. Im Gegensatz zu Rot, Weißenau oder Obermarchtal kam es in Schussenried nicht zu einem barocken Neubau. Die spätromanische Kirche wurde lediglich mehrfach restauriert (Brand 1647) und zuletzt im 18. Jh. im Innern modernisiert, d. h. stuckiert und ausgemalt.

Die erst um 1230/35 vollendete Kirche war eine dreischiffige Pfeilerbasilika von acht Jochen. An der Nordseite des gotisch (1493) erneuerten Chors steht ein Turm, dessen fünf untere Geschosse noch romanisch sind. Der romanische Chor war wohl rechteckig.

Lit.: Inv. Württemberg: Kreis Waldsee, Stuttgart–Berlin 1943, 208 ff.; Festschrift Bad Schussenried: Geschichte einer oberschwäbischen Klosterstadt, Sigmaringen 1983, 29 ff., 119 ff.

Bad Teinach-Zavelstein-Kentheim (Kreis Calw)

Ev. Gottesackerkirche St. Candidus
Abb. 63

Der Name des Ortes im Nagoldtal geht offenbar auf den Märtyrer Candidus, einen Erzbischof von Reims, zurück. Seine Reliquien kamen wohl durch einen Verwandten der Grafen von Calw hierher. Die kleine Kirche an der Straße nach Calw – ursprünglich 13,6 m lang, 4,5 m breit und 5,45 m hoch – gilt als Gründung von Reichenau. 1075 wird Kentheim (ad sanctum Candidum) an Hirsau zurückgegeben, muß also dem Schwarzwaldkloster schon zuvor einmal gehört haben. Ab 1185 bestand für kurze Zeit ein Nonnenkonvent. Eine Bodenuntersuchung (1956) klärte die Bauabfolge. Ältester Teil des Saals aus verputztem Mauerwerk ist die Ostpartie, die aus dem späten 10. Jh. stammen könnte. Sie wurde wohl um 1080 für einen Nonnenchor um gut 7 m nach Westen verlängert, der Boden wurde um 1,2 m höher gelegt. In der Gotik (vor 1232?) wurde die Kirche Pfarrkirche. Damals wurden die Mauern des östlichen Drittels (Chorraum) verdoppelt und zum über einem Chorbogen tonnengewölbten Unterbau des wuchtigen Turms, den ein Fachwerkaufsatz krönt.
Lit.: O. Heck, Die St-Candidus-Kirche in Kentheim, in: DBW 1 (1958), 68 ff.; K. Greiner, St. Candiduskirche in Kentheim, Calw 1956, ³1967.

Bad Waldsee-Gaisbeuren (Kreis Ravensburg)

Kapelle St. Leonhard
Abb. 189

Die ehemalige Pfarrkirche der schon um 700 genannten Ortschaft Gaulichisburia ist ein gutes Beispiel einer ungewölbten romanischen Landkirche. An einen breiten und niedrigen Saal, den je zwei Fenster von den Seiten erhellen, schließt ein Rechteckchor an, dessen Achse leicht nach Süden verschoben ist. Nach Norden stößt an den Chor ein mächtiger Turm aus Findlingsgeröll an. Die Datierung des schmucklosen Baus ist offen, er kann durchaus schon im 11. Jh. errichtet worden sein.
Lit.: Inv. Württemberg: Waldsee, Stuttgart–Berlin 1943, 124 ff.

Bad Waldsee-Haisterkirch

Kath. Pfarrkirche St. Johannes d. T.
Abb. 194

In der 1699–1705 barockisierten Saalkirche haben sich die Umfassungsmauern eines romanischen Baus erhalten, der 1275 als »Haisterskilch« erstmals genannt wird. In den weiten Saal führt ein Stufenportal aus Tuffstein aus der ersten Hälfte des 13. Jh., über dem ein Christuskopf aus Sandstein eingemauert ist. Von Bedeutung sind die spätromanischen Fresken, die 1962 hinter den eingezogenen Mauern des im 16. Jh. erbauten Polygonchors aufgedeckt wurden.
Auf der Nordseite erkennt man neben und unter einem rundbogigen Fenster in drei Zonen Reste von Zyklen aus dem Leben Jesu und des Kirchenpatrons. In der unteren Reihe tritt der Täufer mit sprechenden Gesten dem unter einem Architekturrahmen thronenden Herodes entgegen. Neben dem König eine stehende Frau, wohl Salome. Die linke Bildhälfte des aus der ersten Hälfte des 13. Jh. stammenden Bildes überdeckt eine spätgotische Anbetung des Kindes. Auf der gegenüberliegenden Seite konnte nur eine rundbogige Öffnung in den anstoßenden Turm freigelegt werden.
Lit.: Inv. Württemberg: Waldsee, Stuttgart–Berlin 1943, 137 ff.; B. Burkert, Haisterkirch, Ottobeuren 1971.

Bad Wimpfen (Kreis Heilbronn)

Wimpfen am Berg: Kaiserpfalz und Stadtanlage
Abb. 86, 87

Auf einem Bergsporn hoch über dem Neckar liegen in strategisch günstiger Lage die Reste der größten staufischen Pfalz Deutschlands. Sie ist die einzige staufische Pfalz in Baden-Württemberg und eine der besterhaltenen ihrer Art. Ihrer politisch-wirtschaftlichen Bedeutung entsprach ihre Größe (1,5 ha), aber nicht unbedingt die künstlerische Qualität ihrer Bauten. Die Einzelformen sind durchweg derb und wenig fortschrittlich.
Innerhalb der wie eine Randmauerburg konzipierten Anlage stehen zwei gewaltige Buckelquadertürme, der Blaue und der Rote Turm, die als Bergfriede das Ende der Anlage bezeichnen. Die Mauer ist auf weite Strecken erhalten, der Wehrgang begehbar. Von den Tortürmen blieb nur einer, der Hohenstauferturm, im Süden aufrecht.

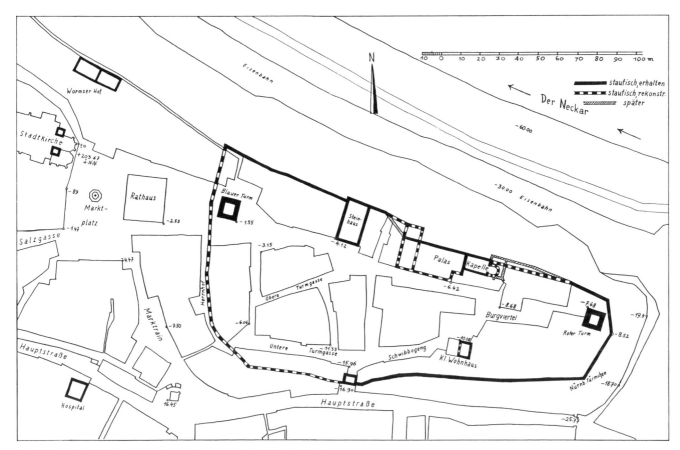

Bad Wimpfen. Wimpfen am Berg, Lageplan der Pfalzgebäude

Die Innenbebauung der Fläche ist schwer zu überschauen, da zahlreiche kleine Wohnhäuser sie verstellen. Von dem repräsentativen Königshaus jeder Pfalz, dem Palas (32,5 x 16,7 m), blieb nur die nördliche Arkadenwand erhalten. Der große Saal des kellerlosen zweigeschossigen Baus öffnete sich auf den Fluß mit einer prachtvollen Bogenfolge aus vielfältig variierten Basen, gedoppelten, gewundenen, verknoteten und ornamentüberzogenen Säulchen sowie reich verzierten Würfelkapitellen. Im Westen schlossen vier Räume als königliche Wohnung an. Der Palas gehört damit zum »jüngeren Typ« (Gelnhausen, Eger), bei dem Saal und Wohnräume unter einem Dach lagen.

Die 1908–1911 stark restaurierte einschiffige Pfalzkapelle wirkt wie eine schlichte Dorfkirche. Ihre westliche Herrscherempore war vom Palas aus zugänglich. Die gequaderte Südseite ist mit Lisenen, Rundbogen und einem Zahnschnittfries dekoriert. Die gestelzt halbkreisförmigen Fundamente der Apsis der dem hl. Nikolaus geweihten Kapelle sind ergraben.

Das »Steinhaus« ist höher als der Palas, aber weniger repräsentativ. Aus ursprünglich verputzten Bruchsteinen mit Eckquadern errichtet, hatte es nur kleine Fenster und keinen architektonischen Schmuck, aber drei Kamine aus der Erbauungszeit. Das größte erhaltene deutsche Wohnhaus der Romanik (22 x 12,1 m) mit seinen drei weiten zweischiffigen Sälen war vielleicht eine Kemenate, ein Frauenhaus.

Zu erwähnen ist schließlich ein kleines romanisches Wohnhaus in der Schwibbogengasse. Das Untergeschoß – es mißt 9,5 x 8,4 m – hat noch sein rundbogiges Türgewände und ein doppelbogiges Fenster mit einer Achtecksäule.

Möglicherweise geht der Gedanke, in Wimpfen eine Pfalz zu errichten, noch auf Friedrich I. Barbarossa zurück. Nach F. Arens, der der Anlage eine Monographie widmete, entstand sie aber in verhältnismäßig kurzer Zeit ohne längere Unterbrechung erst von etwa 1200 bis 1250 in folgender Abfolge: Umfassungsmauer und Palas 1210/20; Kapelle, Unterteil des Roten Turmes, etwas später sein Oberteil, Steinhaus 1220/30; dann der Schwibbogenturm und das kleine Wohnhaus. Ein Baubeginn noch im späten 12. Jh. und ein keineswegs einheitlicher Bauvorgang erscheinen wahrscheinlicher.

Von der staufischen Stadt, die sich westlich – durch Mauer und Graben getrennt – an die Pfalz anschloß, blieb wenig erhalten. Sie scheint mit der Wehranlage oder wenig später an der Stelle einer frühmittelalterlichen Siedlung gegründet, planmäßig angelegt und ausgebaut worden zu sein. Die hochmittelalterlichen Bauten wichen einer malerischen Fachwerkstadt, die Rothenburg in den Schatten stellt. Aus spätromanischer Zeit zu erwähnen sind der »Wormser Hof« an der nördlichen Stadtmauer, die ehem. Kurie der Bischöfe, die im 19. Jh. übermäßig erneuert wurde, und die Unterteile der Osttürme der ev. Stadtkirche.

Lit.: F. Arens und R. Bührlen, Die Kunstdenkmäler in Wimpfen am Neckar, Mainz ³1964; F. Arens, Die Königspfalz Wimpfen, Berlin 1967; H.-M. Maurer, in: ZWLG 28 (1969), 172 ff.; F. Arens, Der Palas der Wimpfener Königspfalz, in: Zeitschrift des dt. V. für Kunstwiss. 24 (1970), 1 ff.; P. Knoch, Die Errichtung der Pfalz Wimpfen – Überlegungen zum Stand der Forschung. In: FuBAMB-W 8 (1983), 343 ff.; vgl. 359 ff., 383 ff., 397 ff., 417 ff., 423 ff.; AABW 1984, 238 f.

Wimpfen im Tal: Ehem. Stiftskirche St. Peter
Abb. 88

Das Benediktinerkloster (Vvinpina 829, Wimpina 988) soll auf eine um 620 vom Wormser Bischof gegründete Urkirche zurückgehen. 965 erwähnt eine Urkunde Kaiser Ottos I., daß Worms in Wimpfen eine Kirche besaß. Der Propst eines zu unbekannter Zeit gegründeten »Ritterstifts« wird 1068 erstmals genannt. Die 1803 säkularisierte Niederlassung wurde 1947 von Benediktinern aus Grüssau in Schlesien wiederbesiedelt.

Ein 1269 in Angriff genommener Neubau der Klosterkirche blieb unvollendet, seine gotische Westfassade blieb Projekt. Dadurch überlebten mit dem kahlen abweisenden Westbau aus lagerhaft geschichteten Bruchsteinen und den davor liegenden Resten eines Atriums Teile eines der bemerkenswertesten frühromanischen Bauten im deutschen Südwesten. Die zugehörige Kirche konnte schon 1895–1897 ergraben werden. Es handelte sich um einen Zentralbau, der über den Mauern eines römischen Castrums

hochgezogen worden war. Über gekurvten Fundamenten erhob sich ein in allen Teilen gewölbtes Zwölfeck (Durchmesser 19 m) mit drei im Osten angeschobenen Apsiden, das einen doppelgeschossigen Umgang und ein inneres Sechseck umschloß. Das Vorbild der Aachener Pfalzkapelle, der größten baukünstlerischen Leistung der Zeit Karls des Großen, ist augenfällig.

Am 1901–1903 stark restaurierten, unverputzten Fassadenblock, den eine 3 m tiefe Vorhalle mit dem Zentralraum verband, erinnert die hohe Eingangsnische unmittelbar an Aachen. Auf dem kubisch geschlossenen Block setzen unvermittelt, d. h. ohne Vorbereitung durch Lisenen, zwei achteckige Türmchen auf. Über der quadratischen Vorhalle öffneten sich zwei Kapellen nach Osten. Die Turmidee, die Turmsäulchen mit ihren schlichten Würfelkapitellen, die Blendbogenfelder um die Schallarkaden sprechen für eine Datierung auf 1030/40, also in salische Zeit. Die geläufige Ansetzung noch ins späte 10. Jh. hat wenig für sich. Der kleine Vorhof, ein jüngerer Anbau mit Pilastervorlagen, hatte wohl keine seitlichen Säulengänge. Man betrat ihn offenbar – wie in Lorsch – durch eine Vorhalle.

Lit.: R. Adamy und E. Wagner, Die ehemalige frühromanische Centralkirche des Stifts Sanct Peter zu Wimpfen im Tal, Darmstadt 1898; A. Zeller, Die Stiftskirche St. Peter zu Wimpfen im Tal, Wimpfen 1903; A. Michalski, St. Peter zu Wimpfen im Tal (Kunstführer 675), München–Zürich 1958; A. Verbeek, Zentralbauten in der Nachfolge der Aachener Pfalzkapelle, in: Das erste Jahrtausend, Düsseldorf 1964, II 931 ff.; Germania Benedictina 1975, 673 ff.

Baiersbronn (Kreis Freudenstadt)

Königswart

Eines der merkwürdigsten Denkmäler der Romanik in Baden-Württemberg ist die »Königswart« nördlich von Klosterreichenbach. Der seit langem bekannte, aber noch nie gründlich erforschte Bau konnte 1974 von G. Wein ausgegraben und von F. Jäckle rekonstruiert werden. Der Ausgräber hat auch die schriftliche und kartographische Überlieferung verfolgt. Es handelt sich um ein erstmals 1427 erwähntes Monument, von dem nur noch der Sockel auf der 785 m hohen Spitze eines steil abfallenden Höhenzugs rechts der Straße nach Besenfeld steht. Der Buntsandsteinbau hatte eine quadratische Grundform (6,88 m), Durchgänge in der Mitte jeder Seite führten ins Innere. Die Oberteile, die wohl erst 1828/1830 als Material zum Bau der »Erzsteige« (Landstraße 305) abgetragen wurden,

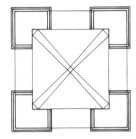

Baiersbronn. Königswart, Aufriß und Grundriß

konnten mit Hilfe von Werksteinfunden als würfelförmiger Zentralbau mit einer steinernen Pyramide als Bedekkung, die die Außenseite eines »falschen Gewölbes« bildete, rekonstruiert werden.

Wichtigste Einzelfunde waren die Überreste einer bereits in der Zimmerschen Chronik im 16. Jh. erwähnten Inschrift auf einem 1,17 m langen Block (in der Kirche von Klosterreichenbach) und auf zwei Fragmenten. Der – ergänzte – Text lautet: (RUDOLPH)US P(ALATINUS) C(OMES) DE TUWING(EN) D(OMUM) I(STAM) P(ROCURAVIT) F(IERI) ANNO (INCARNATIONIS CHRISTI M) CC IX VT OMNES HIC VENATURI SV(I) SINT ME(MORES ET SALU) T (EM) ANIME EIVS INPRECENTUR (»Rudolf, Pfalzgraf von Tübingen, ließ dieses Gebäude im Jahre der Fleischwerdung 1209 erbauen, damit alle, die hier jagen werden, seiner gedenken und für das Heil seiner Seele beten mögen«).

Der Bau ist also ein – bislang einzigartiges – Beispiel eines Memorialbaus in freier Landschaft. Er erinnert an antike Mausoleen und das Regiswindis-Kapellchen in Lauffen und nimmt die Memorialbauten der englischen Parks des 18. Jh. vorweg. Den Schlüssel zum Verständnis kann nur die Person des Bauherrn, des Pfalzgrafen Rudolf I. (um 1155–1219, begraben in Bebenhausen), liefern. Hatte er

die Idee zu diesem Bau aus Süditalien oder aus dem Orient?

Lit.: G. Wein, Die Königswart über der Murg (Freudenstädter Beiträge zur geschichtlichen Landeskunde 3), Freudenstadt 1979; ders., Die Ausgrabung der Königswart bei Baiersbronn, in: FuBAMB-W 6 (1979), 77 ff.; D. Leistikow, in: ZWLG 42 (1983), 322 ff.

Baiersbronn-Heselbach

Ehem. Waldkapelle St. Petrus (?), ev. Kirche

Auf einem ins Murgtal vorspringenden Hügel liegt nördlich von Klosterreichenbach, zu dem es offenbar gehörte, auf einem Kirchhof das romanische Kirchlein von Heselbach. Die schlichte Chorturmkirche (Langhaus 11,45 m

Baiersbronn-Heselbach. Ehem. Waldkapelle St. Petrus, Südportal

lang, 4 m breit, Chor 3,5 m) hat ein flachgedecktes Schiff (1791 umgebaut) und einen tonnengewölbten Chor.

Auf den Hirsauer Kunstkreis verweist die umlaufende Rahmung des für eine Landkirche aufwendigen Südportals: Über einem Sturz mit den in Medaillons eingelassenen vier Evangelistensymbolen zu seiten eines Gotteslamms erscheint im Bogenfeld das Brustbild eines segnenden Christus. Die Halbfigur, deren gekrönter(?) Kopf sich fast von der Steinplatte löst, hält einen Kreuzstab in der Linken. Im linken Zwickel des Bogenfeldes erscheint ein Totenkopf. Die derbe Skulptur stammt sicher erst aus dem späten 12. Jh. In die Südwand ist eine romanische Spolie, eine Petrus-Darstellung, eingelassen.

Lit.: Inv. Schwarzwaldkreis, Stuttgart 1897, 95 ff.; M. Eimer, Die Chorturmkirche in Württemberg, in: WVjHLG 41 (1935), 254 ff., 255.

Baiersbronn-Klosterreichenbach

Ehem. Benediktinerprioratskirche, ev. Pfarrkirche
Abb. 61, 62

Vor dem Mai des Jahres 1082 übergab der Edelfreie Bern d. Ä. mit Zustimmung von Frau und Sohn dem Kloster Hirsau seinen Besitz am Reichenbach im oberen Murgtal mit der Auflage, dort ein Kloster einzurichten. Um den 15. Mai 1082 bestätigte Abt Wilhelm von Hirsau die Stiftung und entsandte eine kleine Schar von Mönchen zur Gründung von »Gregorszell«, dem ersten Kloster der Hirsauer Reform. Bereits am 22. September 1085 erfolgte die Einweihung der Kirche durch Bischof Gebhard von Konstanz. Als Laienbruder trat der Stifter später ins Kloster ein. Erster Prior war Dietger (Theoger), der spätere Abt von St. Georgen und Bischof von Metz. Die Hirsauer errichteten am Reichenbach eine reduzierte Variante ihrer 1071 geweihten Aureliuskirche. An ein einschiffiges, geräumiges (9,7 × 25,8 m) Schiff schließt ein tonnengewölbter und rechteckiger Vorchor an, den zwei schmucklose quadratische Kapellen mit Ostapsiden flankieren, die um ihre halbe Breite über die Flucht der Langhausmauern vorspringen. So entstand eine Art verkümmertes Querhaus, denn die Kapellen öffneten sich ursprünglich gegen das Zwischenjoch und den flachgedeckten Saal. Ein mittleres quadratisches – wohl ebenfalls tonnengewölbtes – Chorjoch und eine halbrunde Apsis sind ergraben. Wohl erst im frühen 12. Jh. wurden Türme auf die Nebenapsiden gesetzt. Falls ihr Mauerwerk aus Großquadern im 19. Jh. zutreffend erneuert wurde, müssen die Türme jün-

ger gewesen sein als das noch aus Handquadern erbaute Langhaus. Für die Zugehörigkeit der Osttürme zum Ursprungsbau könnte aber das Tonnenstück zwischen ihnen sprechen.

Jedenfalls erhielt das Langhaus (Baunaht) erst am Ende des 12. Jh. seine endgültige Länge und eine zweigeschossige, wahrscheinlich tonnengewölbte Vorhalle, deren Obergeschoß sich wie in Alpirsbach in die Kirche öffnete. Den Chor erweiterte man damals um zweijochige, plattgeschlossene Nebenchöre und entfernte die Seitenapsiden. Die Pfeiler weisen darauf hin, daß auch das Chormittelschiff rippengewölbt werden sollte, doch erhielten nur die Seitenschiffe gegen 1230/40 schlecht eingepaßte Rippen. Auch die Vorhalle deckte man um diese Zeit sehr unbeholfen mit einer über dem Halbkreis geführten Rippenwölbung auf Dienstbündeln nach Maulbronner Vorbild. Die Mängel einer durchgreifenden Restaurierung von 1894/95 – damals wurden die Ostteile praktisch neu aufgebaut – wurden 1964–1968 beseitigt.

Lit.: Inv. Schwarzwaldkreis, Stuttgart 1897, 101; W. Hoffmann, Klosterreichenbach und die Entstehung der schwäbischen Osttürme, in: Das Münster 3 (1950), 113 f.; Festschrift Kloster Reichenbach 1082–1982, Baiersbronn 1982, 61 ff.

Baindt (Kreis Ravensburg)

Ehem. Zisterzienserinnenklosterkirche St. Maria und St. Johannes Baptista, kath. Pfarrkirche
Abb. 191

Durch die Vermittlung des Salemer Abtes Eberhard von Rohrdorf (1191–1241) stellte Papst Gregor IX. am 20. Juni 1236 die Gründungsurkunde für ein Zisterzienserinnenkloster aus, dessen erste Mitglieder sich 1227 in Seefelden zusammengeschlossen hatten und dann nach Mengen und schließlich nach Boos gezogen waren. Der Landvogt Konrad von Winterstetten verlegte diese erste Gemeinschaft 1240/41 nach Baindt.

Hier entstand eine schlichte dreischiffige Pfeilerbasilika ohne Querschiff mit einem gerade geschlossenen Chor, die ein gutes Beispiel für die Beharrungskraft der Romanik ist. Der Raumeindruck der 54 m langen Kirche und die Mehrzahl der Einzelformen – rundbogige Arkaden, Kämpfer aus Wulst und Platte, kräftiges Horizontalgesims, Rundbogenfries und Lisenen an der spitzgiebeligen Fassade – sind noch ganz romanisch. Die ursprüngliche Flachdecke wurde 1560 durch ein spätgotisches Netzge-

wölbe ersetzt. Die Kenntnis der Gotik verraten die Ab-
fasung der Pfeiler, die Spitzbogen der Fenster, das große
dreiteilige Ostfenster und das Stufenportal. Vollendet
wurde die Kirche erst 1275 mit der Weihe der Altäre an die
Dreifaltigkeit, Maria, die hll. Benedikt und Verena. Baindt
war von 1376 bis 1802 reichsunmittelbar.

Lit.: G. Mehring, Zur Geschichte des Klosters Baindt, in: WVjHLG 14
(1905), 168 ff.; G. Spahr, Baindt (Kunstführer 1471), München–Zürich
1984.

Bebenhausen → Tübingen-Bebenhausen
Belsen → Mössingen-Belsen
Berau → Ühlingen-Birkendorf
Bietenhausen → Rangendingen-Bietenhausen

Billigheim (Neckar-Odenwald-Kreis)
Ehem. Klosterkirche Mariä Geburt, kath. Pfarrkirche
St. Michael
Abb. 85

Die Anfänge des Benediktinerinnenklosters sind unklar.
1166 übergab eine »religiosa« Agnes ihr Eigentum in Mosbach der Kirche von Billigheim, wohl sicher der Kirche des
Klosters. Diese wurde 1238 auf Wunsch der Nonnen
durch den Bischof Hermann von Würzburg in ein Zisterzienserinnenkloster umgewandelt. 1802 aufgelöst. 1902
brannten die Klostergebäude bis auf die Kirche ab. Diese
ist eine geräumige Saalkirche aus dem späten 12. Jh. mit
einem ursprünglichen Dachstuhl und einer halbrunden
Apsis. Die beträchtliche Schifflänge (28 x 8 m) des kräftig
restaurierten Baus erklärt sich aus der Existenz einer abge-
tragenen Nonnenempore, die die westliche Hälfte ein-
nahm. Sie ruhte auf zehn Säulen, deren Basen unter dem
Fußboden gefunden wurden, d. h. das Erdgeschoß des
Westteils war wohl dreischiffig und fünfjochig gewölbt.
Die Apsis schmückt ein Rundbogenfries, bogig verbundene Halbsäulen rahmen das Mittelfenster.
Von der alten Ausstattung ist allein ein kurioser spätromanischer Opferstock aus rotem Sandstein erhalten, der aus
vier oben ineinander verflochtenen oder verknoteten Säulchen mit attischen Basen besteht. Wurde er aus einer Arka-
denstütze, wie sie an der Pfalz in Wimpfen auftreten, gear-
beitet? Der eiserne Geldbehälter könnte spätmittelalter-
lich sein.

Lit.: Inv. Baden 4,4: Kreis Mosbach, Tübingen 1906, 6 ff.; DBW 4
(1975), 73 ff.; H. Rolli, St. Michael Billigheim (Kunstführer 1321), München–Zürich 1981; E. Coester, Die einschiffigen Cistercienserinnenkir-
chen in West- und Süddeutschland, Mainz 1984, 8 f.

Bisingen-Hohenzollern (Zollernalbkreis)

Burgkapelle St. Michael
Abb. 180

In der 1461 geweihten Kapelle der Burg befinden sich drei
Sandsteinreliefs fast gleicher Form und Größe (Höhe
1,61 m), die als Teile eines größeren Dekorationspro-
gramms – auf den Platten erkennt man Gewandreste weiterer Figuren – aus deren romanischem Vorgänger stammen müssen. Der bärtige Heilige könnte Petrus, der
jugendliche mit dem Buch der Evangelist Johannes sein.
Ikonographisch auffällig ist das dritte Relief, das oben den
Kampf Michaels mit dem Drachen zeigt. Der geflügelte
Erzengel ersticht ganz undramatisch einen kleinen Drachen. Im unteren Bilddrittel nähern sich die Heiligen Drei
Könige der thronenden Gottesmutter, die statt des Kindes
ein Buch hält. Diese Madonna ohne Kind muß wohl als das
Weib der Apokalypse verstanden werden, dessen Kind der
Drache rauben will. Michael rettet es und trägt es vor den
Thron Gottes. Maria wurde im 12. Jahrhundert aber nicht
nur mit dem apokalyptischen Weib, sondern auch mit der
Ecclesia identifiziert, der die Völker in Gestalt der Magier
huldigen. Die Darstellung des flachen, steif wirkenden Reliefs als eine Huldigungsszene unter dem Drachenbezwin-
ger hat wohl karolingische (Lorscher Elfenbein) Vorbilder. Stilistische Anknüpfungspunkte finden sich in der
Buchmalerei des frühen 12. Jh., was eine Datierung auf
1120/30 rechtfertigen mag.

Lit.: Inv. Hohenzollern 1, Hechingen 1939, 221 ff.; W. Genzmer, Burg
Hohenzollern (Große Baudenkmäler 148), München–Berlin ⁶1962;
K. Hoffmann, Bemerkungen zum Michaelsrelief der Zollernburg, in:
Jahrbuch der Staatlichen Kunstsammlungen in Baden-Württemberg 5
(1968), 7 ff.; Budde 1979, 40.

Blaubeuren (Alb-Donau-Kreis)

Ehem. Benediktinerkloster, ev. Seminarkirche

Über die Gründung des Klosters Blaubeuren (monasterium Burensis, 1099) sind wir gut unterrichtet. Pfalzgraf
Anselm von Tübingen und seine Brüder Sigiboto und Hugo II. verlegten 1085 ein in Egelsee gegründetes Kloster an
den Blautopf zwischen Aach und Blau – und zwar auf ein
Gelände, auf dem zwei Höfe, Mühlen und eine Johannes-
Kapelle standen.
Die Kapelle der bis ins 6./7. Jh. zurückreichenden Siedlung verschwand nach der Einrichtung der Mönchsnieder-

lassung, deren erster Abt Azelinus 1085 mit zwölf Gefährten aus Hirsau kam. Die erste Klosterkirche, in der 1124 mehrere Altäre geweiht wurden, war – das ergaben Bodenuntersuchungen 1983 im Langhaus der heutigen Kirche – eine dreischiffige Pfeilerbasilika mit nachträglich angesetztem Narthex und einer Westempore. Die Ostanlage des gegenüber seinem Nachfolger achsenverschobenen Baus sind noch unbekannt. Dieser romanische Gründungsbau verschwand nach einem Brand (1421) bei einer spätgotischen Erneuerung (ab 1466) der Klosteranlage. Die Spolie einer romanischen Bischofsfigur befindet sich an der Südwand der Klausur. Ein Türring des 12. Jh. kam ins Württembergische Landesmuseum.

Lit.: Inv. Donaukreis, Esslingen 1914, 13 ff.; Germania Benedictina 1975, 160 ff.; E. Schmidt, Bauarchäologische Befunde, in: AABW 1984, 226 ff.; Katalog Kloster Blaubeuren 1085–1985, Blaubeuren 1985, 28 ff.; Festschrift Kloster Blaubeuren 900 Jahre, Stuttgart 1985, 77 ff.; Kat. Suevia Sacra 1973, Nr. 103.

Boll (Kreis Göppingen)

Ehem. Stiftskirche St. Cyriakus, ev. Pfarrkirche
Abb. 146

Die geräumige Pfeilerbasilika (gut 21 m lang, 14 m breit) mit plattem Chor und südwestlich vortretendem Viereckturm hat zumindest zwei Vorgänger. Auf einen kleinen karolingischen Saalbau mit Rechteckchor folgte im 10. Jh. (?) eine dreischiffige Basilika, die so breit wie die jetzige war und Apsiden am Ende der Seitenschiffe hatte. Von ihr ist unter dem Rechteckchor der heutigen Kirche eine 6 m lange und 4 m breite (nicht zugängliche) Krypta erhalten, deren Tonnengewölbe der Chorboden zerstörte. Als Konstanz zinspflichtige Propstei wird Boll 1153 in einer Urkunde Friedrichs I. Barbarossa erwähnt. Als legendäre Stifterin des 8. Jh. gilt eine Gräfin Berchta – sie wird »vidua collatrix collegii in Boll« genannt –, die vielleicht auch vor dem Altar bestattet wurde.
Die außen völlig schmucklose Basilika liegt als eine Art Fliehburg leicht erhöht. Eine Mauer und ein Graben sicherten die Anlage. Die Seitenschiffe und der Turm hatten Schießschartenfenster. Schwere Quadratpfeiler aus Brauneisenstein, die bis auf einen nachträglich (?) abgekantet wurden, tragen über profilierten Deckplatten glatte rundbogige Arkaden. Die Hochwand ist bis zur Flachdecke nackt und verputzt. Für die meist angenommene Entstehungszeit um 1200 (→ z. B. Ellwangen) wäre der

Bau sehr altertümlich und schlicht. Er könnte eher bereits aus der zweiten Hälfte des 12. Jh. stammen.
Bemerkenswert sind zwei romanische Ausstattungsstücke: ein Taufstein mit polygonalem Fuß und schildgeschmücktem Oberteil und ein Weihwasserbecken (jetzt Opferstock).

Lit.: Inv. Donaukreis: Oberamt Göppingen, Stuttgart 1914, 72 ff.; F. Wiedermann, Erfolgreiche Grabungen in Boll, eine Gangkrypta, in: Das Münster 5 (1952), 50 f.

Bollschweil-St. Ulrich
(Kreis Breisgau-Hochschwarzwald)

Ehem. Benediktinerpriorat,
kath. Pfarrkirche St. Peter und Paul
Abb. 32

Von den mittelalterlichen Bauten, die zu dem von dem Cluniazensermönch Ulrich (1029–1093) aufgebauten Priorat im Tal der Möhlin gehörten, ist bisher mangels Grabung nichts bekannt. An dem Platz, an den Ulrich 1083, 1085 oder 1087 einen zunächst in Eichstetten-Rimsingen, dann in Grüningen angesiedelten Konvent verlegte, soll bereits in karolingischer Zeit eine »cella« (868) genannte Niederlassung von St. Gallen bestanden haben. Diese Mönchszelle, die ab 1183 als »cella Vilmar« begegnet, trägt den Namen des wie Wilhelm von Hirsau aus Regensburg stammenden Ulrich erst seit 1338. St. Ulrich blieb das einzige Männerkloster Clunys auf der rechten Rheinseite.
Das einzige in St. Ulrich erhaltene romanische Kunstwerk ist die gewaltige (acht Tonnen schwer, Durchmesser 2,59 m) Schale des sog. Taufsteins von St. Ulrich im Hof des Pfarrhauses: Das runde Becken ist die untere Schale eines Klosterbrunnens, der im Kreuzgang des Priorats gestanden haben wird. In der Mitte der Schale befand sich offenbar eine Stütze, die die oberen Wasserbecken trug. Die Außenwand ist in Streifen flach reliefiert. Zwei schmale Bänder – oben Blätter, unten phantastische Tiere – rahmen einen Figurenfries. Im Zentrum der Hauptseite thront zwischen den Evangelistensymbolen Christus in der Mandorla. Ihn umgeben die unter Arkaden sitzenden Apostel. In der Mitte der Gegenseite thront eine zweite Figur, wohl Maria, ebenfalls in einer Mandorla. Sie wird von zwei Heiligen mit Schriftrollen und je sechs Figuren auf jeder Seite flankiert, die nur zum Teil Heiligenscheine haben und Schriftbänder tragen. Unter ihnen ist Samson mit dem Lö-

wen noch zu erkennen. Auch einige der Figuren zu seiten Christi sind zu benennen: Moses, Jesse, Petrus und Paulus. Zu Füßen von Christus und Maria liegen jeweils zwei verehrende Mönche. Das Schriftband über den Figuren ist so verwittert wie die Oberfläche der Reliefs. 1756 konnte man noch »ungefähr« lesen: ORDO DEUS PLENUS MUNDO CLAMAT DUODENUS QUOD VERBO FIDEM. J. A. Kraus übersetzte versuchsweise: »Der von Gott erfüllte (Benediktiner-)Orden kündet der Welt (das Gleiche), was die Apostelschar mit ihrem (Predigt-)Wort, (nämlich) den Glauben!«

Einen Brunnen mit einem heilsgeschichtlichen Programm besaß auch St. Maximin in Trier. Eine stilgeschichtliche Einordnung der Reliefs ist wegen ihres schlechten Zustandes kaum möglich.

Lit.: Inv. Baden 6, Tübingen–Leipzig 1904, 448 ff.; J. A. Kraus, in: FDA 75 (1955), 314 f.; A. Rautenberg, Mittelalterliche Brunnen in Deutschland, Diss. Freiburg 1965, 47 ff.; H. Ott, Probleme um Ulrich von Cluny, in: Alemannisches Jahrbuch 1970, 9 ff.; Germania Benedictina 1975, 615 ff.; M.-Th. Hurni, in: Unsere Kunstdenkmäler 33 (1982), 303 f.

Boxberg-Wölchingen (Main-Tauber-Kreis)

Ehem. St. Maria und St. Johannes, ev. Pfarrkirche
Abb. 116–118

Auf einer Terrasse über der Durchgangsstraße des Ortes im Tal der Umpher erhebt sich der »Dom des badischen Frankenlandes«, eine beachtenswerte Gewölbebasilika der Spätromanik, deren Vorgeschichte ungeklärt ist. Der Ort Wollechingen wird 1221 erstmals genannt. In diesem Jahr treten zwei Templer, Siboto de Wollechingen und Bertolt de Mergentheim, in einer Urkunde des Klosters Bronnbach auf. Auch die Johanniter aus Würzburg, die 1244 hier eine Kommende besaßen, spielen in frühen Urkunden eine Rolle. Daß die Kirche mit einem der beiden Orden zu tun hat, ist wenig wahrscheinlich. Eher sind die Herren des nahe benachbarten Boxberg als Bauherren anzusehen. Jedenfalls stammt der Bau aus der Zeit um 1200, ein Baubeginn um 1190 (→ Weinsberg) ist plausibel.

Die stattliche Kirche (30,6 m lang) ist eine dreischiffige, im gebundenen System und nach dem quadratischen Schematismus angelegte kreuzförmige Pfeilerbasilika mit turmloser Westfassade und drei Apsiden. Besonders die Ostanlage mit der um ein Vorchorjoch hinausgeschobenen Mittelapsis legt den Gedanken an eine Klosterkirche (Hirsau, Heiligenberg) nahe. Den quadratischen Mittelschiff-

jochen mit Kreuzrippengewölben entsprechen sechs gratgewölbte Joche in den Seitenschiffen. Eine Umplanung erfolgte z. B. in den Seitenschiffen: Nach dem ersten Joch verzichtete man auf die kräftigen Vorlagen der Pfeiler und die Wandvorlagen, da sie offenbar die Nebenschiffe zu stark verengten. Unter dem Chor liegt eine runde Krypta mit einer Mittelstütze.

Der Aufriß ist zweigeschossig: Schlanke spitzbogige Arkaden tragen die Hochwand. Ein Gesims setzt die gleichfalls spitzbogige Schildwand der Gewölbe ab. Die Hochfenster sind noch gerundet, die Gurtbogen aber spitz. Die kräftigen, steil ansteigenden Gewölberippen ruhen auf Kapitellkonsolen in Höhe der auf gerundeter Vorlage eingesetzten Kapitelle der Transversalgurte. Die Rippen sind mit Wulst und Birnstab profiliert; altertümlich erscheinen die abgefasten, mit Halbkugeln besetzten Rippen des südlichen Querarms. Im Verzicht auf eine Dreiervorlage in dem weitgehend ornamentlosen klaren Raumbild und in der Anwendung von Rundfenstern wird zisterziensischer Einfluß deutlich. Das übergiebelte Südportal dürfte nachträglich eingebaut sein, es ist jedenfalls jünger als das westliche Säulenportal.

Dem 1877/78 überhart restaurierten Äußeren – vom Dachansatz an ist samt dem frei erfundenen Vierungsturm alles neu –, dessen durch Hausteinlisenen klar gegliederte Gestalt beeindruckt, steht ein 1961–1963 einfühlsam erneuerter Innenraum gegenüber. Mit der Freilegung zarter Farbspuren, der Erneuerung von Fußboden und Ausstattung entstand eines der eindrucksvollsten Raumbilder der süddeutschen Romanik.

In Nischengräbern des südlichen Querhausarms liegen zwei anonyme Denksteine des späten 12. Jh.: Die eine Platte zeigt eine liegende Gestalt mit gefalteten Händen und einem Brustkreuz, die andere eine Hand, die ein Schwert ergreift, und einen menschlichen Kopf in einem Ornamentrahmen. K. Hofmann vermutet hier die Grabstätte eines Stifterpaars.

Lit.: Inv. Baden 4,2: Kreis Mosbach, Freiburg 1898, 226 ff.; K. Hofmann, Der romanische Dom des badischen Frankenlandes, Heidelberg 1938; H. Niester, Die ev. Kirche in Wölchingen und ihre Instandsetzungen, in: DBW 8 (1965), 19 ff.

Breisach (Kreis Breisgau-Hochschwarzwald)

Kath. Stadtpfarrkirche St. Stephan
Abb. 39, 40

Das Breisacher »Münster« ist mehr wegen seiner pracht-vollen Lage und seiner Ausstattung als wegen seiner Architektur bekannt. Der spätromanischen Gewölbebasilika, die in der Gotik mehrfach verändert wurde (Ende des 13. Jh. Neubau der Hauptapsis, ab Ende des 14. Jh. Erneuerung des Langhauses von Westen her als netzgewölbte Halle), hat zumindest einen Vorgänger: 1139 bzw. 1143 wird eine Kirche auf dem »mons brisiacus« erwähnt, doch Quellen zum Neubau sind nicht überliefert. Sein Beginn dürfte kaum mit dem angeblichen Erwerb von Reliquien der hll. Gervasius und Protasius im Jahre 1164, sondern eher mit dem Beschluß Heinrichs VI. und des Bischofs von Basel von 1185 zusammenhängen, Breisach gemeinsam als Stadt und Festung auszubauen. Der Grundriß dieser Anlage auf dem vulkanischen Berg, den im Mittelalter der Rhein umfloß, ist beim Wiederaufbau nach den starken Zerstörungen des Zweiten Weltkriegs beibehalten worden. Die Burg im Norden und das Münster im Süden verband eine mittlere Hauptstraße, zu der zwei Nebenstraßen parallel laufen.

Aus der Stauferzeit stammen noch die östlichen Chorflankentürme der mittelgroßen (42 m langen) Kirche, die wahrscheinlich an eine platte Hauptapsis anschlossen, die halbrunden Apsiden, an die die Türme unschön ansetzen, das Querhaus und die beiden östlichen Doppeljoche des Langhauses. Offenbar wurden die Doppeltürme aus künstlerischen Gründen an die Ostseite des Baus gesetzt. Da sie im Verband mit den Nebenapsiden hochgezogen wurden, müssen sie schon in der Planung mit den Nebenchören verbunden worden sein. Wahrscheinlich lag der Grundriß der weiten Apsiden (vom Vorgänger?) fest, als die Idee des östlichen Turmpaars aufkam. Eine Verbindung von Kapelle und Turm (Freiburg) war noch unbekannt oder nicht möglich. Die noch rundbogigen Apsiden gehören sicher mit den unteren Querhausteilen zum ersten, noch ganz romanischen Bauabschnitt, dessen Unregelmäßigkeiten (verschieden breite Querschiffarme etc.) zum Teil auf die Benutzung römischer Fundamente zurückzuführen sind. Das Querhaus und das östliche Langhausjoch sind über Eckdiensten mit Würfelkapitellen bandrippengewölbt. Alle Gurt-, Arkaden- und Schildbögen sind nun spitz. Auch die Seitenschiffe des im gebun-denen System errichteten Langhauses zeigen Rippengewölbe, an ihren Profilen (geschärfter Rundstab) und an den Kapitellen der Wandvorlagen (Knospenkapitelle an der Nordwand) läßt sich der Fortgang der Arbeiten bis um 1220/1230 erkennen. Das Langhaus war mit einer vermutlich an die beiden erhaltenen Doppeljoche angeschlossenen Querschnittfassade geschlossen. Es wirkt kahl, gedrungen (14 m hoch, 9,6 m breit), eher schwerfällig. Schmuckarm wie das Innere ist auch das Äußere des überwiegend verputzten Baus. Aus Quadern bestehen nur die Gebäudeecken, die Fenster- und Portalrahmen sowie die Lisenen und Bogenfriese an den Türmen.

Als rippengewölbte Pfeilerbasilika mit Doppeljochen steht Breisach besonders einigen elsässischen Pfarrkirchen der Zeit um 1200 (Gebweiler, Türkheim) und dem Freiburger Münster nahe, dessen Qualität es aber nicht erreicht.

Lit.: P. Schmidt-Thomé, Sankt Stephan in Breisach, Diss. Freiburg 1972.

Brenz → Sontheim-Brenz
Bronnbach → Wertheim-Bronnbach
Burgfelden → Albstadt-Burgfelden
Burgheim → Lahr-Burgheim

Calw-Hirsau

St. Aurelius, ehem. Benediktinerklosterkirche,
kath. Pfarrkirche
Abb. 68

Die Frühgeschichte Hirsaus geht – gesichert – nur bis in die erste Hälfte des 9. Jh. zurück. Nach dem um 1500 geschriebenen Codex Hirsaugiensis brachte 830 der karolingische Reichsbischof Noting von Vercelli die Gebeine des 475 verstorbenen Bischofs Aurelius aus Mailand in das Nagoldtal auf den Besitz seiner Verwandten aus dem Hause der alemannischen Grafen von Calw. Die Reliquien wurden zunächst in einer dem hl. Nazarius geweihten Kapelle (an ihrer Stelle steht ein Kreuz an der Straße nach Ottenbronn) niedergelegt. Die neue Aureliuskirche konnte auf dem von Graf Erlafried gestifteten Land als Zentrum eines ersten Klosters 838 geweiht werden. Ihre Fundamente hat E. Schmidt 1933–1936 ergraben. Es war eine ein- oder dreischiffige Kirche mit einer Ostapsis. Drei mit Flechtwerkmustern ornamentierte Sandsteinplatten, die 1955 im Südturm gefunden wurden, waren Teile der

Chorschranken dieser Anlage. Das erste Aureliuskloster verfiel rasch, die Mönche wurden durch Weltgeistliche ersetzt. Um 1000 war die Niederlassung Ruine.

Das zweite Aureliuskloster (cella s. Aurelii) verdankt seine Entstehung Papst Leo IX. (1002–1054) aus dem Hause der Grafen von Egisheim, der 1049 seinen Neffen, den Grafen Adalbert II. von Calw, besuchte. Dieser drängte seinen Verwandten, das Kloster neu zu gründen. Aber erst 1059 begann der Neubau der Kirche. 1065 kamen Mönche aus Einsiedeln, deren Abt bereits 1069 durch den Eigenklosterherrn abgesetzt wurde. Gleichzeitig mit der Weihe der Kirche durch den Bischof von Speyer am 4. September 1071 erfolgte die Abtsweihe Wilhelms von Hirsau (1069–1091), der bereits 1069 aus St. Emmeram in Regensburg gekommen war, aber sein Amt nicht zu Lebzeiten des abgesetzten Abtes hatte antreten wollen. St. Emmeram war, wie Einsiedeln, vom gorzisch-lothringischen Reformmönchtum geprägt. Vom zweiten Aurelius-Bau hat sich der Unterbau des Langhauses und der Fassade erhalten, die Ostteile (Querhaus, Chorquadrat und drei Apsiden) sind ergraben.

Das quadratische – 1954/55 stimmungsvoll als Pfarrkirche renovierte – Langhaus ist aus Handquadern errichtet. Je drei stämmige Säulen auf attischen Basen ohne Ecksporen und mit mächtigen Würfelkapitellen ohne Halsring und Ecknasen teilen das Langhaus in drei Schiffe. Der Oberbau des 15,3 m langen und 5,75 m breiten Mittelschiffs ist seit dem späten 16. Jh. verloren, doch muß man wohl eine Flachdecke annehmen. Die Ostteile könnten tonnengewölbt gewesen sein, die Seitenschiffe überdeckten Gratgewölbe. Diese wurden nach einem Planwechsel nicht auf Pfeiler, sondern auf die heutigen Säulen, von deren Kämpfern Konsolen vorspringen, und auf halbrunde, in die Außenwand eingesetzte Vorlagen mit kleinen Würfelkapitellen gesetzt. Diese Gestalt hatte das Langhaus schon 1071 bei seiner Weihe. Die geläufige These, es habe nach 1120 einen Umbau erfahren, ist abzulehnen. Wohl noch im späten 11. Jh. traten rechteckige Kapellen nach dem Vorbild der Peter-und-Pauls-Basilika an die Stelle der Querhausapsiden. Aus dem 12. Jh. stammt nur die Quaderverkleidung des Nordturms der von Beginn an vorgesehenen Doppelturmfassade. Nach einem Gemälde des späten 15. Jh. hatte die Kirche einen Vorbau und einen Vierungsturm.

Der schmucklos kraftvolle Bau, der in manchen Zügen primitiv (Türen aus Pfosten und giebelförmigen Steinbalken) und ungeschlacht wirkt, ist in den Abmessungen (Verhältnis der Säulenteile zueinander) und der Raumaufteilung (quadratischer Schematismus) gut durchdacht. Sein Grundrißtyp ist nicht ungewöhnlich. Die Mittelschiffhöhe dürfte etwas über 9 m betragen haben, was ein Verhältnis von Breite zu Höhe von etwa 1:1,65 ergibt. Mögliche Vorbilder und Parallelen hat der Bau in Limburg an der Haardt, Heiligenberg, in Elsaß-Lothringen (Surburg, Hessen), möglicherweise auch in der Nordschweiz (Muri). Einsiedeln scheidet als Vorbild aus.

Lit.: A. Mettler, Kloster Hirsau (Deutsche Kunstführer 16), Augsburg 1928; E. Schmidt, Baugeschichte der St. Aureliuskirche in Hirsau (Darstellungen aus der Württembergischen Geschichte 35), Stuttgart 1950; W. Hoffmann, Hirsau und die Hirsauer Bauschule, Diss. München 1950; K. Schmid, Kloster Hirsau und seine Stifter, Freiburg 1959; P. F. Lufen, Die Ordensreform der Hirsauer und ihre Auswirkungen auf die Klosterarchitektur, Diss. Aachen 1981.

Ehem. Klosterkirche St. Peter und Paul
Abb. 64–67, 69

Der neue Abt Wilhelm, dessen »Aussehen« uns eine lavierte Federzeichnung aus der Mitte des 12. Jh. auf dem Vorsatzblatt des Traditionsbuches von Klosterreichenbach (Stuttgart, Württembergische Landesbibliothek, Cod. hist. quart 147) überliefert, wurde der Begründer der sog. Hirsauer Reform. Er befreite sein Kloster 1075 aus dem Eigenrecht der Stifterfamilie, führte 1079 die strengen Regeln des cluniazensischen Mönchtums ein und legte sie in den Constitutiones Hirsaugienses nieder. Er gab dem unbedeutenden Schwarzwaldkloster eine geistige und kirchenpolitische Stellung, die es zum Mittelpunkt der päpstlichen Partei in Deutschland machte. Und er begann auf dem hochwassergeschützten rechten Ufer der Nagold für den stark angewachsenen Konvent 1082 den Bau der gewaltigen (97 x 23 m) Peter-und-Pauls-Basilika. Sie konnte am 20. Mai 1091 – wenige Wochen vor dem Tode ihres Bauherrn – durch den Bischof von Konstanz den hll. Petrus, Paulus und Aurelius geweiht werden.

Die Gestalt des 1692 von französischen Truppen zerstörten »kluniazensischen Großmünsters« (Mettler), dessen Ruine als Steinbruch diente, entsprach den liturgischen Forderungen der Reformbewegung (Vermehrung der Gottesdienste und Altäre, Zunahme der Reliquienverehrung, Erhöhung des Priesteranteils im Konvent, Verstärkung der Askese) und den Hirsauer Neuerungen (Einführung der Laienbrüder und deren räumliche Trennung von den Mönchen).

Der Grundriß der Kirche ist auf einer Wiese zu erkennen,

die Umfassungsmauern aus Kleinquaderwerk mit großen Ecksteinen stehen sogar noch in beträchtlicher Höhe. An ihrer Außenseite haben sich mehrere Portale erhalten, um die – typisch hirsauisch – das Sockelprofil umgeführt ist. Mehrere Zeichnungen der Zeit um 1700 überliefern den Aufriß in seinen wesentlichen Teilen. Die Kirche war eine dreischiffige Säulenbasilika, deren Fläche streng mathematisch unter Zugrundelegung des Vierungsquadrats von 10,75 m Seitenlänge aufgeteilt war. Sie hatte ein ausladendes Ostquerhaus, an dessen Ostwände außen kleine halbrunde Apsiden ansetzten. An die ausgeschiedene Vierung schloß ein quadratisches Chorjoch an, von dem aus drei durch Mauerzungen voneinander getrennte, tonnengewölbte Altarstellen rechtwinklig über die Flucht der ebenfalls plattgeschlossenen Nebenchöre vorsprangen. Diese lagen in der Flucht der Seitenschiffe, waren aber etwas breiter als diese. Denn sie hatten je zwei Altarstellen. Sie öffneten sich mit Arkaden zum Hauptchor und waren vielleicht tonnengewölbt. Über den drei mittleren Kapellen lag – ähnlich wie in Alpirsbach – eine Chorbühne.

An die Vierung (den Chorus maior) schloß nach Westen ein kreuzförmiges Pfeilerpaar in Gestalt der Vierungspfeiler an, das wohl durch eine Schranke miteinander verbunden war und die Grenze des Chorus minor, d. h. den Aufenthaltsraum der Mönche, die nicht mehr aktiv am Gottesdienst teilnahmen, bezeichnete. Die Seitenschiffjoche neben diesem ersten Langhausjoch waren offenbar tonnengewölbt, ihre Außenwände sind auffallend verstärkt. Offenbar sollten sie als Unterbauten für nicht ausgeführte Türme dienen. Alle übrigen Teile der Anlage waren flachgedeckt. Die übrigen acht Joche des Langhauses – die Kirche der Laienbrüder – begrenzten Säulen mit mächtigen Würfelkapitellen. Die Arkadenbögen waren rechteckig von Rahmenbändern mit Schachbrettmuster gerahmt. In die glatte Hochwand waren Fenster in der Arkadenachse eingeschnitten. Einfachste Maßverhältnisse bestimmten den Grund- und Aufriß eines Bauwerks von strenger Monumentalität und schmuckloser Reinheit.

Die Hirsauer Basilika ist nicht aus Burgund abzuleiten, dort beschäftigten Probleme der Steinwölbung die Baumeister des 11. Jh. Ihre wesentlichen formalen Elemente (platter Chorschluß, klares Maßsystem, kastenartige Raumform, Säulen als Stützen) verweisen auf ihre Abhängigkeit von der oberrheinischen Baukunst salischer Zeit, besonders auf Konstanz und Limburg an der Haardt. Cluniazensisch allerdings ist die liturgische Gliederung dieser Raumgestalt.

Vor dem Langhaus öffnete sich ein Vorhof (Paradies), dessen Ummauerung noch heute sichtbar auf die Kirche aufläuft. Er war 18,3 m lang, niedriger als die Seitenschiffe und diente nach der Vorschrift der Reformer aufwendigen Prozessionen.

Die beiden Westtürme aus dem frühen 12. Jh., von denen der nördliche (Eulenturm) erhalten blieb, erhoben sich auf eigenen Fundamenten. Zwischen ihnen war eine dreibogige Vorhalle geplant.

Der aus Großquadern errichtete sechsgeschossige Turm ist durch Blendnischen reich gegliedert. Den Fuß seines dritten Geschosses umzieht auf drei Seiten ein Fries aus unbeholfenen Zeichen, Mensch- und Tierfiguren, der vielfältige Deutung erfahren hat; u. a. wurde er auf den Dienst der Laienbrüder bezogen und astronomisch-astrologisch interpretiert.

Schon 1092 konnten die Mönche die neuen Klostergebäude auf der Südseite der Kirche beziehen. Diese romanischen Bauten wichen aber bis auf die Westwand des Kapitelsaals schon im 15. und 16. Jh. Neubauten.

In der zweiten Hälfte des 12. Jh. wurde der Hof zwischen der Kirche und den freistehenden Türmen wohl in Anlehnung an den Ausbau von Cluny III in eine basilikale Vorkirche mit Stützenwechsel verwandelt. Die Ansätze einer Bandrippenwölbung an der Südseite des Eulenturms verweisen wohl erst ins späte 12. Jh.

Für die Bedeutung Hirsaus als künstlerisches Zentrum in romanischer Zeit sprechen einige illustrierte Handschriften, etwa das Stuttgarter Passionale aus dem 12. Jh.

Lit.: Mettler 1915; Mettler 1927; Mettler 1928; M. Eimer, Über die sog. Hirsauer Bauschule, in: Blätter für württembergische Kirchengeschichte 41 (1937), 1 ff.; E. Fiechter, Das Westwerk an der Klosterkirche von St. Peter und Paul in Hirsau, in: Württembergische Vergangenheit. Festschrift des Württ. Geschichts- und Altertumsvereins, Stuttgart 1932, 135 ff.; W. Hoffmann 1950; E. Schmidt, Studien zur Bau- und Formengeschichte der Hirsauer Peterskirche, in: Zeitschrift für Kunstgeschichte 15 (1952), 117 ff.; P. F. Lufen 1981; A. Boeckler, Das Stuttgarter Passionale, Augsburg 1923; K. Löffler, Die schwäbische Buchmalerei in romanischer Zeit, Augsburg 1928; A. Boeckler, Die romanischen Fenster des Augsburger Domes und die Stilwende vom 11. zum 12. Jh., in: Zeitschrift des dt. Vereins für Kunstwissenschaft 10 (1943), 153 f.; Kat. Suevia Sacra 1973, Nr. 175, 179.

Crailsheim (Kreis Schwäbisch Hall)

Ehem. St. Johann Baptista, ev. Stadtpfarrkirche

Die von 1398 an errichtete spätgotische Basilika hat zwei Vorgänger, die von G. P. Fehring und G. Stachel 1965 ergraben wurden. Auf einem merowingischen Reihengräberfriedhof entstand im späten 10. Jh. oder in der ersten Hälfte des 11. Jh. ein einschiffiger Bau mit einem eingezogenen Rechteckchor. Diesem folgte im zweiten Viertel des 13. Jh. ein ebenfalls einschiffiger Quaderbau, der, nur wenig größer, seinen wohl baufällig gewordenen Vorgänger umschloß. Seine spätromanischen Rundbogenfriese mit Diamantschnitt wurden am gotischen Neubau wiederverwendet. Das Schiff war wohl flachgedeckt, für den Chor ist ein Gewölbe wahrscheinlich.

Lit.: Inv. Württemberg: Jagstkreis, Esslingen 1907, 44 ff.; Die Johanneskirche in Crailsheim, Kirchberg 1967, 9 ff.

Creglingen-Standorf (Main-Tauber-Kreis)

Ulrichskapelle
Abb. 126

Östlich über der kleinen Ortschaft und nahe der Ulrichsquelle liegt über dem schroffen Abfall des Rimbachtals die dem hl. Ulrich geweihte Kapelle, die mit Grünsfeldhausen und Oberwittighausen eine Gruppe spätromanischer Zentralbauten im mittleren Taubertal bildet. Ihre Anfänge liegen im dunkeln. Der Ort wird 1292, die Kapelle 1429 erstmals erwähnt.
Die Kirche in einem ummauerten Friedhof besteht aus einem unregelmäßig siebenseitigen Zentralraum (ca. 7,5 m Durchmesser), dessen größere Ostseite ein Chorbau mit flankierenden Quadrattürmen einnimmt. Entwickelt wurde dieser Grundriß aus einem Achteck, denn die Chorseite entspricht den ihr gegenüberliegenden zwei Seiten eines Oktogons. Das Polygon hat eine Flachdecke über einer wohl ursprünglichen Mittelstütze. Das Chorjoch, unter dem sich eine von einer Grabplatte mit einem Scheibenkreuz gedeckte Gruft befindet, überspannt ein gedrücktes Rippengewölbe auf Diensten. Die halbrunde Apsis trägt eine Halbkuppel, die Turmuntergeschosse sind tonnengewölbt. Der Aufbau des Südturms über einer Erkerapsis ist verloren. Am sparsam gegliederten verputzten Außenbau verstärken Hausteinlisenen aus Muschelkalk die Kanten und Öffnungen. Das rundbogige Portal rahmt ein profiliertes Rechteckfeld unter einem Okulus. Die Rippenprofile und die phantasievoll dekorierten Kapitelle der Schallarkaden stützen eine Datierung auf um 1230.
Als Bauherr wird Konrad von Hohenlohe vermutet, der um 1220 mit dem Bau der Burg Brauneck begann. Die Kapelle, die in diese Zeit gehört, wird die Grabkapelle dieses Hohenlohe sein, der 1228/29 am Kreuzzug Kaiser Friedrichs II. teilnahm.

Lit.: Heckmann 1941, 13 ff.

Denkendorf (Kreis Esslingen)

Ehem. Stiftskirche St. Pelagius, ev. Pfarrkirche
Abb. 152–155

Das Kloster zum Hl. Grab in Denkendorf, die einzige deutsche Niederlassung des Ordens vom Hl. Grab in Jerusalem, ist die Gründung eines »nobilis et illustris vir« Berthold (von Erligheim) und seiner Frau Ita. Der Stifter hatte nach 1120 eine Pilgerfahrt ins Heilige Land unternommen und um 1128/29 den Brüdern des erst 1114 gegründeten Ordens eine Eigenkirche in Denkendorf geschenkt. Diese Eigenkirche hatten seine Vorfahren um 1050 errichtet. Sie war dem hl. Pelagius, der im Bistum Konstanz z. B. noch in Rottweil vertreten ist, geweiht. Die Kirche erhebt sich auf einem südlichen Vorsprung des Körschtals, das Dorf liegt am nördlichen Talhang. Am Fuß des Hügels entspringt eine Quelle. Von dieser Kirche des 11. Jh. stammen noch die fünf unteren Stockwerke des Turms der heutigen Kirche, der deutlich aus ihrer Achse nach Süden verschoben ist. A. Mettler hat 1930 durch eine kleine Grabung gesichert, daß der Turm als Westeinturm dreiseitig freistand und ein dreischiffiges Langhaus anschloß. Dieses war erheblich kürzer als das heutige, hatte aber vielleicht schon eine Krypta, von der wohl noch der westliche Teil der spätromanischen Unterkirche stammt. Zunächst bauten die Stiftsherren nur einen Kreuzgang mit Wohngebäuden auf der Südseite der Eigenkirche.
Zu dem erhaltenen spätromanischen Neubau der Kanoniker, die bis 1535 unter der Leitung eines Propstes nach der Regel der Augustiner-Chorherren lebten, konnte es erst kommen, nachdem sie 1160 die Rechte und Pflichten des Pfarrers an der Pelagiuskirche übernommen und 1190 die Einverleibung der Kirche in das Stift bestätigt bekommen hatten. Offenbar wurde gegen 1200 zunächst das Hildrizhausen verwandte schmucklose Langhaus errichtet. Es ist etwas breiter als das frühromanische, hat sechs schlichte spitzbogige Pfeilerarkaden, ein Horizontalgesims, sechs Obergadenfenster ohne Achsenbezug, ist querhauslos und flachgedeckt. Die ungleich großen Seitenschiffe – die Südgrenze lag wohl durch den Kreuzgang fest – wurden spätgotisch stark verändert. Vielleicht begann man schon in dieser Zeit mit der Aufführung des neuen Chors von der

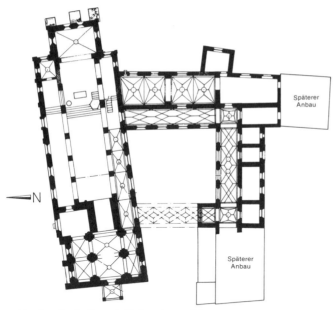

Denkendorf. Grundriß des ehem. Klosters

Talsohle an, d. h. unterhalb des alten Chors, der vorläufig stehenblieb.

Zunächst wurde aber um 1220 der Bau der zweijochigen und dreischiffigen (bis 1468 offenen) Vorhalle begonnen, die der in Ellwangen ähnelt. Sie umschließt den frühromanischen Turm. Ihre Gewölbe ruhen auf untersetzten Pfeilern mit halbrunden Vorlagen und auf noch rundbogigen Gurten und Unterzügen. Die korinthisierenden Kapitelle haben Verwandte in Faurndau. Die Rippen des Mittelschiffs dürften nachträglich eingebaut worden sein, die Nebenschiffe haben merkwürdige »Hängekuppeln«.

Der Ausbau des neuen Chors erfolgte zwischen 1225 und 1240. Ein Baumeister, der offenbar Südfrankreich kannte, errichtete eine mächtige einschiffige Krypta, die eine Spitztonne deckt – eine in Deutschland ganz ungewöhnliche Raumform. Den Kämpferfries schmücken phantasievolle Tier- und Menschengestalten sowie Pflanzenornamente, die mit Murrhardt verwandt sind. Der offene Schacht in der Raummitte war wohl kein wirkliches Grab, sondern Bestandteil der Hl.-Grab-Liturgie der Stiftsherren. Diese Unterkirche hebt den Chorraum ab dem vorletzten Langhauspfeiler um sechs Stufen an, so daß eine Oberstenfeld vergleichbare Raumwirkung entsteht. Die Sockelzone des Chorrechtecks ist in Blendbogen aufgelöst. Ein Gruppenfenster aus zwei Rundbogenöffnungen und einem Kreis öffnet die Ostwand. Das vierteilige Rippengewölbe entspringt offenbar erst einer Umplanung. Die Rippen setzen in Fensterhöhe auf Kapitellen an, am Außenbau erkennt man eine überflüssige Konsolenreihe. Das Gewölbe ist ohne Kenntnis der Maulbronner Frühgotik undenkbar.

Sehr bemerkenswert ist der 1976/77 wiederhergestellte farbige Außenanstrich. Dem Limburger Dom oder Sinzig vergleichbar, konnte hier die polychrome Architekturbemalung (gelb und braunrot) der Entstehungszeit rekonstruiert werden. Von außen bietet die Ostseite das eindrucksvollste Bild. Vom Talboden steigt der wuchtige Ostbau bis zu einem Fachwerkaufsatz auf. Die Abschnitte zwischen den Fenstern des Obergadens zieren vierteilige Blendbogenfolgen, ein in Schwaben ganz ungewöhnliches Motiv, das kaum eingeplant war, als der Unterbau des Mittelschiffs entstand.

Aus dem Kunstbesitz des Klosters gelangte ein Doppelkreuzreliquiar in das Württembergische Landesmuseum. Einen Holzkern überzieht vergoldetes Silberblech mit Edelsteinbesatz und eingeprägten Evangelistensymbolen. Es dürfte um die Mitte des 12. Jh. für die kostbarsten Reliquien des Klosters – einen Span vom Kreuze und einen Stein vom Grabe Christi – angefertigt worden sein. Dieses Reliquiar war für Jahrhunderte Ziel einer Wallfahrt.

Lit.: Inv. Neckarkreis, Stuttgart 1889, 215 ff.; A. Mettler, Die Stiftskirche in Denkendorf und ihre Bauzeiten, in: WVjHLG 36 (1930), 9 ff.; H. Werner, Kloster Denkendorf, Stuttgart 1954; W. Fleischhauer, Das romanische Kreuzreliquiar von Denkendorf, in: Festschrift G. Scheja, Sigmaringen 1975, 64 ff.; R. Hussendörfer, Die wiederhergestellte Farbfassung an der ehem. Klosterkirche Denkendorf, in: DBW 6 (1977), 137 ff.

Ellwangen (Ostalbkreis)

Ehem. Stiftskirche St. Veit, kath. Pfarrkirche
Abb. 127–130

Als eines der ersten Klöster auf württembergischem Boden wurde Ellwangen (Elehenwang = Hirschfeld) um 750/760 – das geläufige Datum 764 ist nicht zweifelsfrei belegt – gegründet. Die Vita Hariolfi, die der Mönch Ermenrich um 850 schrieb, unterrichtet über die Gründung. Danach errichtete der Adelige Hariolf mit seinem Bruder Erlolf, der Bischof von Langres war, auf Eigengut nahe der Jagst ein Kloster. Für die Wahl des Ortes im alemannischen Grenzgebiet gegen Bayern spielten nicht nur kirchliche und politische Gründe, sondern auch die Vorteile der Lage an einem Flußübergang eine Rolle. Um 800 wurde das Eigenkloster zum Reichskloster, 817 zählte es neben Hersfeld und Fulda zur zweiten Klasse der großen Reichsabteien. Um 830/840 war es dann mit 120–160 Mönchen eine der größten fränkischen Abteien. Mit 16 »Stiftsheiligen« verfügte Ellwangen über eine ungewöhnliche Anzahl von Reliquien. Hauptpatrone wurden die hll. Servilianus und Sulpicius; 893 werden sie nach dem Salvator und Maria als Kirchenpatrone genannt. Doch schon im 9. oder 10. Jh. verdrängte sie der hl. Veit, von dem eine Armreliquie ins Kloster gelangte.

Lage und Gestalt des karolingischen Kirchenbaus sind nicht bekannt. Von der Frühzeit der Niederlassung zeugt nur ein vergoldetes »Reliquienkästchen«, das 1959 im Bauschutt der Krypta gefunden wurde. Es soll westfränkisch sein und dürfte aus dem späten 9. Jh. stammen (Württembergisches Landesmuseum Stuttgart). Das Kästchen schmückt die Hand Gottes in einem Medaillon, der sich sechs Profilbüsten zuwenden. Auf der Vorderseite sitzt unter dem Schloß ein siebenter nimbierter Kopf zwischen zwei Adlermedaillons. W. F. Volbach deutete die Büsten als Personifikationen der Planeten.

Das verstärkte Bemühen des Klosters um Exemtion, d. h. um die Befreiung aus der Gewalt des Bischofs, krönte 979 die Unterstellung unter den Papst. Einen durch Brand (1100) notwendig gewordenen Neubau weihte 1124 nicht allein der zuständige Bischof von Augsburg, sondern mit ihm der Bischof von Konstanz im Auftrag des Mainzer Erzbischofs, den der Papst dazu ermächtigt hatte – ein deutliches Zeichen für die Verselbständigung der Abtei. Über eine direkte Verbindung mit der cluniazensisch-hirsauischen Reformbewegung ist nichts bekannt. Doch spricht der Grundriß des erhaltenen spätromanischen Baus dafür, daß die 1124 geweihte Kirche eine Schwester von Alpirsbach und Gengenbach war.

Der heutige, nach einem Brand von 1182 errichtete Bau ist erst 1233 geweiht worden. Er wurde im Innern 1737–1741 barockisiert, läßt aber die romanische Gestalt noch deutlich erkennen. An ein dreischiffiges Pfeilerlanghaus mit Stützenwechsel, quadratischem Schematismus (Vierungsquadrat als Grundlage der Planung) und gebundenem System (je zwei Seitenschiffjoche auf ein Mittelschiffjoch) schließen ein ausladendes Querhaus mit Apsiden und ein dreischiffiger Chor mit drei Apsiden an. Im Westen wurde eine (ergrabene) Apsis noch in romanischer Zeit durch eine kreuzförmige Vorhalle mit einem Westturm ersetzt, dem im Osten kraftvolle Chorflankentürme gegenüberstehen. Aus dem Westbau öffnet sich ein Michaelsorato-

Ellwangen. Ehem. Stiftskirche, westliche Vorhalle

rium ins Mittelschiff. Der Langhausaufriß ist dreigeschossig: rundbogige Doppelarkade, eine ursprünglich offene Triforiumsöffnung und zwei Fenster pro Joch. Die Vorlagen an den Pfeilern und die Stützmauern unter den Dächern der Seitenschiffe weisen darauf hin, daß der Bau von Anfang an rippengewölbt werden sollte. In der Ausführung läßt sich der Baufortgang von Osten nach Westen verfolgen. So ist z. B. das Chorgewölbe erheblich flacher als die kuppeligen Gewölbe des Mittelschiffs. Gratgewölbe überspannen die Seitenschiffe. Diese Ellwanger Stiftskirche ist die einzige vollständig gewölbte Kirche Württembergs und die bedeutendste (76 m lang) im schwäbischen Stauferland. Ihr dreiteiliger Aufriß, der Stützenwechsel, die Blendfelder über den Arkaden, die Wölbungsart, das Gliederungssystem mit Lisenen und Friesen weisen auf ihre enge Zugehörigkeit zur mittelrheinischen Baukunst um die Dome von Mainz und Worms hin.

Die Krypta unter der Vierung ist ein nachträglicher Einbau des frühen 13. Jh. Die dreischiffige Vierstützenhalle ist zu den Querhausflügeln in Bögen geöffnet. Streben – auf der Südseite in Form von Löwen – stützen die Gewölbe ab.

Das Äußere ist durch Lisenen, Gesimse und Rundbogen einfach und zurückhaltend gegliedert. Die der Stadt zugewandte Südseite ist aufwendiger geschmückt als die Nordseite, auf die erst 1146 die Klausurgebäude verlegt wurden. In das zweifach gestufte Südportal, das flach reliefierte Ornamentbänder und ein Zinnenband umlaufen, ist eines jener unbeholfenen Tympana eingesetzt, wie sie in Baden-Württemberg häufiger begegnen. Zu seiten des thronenden Christus mit Zepter stehen zwei Gestalten – wohl Maria und Johannes. Am inneren Westportal mahnt eine bemerkenswerte Inschrift: VOS IGITVR PER QVOS REGITVR DOMVS ISTA NOTETIS NE PEREAT SI NON HABEAT SVA IVRA LVETIS (»Ihr, durch die dieses Haus regiert wird, achtet darauf, daß es nicht untergeht. Wenn seine Rechte verletzt werden, werdet ihr dafür büßen«).

Der jüngste Teil ist die westliche Vorhalle mit spitzen Bögen über schweren Pfeilern. Sie wirkt noch derber und wuchtiger als das wenig schlanke Langhaus. Nach einem Brand von 1443 wurden die Klausurgebäude erneuert, die Vorhalle wurde umbaut und geschlossen. Im Giebelfeld des Westportals erscheinen die Kirchenpatrone: der hl. Veit im Kessel, die hll. Sulpicius und Servilianus.

Schon 1460 wurde das Kloster in ein Kollegiatstift umgewandelt. Die Stadt aber blieb eine typische Klosterstadt, deren Straßenzüge sich deutlich auf das geistliche Zentrum beziehen.

Lit.: F. J. Schwarz, Die ehem. Benediktiner-Abtei-Kirche zum hl. Vitus in Ellwangen, Stuttgart 1882; A. Mettler, Die Klosterkirche und das Kloster zu Ellwangen im Mittelalter, in: WVjHLG 34 (1928), 118 ff.; M. Schefold, Stadt und Stift Ellwangen (Dt. Kunstführer 23), Augsburg 1929; B. Bushart, Die Stiftskirche zu Ellwangen, Diss. München 1950; E. Huber, Die Gestaltung der mittelalterlichen Stadt Ellwangen, Diss. Freiburg 1949; Festschrift Ellwangen 764–1964, Ellwangen 1964, II 623 ff., 703 ff.; Germania Benedictina 1975, 189 ff.; Kat. Suevia Sacra 1973, 115, 233, 235; Festschrift St. Vitus Ellwangen 1233–1983, Ellwangen 1983, 23 ff.

Ellwangen-Hohenberg → Rosenberg-Hohenberg

Emmendingen-Tennenbach

Ehem. Zisterzienserkloster

Im Tennenbachtal blieb von einer Zisterzienserabtei des 12. Jh. nur eine hochgotische Kapelle erhalten. Die Kirche wurde 1829 abgetragen und von H. Hübsch als protestantische Ludwigskirche – willkürlich verändert – in Freiburg wiederaufgebaut, wo sie 1944 den Bomben zum Opfer fiel. Das zwischen 1158 und 1161 gegründete Kloster muß auf die Initiative Herzog Bertholds IV. von Zähringen zurückgehen, der offenbar seine breisgauischen und westschweizerischen Besitzungen enger miteinander verbin-

den wollte, denn die ersten Mönche kamen aus Frienisberg nördlich von Bern, einem 1131 gestifteten Tochterkloster von Lützel im Elsaß. Abt Hesso aus Frienisberg erwarb das Wiesental nahe Emmendingen von Kuno von Horben. 1184 bestätigte der Papst den Besitz mehrerer Höfe. Der ursprüngliche Name Porta Coeli (Himmelspforte) wich der älteren Bezeichnung Tennenbach.

Für den Bau der Kirche liegen keine Daten vor. E.-F. Majer-Kym konnte mit Hilfe einer Reihe von Zeichnungen F. Eisenlohrs, die vor der Abtragung entstanden, den Bau beschreiben und den Bauverlauf rekonstruieren. Seine Datierung des Baubeginns auf 1190/1200 liegt aber sicher zu spät.

Die Kirche war eine turmlose dreischiffige Pfeilerbasilika von sieben Jochen mit ausladendem Querschiff und fünfteiligem Chor. Diesem und dem ebenfalls rippengewölbten Querhaus lag der quadratische Schematismus zugrunde. Dagegen entsprachen im Langhaus rippengewölbte querrechteckige Joche quadratischen Seitenschiffjochen mit quergestellten Tonnen. Eine Vorhalle öffnete sich vor dem Hauptportal. Die Zeichnungen Eisenlohrs machen deutlich, daß der Bau nach mehreren Umplanungen von Osten nach Westen errichtet wurde. Gegen 1230/40 dürfte er vollendet gewesen sein. Bei Baubeginn muß eine in allen Teilen tonnengewölbte Anlage geplant gewesen sein, die über die Gruppe Bonmont, Hauterive und das zerstörte Frienisberg auf Fontenay zurückging. Den Anfang der Bauarbeiten muß man sicher schon auf 1160 ansetzen. Die Tonnenwölbung der Ostquadrate und des Mittelschiffs wich dann schon um 1180/90 unter dem Einfluß der burgundischen Bischofskirche Langres einer modernen vierteiligen Rippenwölbung.

Lit.: Inv. Baden 6, Tübingen-Leipzig 1904, 230 ff.; A. Schneider, Die ehemalige Zisterzienser-Abtei Porta Coeli im Breisgau, 1904, ²Wörishofen 1906; E.-F. Majer-Kym, Die Bauten der Cisterzienser-Abtei Tennenbach, in: Oberrheinische Kunst 2 (1926/27), 87 ff.; B. Klein, H. Hübsch und die evangelische Ludwigskirche, in: Schau-ins-Land 101 (1982), 275 ff.

Engen (Kreis Konstanz)

Kath. Stadtpfarrkirche Mariä Himmelfahrt

Die 1746 im Geschmack des Rokoko veränderte Kirche ersetzt seit dem frühen 13. Jh. eine Burgkapelle der Herren von Engen, die sich seit etwa 1200 von Hewen nannten. Um 1200 erhielt der Ort das Marktrecht. Der spätromanische Bau war eine geräumige flachgedeckte Säulenbasilika

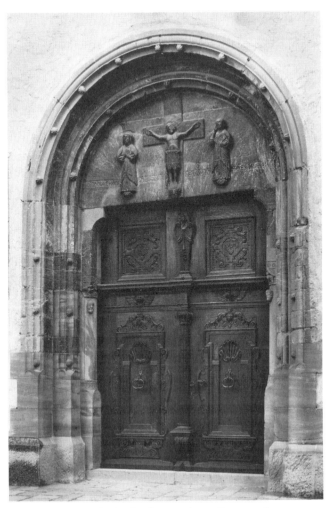

Engen. Kath. Stadtpfarrkirche, mittleres Westportal

Adams vor dem Kreuz steht. Der Faltenwurf verrät bereits die Kenntnis gotischer Bildwerke. Bemerkenswert ist die quer durch das Bildfeld laufende Künstlerinschrift: DIZ MACHAT ANE SWERE RWODOLF DER MURERE (»Ohne Anstrengung hat dies Rudolf der Maurer gemacht«).

Das Heimatmuseum bewahrt einen romanischen Altar auf vier Säulen aus der Martinskirche in Altdorf, der ersten Pfarrkirche des Gebiets von Engen.

Lit.: Inv. Baden: Kreis Konstanz, Freiburg 1887, 18 ff.; Hecht 1928, 350 ff.; A. Baader, Engen/Hegau (Kunstführer 746), München–Zürich 1961, ²1978.

Eschach-Weißenau (Kreis Ravensburg)

*Ehem. Prämonstratenserkloster, kath. Pfarrkirche
St. Peter und Paul*

Weißenau (Augia alba = weiße Au) verdankt seinen Namen dem weißen Habit seiner Mönche. Um 1145 wurde das ehemals reichsunmittelbare Prämonstratenserkloster im Tal der Schussen von dem welfischen Ministerialen Gebizo von Ravensburg (Gebezo de Ravenspurc) gestiftet. Die ersten Mönche unter Propst Hermann kamen aus Rot

Eschach-Weißenau. Die Klosteranlage aus der Vogelschau, Gemälde von 1622

(23,75 x 21,1 m) mit rechteckigem, ehedem rippengewölbtem Chor. Große Teile des aufgehenden Mauerwerks, die Quaderpfeiler am Choreingang, einzelne Trommeln der Rundpfeiler des ab 1442 erneuerten Langhauses und Teile des Turms stammen aus dieser Zeit. Die Spitzbogen der weiten Arkaden gehören zum spätgotischen Wiederaufbau.

Von Interesse ist vornehmlich die Westfassade, von deren drei Portalen zwei romanisch sind. Das mittlere ist zweistufig, durch Kehlen und Wülste mit Kugelornamenten gerahmt. Die inneren Halbsäulen unter dem Türsturz schmücken Masken, die Würfelkapitelle Rosetten. Auf dem Tympanon von 1240/50 erscheint eine Kreuzigung von derber Unbeholfenheit: Maria und Johannes flankieren auf Konsolen einen Christus, der über dem Kopf

an der Rot. 1164 befreite es Kaiser Friedrich I. Barbarossa von der Aufsicht eines Vogtes. Von Weißenau aus wurde 1183 Schussenried besiedelt. 1283 schenkte Rudolf von Habsburg der Abtei – ein Abt wird erstmals 1257 genannt – eine Heiligblut-Reliquie, die zum Wallfahrtsziel wurde.

Der romanische Vorgänger der barocken Anlage (Chor 1628–1631, Langhaus 1712–1724, Gebäude 1708–1717) wurde 1172 von Bischof Otto von Konstanz geweiht. Da bislang keine Grabungen stattgefunden haben, sind wir für sein Aussehen auf alte Ansichten angewiesen, nach denen es sich um eine Basilika mit einem mächtigen Ostturm vor einem Rechteckchor handelte.

Lit.: Inv. Württemberg: OA Ravensburg, Stuttgart–Berlin 1931, 77 ff.; W. Fox, Zur Geschichte der Reichsabtei Weißenau, in: SVGB 43 (1914), 25 ff.; R. Schmidt, Kloster Weißenau (Deutsche Kunstführer 34), Augsburg 1929; H. Schnell, Weißenau (Kunstführer 151), München–Zürich 1936, ⁴1973; Festschrift Weißenau – Geschichte und Gegenwart, Sigmaringen 1983.

Esslingen

Stadt und Stadtbefestigung
Abb. 151

Esslingen wurde spätestens 1219 von Friedrich II. zur Stadt erhoben. Es liegt auf uraltem Siedlungsboden, u. a. ist eine Kulturschicht der Urnenfelderzeit nachgewiesen. Die für 1241 erwähnte Stadtbefestigung, die zu den aufwendigsten Süddeutschlands gehörte, ist bis auf wenige Reste verschwunden. Der Mauerverlauf ist, wie in vielen mittelalterlichen Städten, am Straßenverlauf abzulesen. Es stehen noch drei von 28 Toren: das Wolfstor, das Schelztor und der Torturm der Pliensaubrücke. Alle drei haben spitzbogige Durchfahrten und gewaltige Aufbauten. Das Wappen über der Durchfahrt des Wolfstores bewachen zwei gegenständige Untiere auf Konsolen: Mit aufgerissenen Mäulern starren sie aus stilisierten Haarkränzen den Besucher an. Auch die aus Großquadern errichtete Mauer – sie hatte über 50 Türme – ist weitgehend verschwunden. Mit ihr war die sog. Burg im Norden verbunden, ein Bollwerk mit einer Ringmauer und einem »Dicken Turm« als Wehrturm. Zu den ältesten mittelalterlichen Brücken Europas zählt die schon 1259 bezeugte Pliensaubrücke über den Neckar, deren steinerne Bögen allerdings mehrfach restauriert wurden.

Ehem. Klosterkirche St. Vitalis und Dionysius, ev. Stadtkirche
Abb. 149, 150

Von der imposanten Stadtkirche auf dem Rücken eines Schuttfächers, den der Geiselbach von Norden in das Neckartal transportiert hat, stammen nur noch die beiden unteren Geschosse der beiden Osttürme aus romanischer Zeit. Aufgrund ihrer Außengliederung (spitze Blendbogen mit Schaftringen, Rundbogenfries) und der Rippengewölbe ihrer Erdgeschosse gehören sie zu einem um 1225/30 begonnenen Neubau. Wie im Freiburger Münster ist der Ansatz des zugehörigen Chors an den Turminnenseiten ablesbar. Durch die Ausgrabungen von G. P. Fehring 1960–1963 sind wir über die lange Vorgeschichte des heute weitgehend gotischen Baus unterrichtet. Fehring konnte die (unter der Kirche zu besichtigenden) stratigraphisch erarbeiteten Befunde mit den überlieferten Daten verbinden.

Von einer vorgeschichtlichen Siedlung der Urnenfelderzeit führen Einzelfunde der vorrömischen Eisenzeit und römische Keramikreste zu Mauerzügen, die als Teil eines alemannischen Adelssitzes gedeutet werden. Sicheren Boden betreten wir erst mit dem Testament des Abtes Fulrad von Saint-Denis, in dem 777 neben den Zellen von Herbrechtingen und Hoppetenzell auch eine »cella« genannt wird, »ubi sanctus Vitalis requiescit super fluvium Neccra, quae Hafti mi tradidit« (»am Neckar, wo der hl. Vitalis ruht, die Hafti mir übertragen hat«). Ludwig der Deutsche bestätigte 866 diese Angaben als »Hetsilinga in pago Neccragawe« und ermöglichte damit die Lokalisierung der klösterlichen Niederlassung. Den Bau der Fulrad-Zeit identifizierte der Ausgräber mit einer mittelgroßen (18,3 x 9 m) Saalkirche mit eingezogenem Rechteckchor aus der Mitte des 8. Jh. In ihr befand sich isoliert im Chor das nachträglich eingebaute Grab des Titelheiligen, eines römischen Märtyrers, der vermutlich der Thebaischen Legion angehörte. Als Gründer der »cella« darf der sonst unbekannte Hafti gelten. An ein Kind erinnert die Inschrift NOMINE DOMINI NORDMAN auf der Deckplatte eines Grabes.

Vielleicht schon im zweiten Viertel des 9. Jh. wurde Esslingen I durch einen mit einer Länge von 39 m doppelt so großen, aber ebenfalls einschiffigen Neubau ersetzt. Dessen Besonderheit war eine Ostkrypta (3,5 x 4,5 m), die über zwei Säulen gratgewölbt war. Es handelt sich um ein ganz frühes Beispiel einer Hallenkrypta. Seit dem Über-

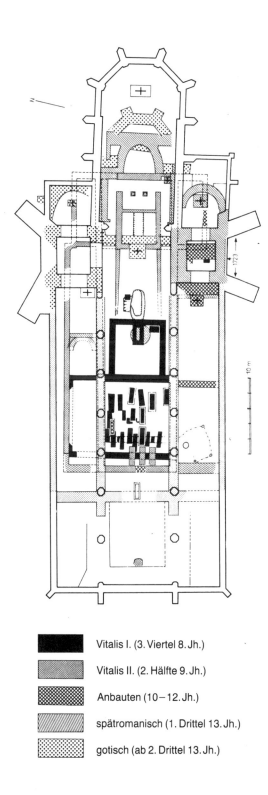

Vitalis I. (3. Viertel 8. Jh.)

Vitalis II. (2. Hälfte 9. Jh.)

Anbauten (10–12. Jh.)

spätromanisch (1. Drittel 13. Jh.)

gotisch (ab 2. Drittel 13. Jh.)

Esslingen. Ehem. Klosterkirche St. Vitalis, Bauphasen

gang der cella an das berühmte Kloster nördlich von Paris dürfte der hl. Dionysius (Saint Denis) den hl. Vitalis als Kirchenpatron langsam verdrängt haben.

Esslingen, schon zu Beginn des 10. Jh. schwäbisch-herzogliche Münzstätte, kam zwischen 1077 und 1106 an die Staufer. Den Rang karolingischer Zeit erreichte die religiöse Niederlassung freilich nicht wieder. Es kam lediglich zu mehrfacher Erneuerung der Wandmalereien und einigen Um- und Erweiterungsbauten. So wurde im Winkel zwischen dem Langhaus und einem südlichen Choranbau im 10. oder 11. Jh. ein quadratischer Turm errichtet. Im Kirchhof des frühen 11. Jh. entstand eine 11 m lange Kapelle.

Das französische Kloster Saint-Denis bemühte sich noch 1147 vergeblich um die Rückgewinnung der Dionysiuskirche. 1213 schenkte Friedrich II. sie dem Speyrer Domkapitel, das den Großbau, von dem die östlichen Chorflankentürme stammen, beginnen ließ. Die Chorform ist ergraben: An die Turmhallen schlossen Ostapsiden an, der Hauptchor bestand aus einem Vorjoch und einer rechteckig ummantelten Apsis. Diese wurde offenbar nicht vollendet, sondern schon um 1230/40 durch ein Chorpolygon wie in Basel und Freiburg ersetzt. Ähnlich wie in Freiburg waren die Türme ursprünglich zu den Seitenschiffen hin offen. Das nicht zur Ausführung gekommene spätromanische Langhaus – an seine Stelle trat um die Mitte des 13. Jh. das erhaltene gotische – sah zumindest für die Nebenschiffe eine Einwölbung vor.

Lit.: Inv. Neckarkreis, Stuttgart 1889, 176 ff.; H. Arnold, Die Stadtkirche St. Dionysius in Esslingen (Veröffentlichungen des Württ. Landesamtes für Denkmalpflege 7), Würzburg-Aumühle 1935; G. P. Fehring, Vorbericht über die Ausgrabungen, in: DBW 4 (1961), 30 ff.; ders., Die Ausgrabungen in der Stadtkirche zu Esslingen, in: Zeitschrift des deutschen Vereins für Kunstwissenschaft 19 (1965), 1 ff.; ders., in: DBW 13 (1970), 76 ff.; Germania Benedictina 1975, 212 ff.; N. Bongartz / H. Schäfer, Notuntersuchung der Esslinger Pliensaubrücke, in: DBW 4 (1975), 60 ff.

Ettenheim-Ettenheimmünster (Ortenaukreis)

Ehem. Benediktinerkloster

In Ettenheimmünster haben bisher keine Grabungen stattgefunden. Dabei sind hier Funde wie in Schuttern oder Schwarzach zu erwarten, die in die fränkische Zeit zurückreichen. Der Legende nach soll sich Landelin, ein schottischer Einsiedler königlicher Abstammung, im 7. Jh. in der Ortenau niedergelassen und dort einen gewaltsamen Tod gefunden haben. Bei seinem Grab in Mönchszell (Monachorum cella) soll Bischof Widegern von Straßburg um 728 ein Kloster gebaut haben. Nach dem Reichenauer Chronisten Hermann dem Lahmen soll aber der Straßburger Bischof Eddo Ettenheimmünster erst 734 gegründet haben. Die Unsicherheit der Aussagen zur Frühzeit hängt mit Urkundenfälschungen zusammen, die im 12. Jh. zur Verteidigung klösterlicher Rechte vorgenommen wurden. Daten aus romanischer Zeit sind nicht erhalten. Ein Weihwasserstein im Badischen Landesmuseum Karlsruhe könnte von der staufischen Ausstattung der Kirche stammen. Nach einem im Wirtschaftsgebäude des Pfarrhofs eingemauerten Relief, das Teil eines spätmittelalterlichen Stifterbildes gewesen sein könnte, kann diese eine Zweiturmfassade gehabt haben.

Nach etlichen Bränden (um 1440, 1525, 1651) entstand eine Barockkirche, die 1683 geweiht wurde, aber nach der Säkularisation 1828 abgebrochen wurde.

Lit.: Inv. Baden 6, Tübingen–Leipzig 1904, 252 ff.; Germania Benedictina 1975, 215 ff.; P. Marzolff, Ein Reliefbruchstück in Ettenheim, in: Ortenau 55 (1975), 181 ff.; Klöster der Ortenau, in: Ortenau 58 (1978), 150 ff.

Ettlingen (Kreis Karlsruhe)

Kath. Stadtkirche St. Martin

In Ettlingen konnten durch Ausgrabungen (1934/35, 1937, 1967) wesentliche Aufschlüsse über die Vorgeschichte der Martinskirche gewonnen werden, von deren heutigem Bau nur noch der mächtige Unterbau des Turmchors (6 x 6,1 m) romanisch ist. Diesem Chorbau des 12. Jh., der kurz nach 1246 rippengewölbt wurde, gingen Bauten voraus, deren Abfolge A. Tschira geklärt hat. Über einer römischen Badruine liegen merowingische Gräber und Mauerreste, die zu einer fränkischen Friedhofskapelle oder der Eigenkirche eines Herrenhofs gehört haben könnten. Einen vorkarolingischen Bau konnte man schon wegen des Martin-Patroziniums vermuten, das durchweg auf fränkische Entstehung hinweist. Dieses Kirchlein übergab der fränkische König wohl im 8. Jh. an das elsässische Kloster Weißenburg.

Der älteste mittelalterliche Baubefund zeigt den Westteil einer dreischiffigen Pfeilerbasilika mit einem Westeinturm – ähnlich Altenstadt, Dompeter oder Hattstatt im Elsaß –, deren Ostanlage nicht ergraben werden konnte. Sie dürfte aus dem frühen 12. Jh. stammen. Noch im fortgeschritte-

nen 12. Jh. wurde der Bau einschneidend verändert. Eine neue Westfassade erreichte die Vorderkante des alten Turms, der selbst verschwand. Als Ostteil entstand der erhaltene Ostturm, an den eine halbrunde Apsis angeschlossen haben soll. Diese Kirche war die Hauptkirche der unter Heinrich VI. 1191/92 im Anschluß an die Niederlassung Weißenburgs gegründeten Stadt Ettlingen.

Lit.: Inv. Baden 9,3: Kreis Ettlingen, Karlsruhe 1936, 24 ff.; A. Tschira, Die mittelalterlichen Baubestände der Stadtkirche St. Martin in Ettlingen, in: Das mittelalterliche Ettlingen 7.–14. Jh., Karlsruhe 1968, 7 ff.

Faurndau → Göppingen-Faurndau
Frauenzimmern → Güglingen-Frauenzimmern

Freiburg i. Br.

Stadtanlage

Die Herzöge von Zähringen erbauten im 11. Jh. – eine Errichtung im Jahre 1091 durch Herzog Berthold II. geht auf eine unzutreffende Quellenauslegung zurück – auf einem Bergrücken (Schloßberg) am Austritt der Dreisam in die Rheinebene eine Burg, von der keine Reste überkommen sind. Die zur Festung ausgebaute Anlage wurde 1744 abgebrochen. Am Fuß der Burg entstand unter Herzog Berthold III. oder seinem Bruder Konrad, der ihm 1122 als Herzog folgte, um 1118/20 auf einer Schotterterrasse der Dreisam eine Marktsiedlung, die die Keimzelle einer der Zähringerstädte am Oberrhein (Villingen, Rottweil, Offenburg) wurde. Eine Siedlung um St. Martin und eine Wegegabel (Herren- und Salzstraße) bestanden wohl bereits vor der Gründung.

Freiburg ist eine der ersten planmäßigen mittelalterlichen Stadtgründungen. Der Grundriß ist trotz vielfacher Veränderungen, Kriegszerstörungen und eines unglücklichen Wiederaufbaus nach dem Zweiten Weltkrieg gut erkennbar. Eine ellipsenförmige Fläche durchzieht ein Achsenkreuz, an das rippenartig Wirtschaftsgassen anschließen. Hofstätten von gleicher Größe (50 x 100 Fuß) könnten den ersten Bewohnern zugeteilt worden sein, damit sie darauf traufseitige Steinhäuser errichteten. Aus der Frühzeit der Stadt könnten noch einige Tiefkeller stammen. Von der ersten Mauer ist nichts erhalten. Von einem Mauerneubau der ersten Hälfte des 13. Jh. blieben Reste (Gerberau, Schloßbergring) und zwei Tortürme (Martinstor, Schwabentor) stehen.

Lit.: W. Stülpnagel, in: Schau-ins-Land 86 (1965), 70 ff.; B. Schwineköper, in: Freiburg im Mittelalter, Bühl 1970, 7 ff.; W. Schlesinger, ebd. 24 ff.; C. Meckseper, Kleine Kunstgeschichte der deutschen Stadt im Mittelalter, Darmstadt 1982.

Münster Unserer Lieben Frau
Abb. 33–37

Im nordöstlichen Teil der Gründungsstadt blieb ein großer Platz frei, auf dem zwischen 1120 und 1146 die erste Pfarrkirche entstand. Ihre Ostteile wurden 1969 durch eine Notgrabung bekannt. Es war eine dreischiffige Basilika mit Apsiden in der Verlängerung der Seitenschiffe; die Hauptapsis war durch einen quadratischen Vorchor hinausgeschoben. Halbsäulen gliederten die Apsiden. Ein Westeinturm ist denkbar, eine Langhauswölbung ganz unwahrscheinlich.

Um 1200/10 ließ Herzog Berthold V. (1185–1218), der letzte Zähringer, einen aufwendigen Neubau aus Quadern beginnen, der seine Grabkirche und die Pfarrkirche der wachsenden Stadt werden sollte. Seine Vorgänger hatten sich in St. Peter, dem Hauskloster der Familie, beisetzen lassen. Teile dieses Baus, der ein Nachfolger und Rivale des um 1185 begonnenen Basler Münsters werden sollte, stehen noch zwischen einem hochgotischen Langhaus und einem spätgotischen Chor: die Vierung mit einer achtseitigen Tambourkuppel, deren Fensterkranz unter dem Dach des jüngeren Langhauses verschwand, die quadratischen rippengewölbten Querhausarme, die sog. Hahnentürme im Winkel zwischen Querhaus und Chor und das Vorchorjoch bis zum Ansatz des Gewölbes, an das eine dreiseitig polygonale Apsis wie in Basel oder Pfaffenheim anschloß, deren mittlerer Abschnitt breiter als die seitlichen war. Der gegenüber der Vierung erheblich erhöhte Chorraum ist – eine Krypta war nie geplant – nur als Unterbau des Hauptaltars zu verstehen, der diesen über das Grabdenkmal des Stifters in der Vierung hinausheben sollte. Im Erdgeschoß der Chorflankentürme befinden sich quadratische, vom Querhaus aus zugängliche Kapellen. Die gewölbten Räume in ihrem Obergeschoß erreicht man über Mauertreppen vom Hauptchor aus.

Die südliche Kapelle (Nikolaus-Kapelle) besitzt bemerkenswerte Friesreliefs, die den Betrachter erbauen und belehren sollen. In der »Wolfsschule« versucht ein Mönch, dem vom Hunger abgelenkten Isegrim das ABC beizubringen; gewarnt wird vor den Heuchlern. David, der den Löwen besiegt, steht für den Menschen, der die Habgier überwindet. Alexanders des Großen Versuch, in einem von Greifen getragenen Korb gen Himmel zu fahren, gilt als Beispiel menschlichen Übermuts. Eine qualitätvolle romanische Arbeit ist das Relief mit der Krönung Davids durch Samuel (1 Sam 16).

An den vermauerten Emporenöffnungen in den westlichen Querhauswänden, an den beiden Kapitellen, die an den westlichen Vierungspfeilern übereinander sitzen und besonders an einer Baunaht in der südlichen Hochschiffwand kann man erkennen, daß das Langhaus eine dreischiffige Emporenbasilika (wie Basel) werden sollte. Die Bauformen, die Bauplastik (Rundbogenfriese, Gesimse, Kugelfriese und Lisenen) sowie die Steinbearbeitung verweisen auf Verbindungen zur elsässischen Romanik, deren Hauptbauten durchweg zu früh datiert werden.

Das gestufte Säulenportal am Südquerhaus schmückt ein Tympanon des hl. Nikolaus (?), der der erste Patron des Münsters war und erst im 13. Jh. von Maria verdrängt wurde. Der Heilige thront streng frontal wie eine »blockhafte Freifigur« auf einem Faltstuhl; seine Erscheinung ähnelt der Skulptur des Bischofs aus Berau. Die würdevolle Gestalt flankierten wohl gemalte Assistenzfiguren.

Für das um 1240 begonnene Langhaus, das ein frühes Beispiel für das Auftreten der französischen Gotik rechts des Rheins ist, mußte das sicher bereits vollendete östliche Langhausjoch abgerissen werden. Die Seitenschiffe wurden verbreitert, das Mittelschiff beträchtlich erhöht. Der Aufriß über den mächtigen Bündelpfeilern wurde nur zweigeschossig: Zwischen den Arkaden und den die Schildwand nur unvollkommen öffnenden Hochfenstern liegt eine glatte Wandfläche. Verglichen mit dem Langhaus des Straßburger Münsters zeigt Freiburg im Verzicht auf ein Triforium alle Zeichen einer »Reduktionsgotik«, deren Einzelformen (Fenstermaßwerk, Laufgang in der Seitenschiffmauer) burgundisch beeinflußt sein könnten. Erst nach der Mitte des 13. Jh. vollendete ein Straßburger Meister das Langhaus und begann den Westturm, die großartigste Leistung gotischer Turmbaukunst in Europa. Von der Bedeutung der mittelalterlichen Ausstattung zeugt das »Böcklin-Kreuz« in einer Kapelle des Chorumgangs, das vielleicht ursprünglich in der Vierung des spätromanischen Baus über dem Grab des Stifters hing. Das silbergetriebene und vergoldete Kreuz (2,63 m hoch) entstand um 1210. Ein Relief der Himmelfahrt Christi schmückt den oberen Kreuzbalken, von den Evangelistenbildern an den Kreuzenden ist nur das linke romanisch. Mit weit geöffneten Armen steht Christus fast vollplastisch auf einer ovalen Stütze. Das Haupt ist leicht geneigt, die Augen sind halb geschlossen. Die Wiedergabe der Rippen und des Hüfttuches erinnert an die Zeichnungen des »Hortus deliciarum«, eine Entstehung in Straßburg ist denkbar.

Lit.: F. Kempf, Das Freiburger Münster, Freiburg 1926; W. Noack, Das Langhaus des Freiburger Münsters, in: Schau-ins-Land 77 (1959), 32 ff.; E. Adam, Das Freiburger Münster, Stuttgart 1968; R. Becksmann, in: Zeitschrift des dt. Vereins für Kunstwiss. 13 (1969), 8 ff.; V. Osteneck, Die romanischen Bauteile des Freiburger Münsters (Diss. Freiburg 1969), Köln 1973; Sammelband: Freiburg im Mittelalter, Bühl 1970; W. Erdmann, Die Ergebnisse der Rettungsgrabung, in: DBW 13 (1970), 2 ff.; V. Osteneck, ebd. 25 ff.; Kat. Kunstepochen der Stadt Freiburg, Freiburg 1970, Nr. 9; H. J. Heuser, Oberrheinische Goldschmiedekunst im Hochmittelalter, Berlin 1974, 113 ff.; K. Kunze, Himmel in Stein – Das Freiburger Münster, Freiburg 1980; H. Wischermann, Grabmal, Grabdenkmal und Memoria im Mittelalter (BuF 5), Freiburg 1980.

Freudenstadt

Ev. Stadtkirche
Abb. 59, 60

Taufstein

Der gut erhaltene Taufstein soll aus Alpirsbach oder Hirsau stammen, ein Beleg für diese Annahme fehlt. Das Becken aus grobkörnigem Buntsandstein (Durchmesser 100 cm, Höhe 100 cm) steht auf einer menschlichen Figur und einem Löwen als Sockel. Zwei gedrehte Taue begrenzen die Wandung der Cuppa, die Reliefbilder aus untereinander verknoteten Tieren und Menschen schmücken. Ein Hirsch verschlingt eine Schlange. Ein Einhorn steht auf dem Kopf eines Mannes, der ein Bein des Tiers und gleichzeitig den Schwanz eines Basilisken ergreift. Das spitzschwänzige Fabeltier kämpft seinerseits mit einem Artgenossen. Einer der beiden speit Feuer auf ein kleines Tier, das eine Schlange zu verschlucken scheint. Ein bärtiger Mann greift nach dem Schwanz des einen und dem Hals des anderen Untiers.

Die Darstellungen verweisen auf die erlösende Wirkung der Taufe. Der »Physiologus«, ein aus der Spätantike stammendes, im Mittelalter weitverbreitetes Tierbuch, überliefert, daß der Hirsch die Schlange fängt, sie verschlingt und dann an einer Quelle Wasser säuft. Die Inschrift am Beckenrand erläutert: EVOMIT INFUSUM HOMO CERVUS AB ANGUE VENENUM (»Der Mensch erbricht wie der Hirsch das von der Schlange eingeflößte Gift«). Den Kampf des Einhorns muß man wohl als Verweis auf Christus, als Kampf des Guten gegen das Böse verstehen. Nach W. v. Blankenburg stammt auch die

dritte Kampfszene aus dem »Physiologus«: Das Krokodil verschluckt eine Wasserschlange, die sein Inneres zerreißt und unversehrt wieder ans Licht kommt. Ein Verweis auf die Grabesruhe und die Auferstehung Christi ist denkbar. Die Komposition und die Relieftechnik aus einer kräftigen Schicht, in deren Oberfläche die Details eingeritzt sind, sprechen für eine Datierung um 1100 oder ins frühe 12. Jh.

Lit.: W. v. Blankenburg, Heilige und dämonische Tiere. Die Symbolsprache der deutschen Ornamentik im frühen Mittelalter, Leipzig 1943, 246 ff.; Budde 1979, Nr. 42.

Lesepult

Das Freudenstädter Lesepult ist eines der technisch und künstlerisch bedeutendsten Holzbildwerke der deutschen Kunst des 12. Jh.; ohne Zweifel ist das als Kirchengerät seltene Stück das hervorragendste erhaltene Werk der schwäbischen Romanik. Eine musterhafte Untersuchung (1980) hat vor allem eine detaillierte technische Dokumentation ergeben.

Das Pult (1,2 m hoch) ist überwiegend aus Weidenholz. Es besteht aus mehreren Teilen, wurde 1948/49 restauriert und 1973 sowie 1977 eingehend untersucht. Es zeigt erhebliche Reste einer ursprünglichen kräftigen Bemalung (Tempera auf Kreidegrund), gibt also eine seltene Vorstellung von der Farbenpracht romanischer Holzskulpturen, die wesentlich zu deren Wirkung beitrug.

Auf einer ursprünglich vierpaßförmigen Bodenplatte stehen streng frontal vier barfüßige, bärtige Männer. Sie halten mit erhobenen Armen hinter ihren Köpfen den Ringwulst eines Lesepults. Durch die Symbole an den vier trapezförmigen Pultseiten sind sie als Evangelisten identifizierbar. Auf der dem Zuhörer zugewandten Vorderseite steht Matthäus. Auf dem Spruchband seines Symbols, des Engels, liest man: LIBER GENENE, gemeint ist der Liber Generationis, das Buch von der Abkunft Christi. Beim Markuslöwen auf der linken Seite liest man: VOX CLAMANTIS IN DESERTO (»Stimme des Rufers in der Wüste«) nach Mk 1,3; auf der Seite des Vorlesers erscheint der Johannes-Adler mit den Worten (IN P)RINCI(PIO E)RAT (»Am Anfang war das Wort«) nach Jo 1,1. Die Reihenfolge der Evangelisten könnte mit ihrer im Mittelalter geläufigen Zuordnung zu bestimmten Himmelsrichtungen zusammenhängen, nach der z. B. Matthäus nach Norden schauen soll.

Die Herkunft des Stücks aus Hirsau oder aus einem mit Hirsau verbundenen Kloster ist wahrscheinlich, aber nicht belegt. Erst 1852 wird es erstmals in Freudenstadt erwähnt. Die Funktion ist klar: Es diente als Evangelienpult, d. h. von ihm aus wurden die Texte verlesen, die seine Träger niedergeschrieben hatten. Die Symbole »sprechen« die Anfangsworte der Evangelien ihrer Trägerfiguren aus. Die Verbindung der vier Wesen und der ihnen zugeordneten Schreiber begegnet häufig in der Buchmalerei, auch auf ihr Auftreten an Kanzelpulten ist hingewiesen worden. Die Kanäle mit schwarzen Niederschlägen zwischen Kasten und den Mündern der Symbole sprechen eindeutig dafür, daß das Lesepult zumindest zeitweise als Weihrauchständer diente. Ein Beispiel aus dem 10. Jh. in Lobbes nennt H. Meurer.

Die stilgeschichtliche Einordnung des Stücks über seine Merkmale – Kontrast zwischen dem flächigen Körper der Figuren und den gerundeten Köpfen und Evangelistensymbolen, die graphisch-symmetrische Gewandanordnung und Faltenbildung, die Zartheit der Oberflächenmodellierung, das Verhältnis der großen Köpfe zu den schmalen Körpern, der ruhige Kontur, die Rahmung gerundeter Partien durch Doppelgrate – ist nicht einfach. Die Nähe zur Hirsauer Buchmalerei (Stuttgarter Passionale, Reichenbacher Traditionskodex) macht eine Entstehung im Hirsauer Kunstkreis sehr wahrscheinlich. Auch auf die Nähe zum Kruzifixus aus Reichenau-Mittelzell und zu dem Torso aus Buchenberg ist hingewiesen worden. Eine Entstehung um 1150 dürfte zutreffen.

Lit.: H. Gombert, Das Freudenstädter Lesepult, in: Das Münster 3 (1950), 257 ff.; G. Himmelheber, Bildwerke 1961, 197 ff.; J. Taubert, Zur Fassung romanischer Skulpturen, in: Festschrift W. Schubert, Weimar 1967, 247 ff.; Kat. Suevia Sacra 1973, Nr. 89; Kat. Staufer 1977, Nr. 488; H. Westhoff u. a., Zum Freudenstädter Lesepult, in: Jahrbuch der Staatl. Kunstsammlungen in B.-W. 17 (1980), 41 ff.

Friedrichshafen-Meistershofen (Bodenseekreis)

St.-Blasius-Kapelle
Abb. 195

Am nördlichen Stadtrand von Friedrichshafen steht nahe der verschwundenen Burg der Herren von Meistershofen ein reizendes Kirchlein aus verputztem Kieselmauerwerk. Es besteht aus einem quadratischen gratgewölbten Chor (1,9 m), einem flachgedeckten Saal (3,85 x 3,15 m), der nur von Süden Licht erhält, und einem kräftigen, im Erdgeschoß tonnengewölbten Westturm. Nachrichten über die Entstehung fehlen. Der schlichte Bau stammt wohl si-

cher aus dem 11. Jh. Den vielleicht erst nachträglich angesetzten Turm schmücken flache Blendarkaden. Reste romanischer Fresken (Kain und Abel), die 1944 durch Kriegseinwirkung aufgedeckt wurden, wurden 1950 bei einer Wiederherstellung der Kapelle aufgegeben.

Lit.: Hecht 1928, 377 ff.; Inv. Tettnang, Stuttgart 1937, 131; A. Schahl, Beiträge zur Kenntnis der romanischen Baukunst in Oberschwaben, in: ZWLG 2 (1938), 317; J. und K. Hecht 1979, 232 f.

Friesenheim-Schuttern (Ortenaukreis)

Ehem. Klosterkirche,
kath. Pfarrkirche Mariä Himmelfahrt
Abb. 41, 42

Unter der 1977–1982 sorgfältig renovierten Barockkirche von 1722 (Turm) und 1767–1773 (Langhaus und Chor) konnte K. List 1972–1976 Ausgrabungen vornehmen, deren Ergebnisse für die frühmittelalterliche Kunstgeschichte und die Geschichte des frühen Mönchstums am Oberrhein von überragender Bedeutung sind. List konnte die – meist für legendär gehaltene – Überlieferung über die Gründung Schutterns bestätigen und damit ein vorpirminisches Kloster sichern. Er entdeckte das älteste Bodenmosaik Deutschlands und ermöglichte aufschlußreiche Einblicke in den Reliquienkult des ersten Jahrtausends.

Nach der Klosterchronik des 16. Jh. wurde das Kloster Offunwilari (817), Offoniswilare (868) oder Offoniscella (1016) um 603 von einem iro-schottischen Adeligen, einem »König« Offo, gegründet. Dieser war wohl als Pilgermönch in die Rheinebene gekommen, wo er vermutlich aus königlichem Besitz Land für eine Klostergründung erhalten hatte. Durch Funde (Götterkopf, Steinschwelle eines Antentempels) konnte nachgewiesen werden, daß diese erste Kirche (Schuttern I) in die Reste einer römischen Hofanlage, zu der ein kleiner Tempel gehörte, gebaut worden war. Diese erste Kirche war ein Rechteck von 5,9 x 11,8 m. Über dem Grab des Stifters Offo westlich der Kirche entstand eine kleine Kapelle (Memoria) von 3 x 3,6 m.

Einen Aufstieg erlebte die kleine Niederlassung um 740 unter Pirmin, der als zweiter Gründer gelten kann. Er führte die Benediktsregel ein und reformierte das vergessene Königskloster. In seiner Zeit wurde die Kirche im Süden erweitert und erhielt eine Apsis (Schuttern II). Dem Aufstieg der Karolinger verdankt Schuttern im frü-

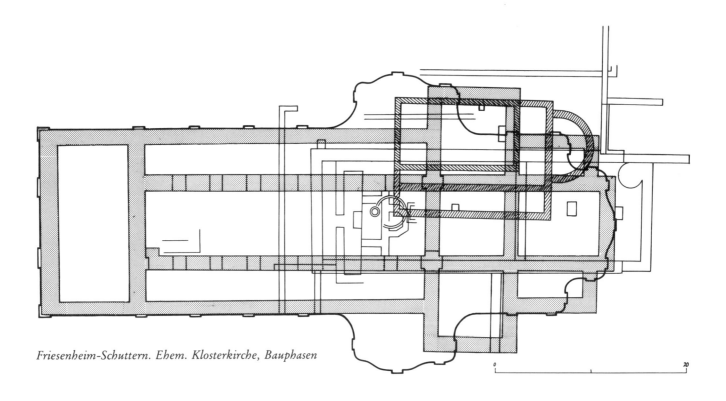

Friesenheim-Schuttern. Ehem. Klosterkirche, Bauphasen

hen 9. Jh. einen Neubau, der mit 10,2 x 34,5 m dreimal so groß wie die bisherige Kleinkirche war. Es entstand ein Rechteckbau (Schuttern III), den ein offenes Atrium nach Westen mit einer Kreuzkirche über dem Stiftergrab verband. Von der Bedeutung dieser Abtei zeugen ein Capitulare Ludwigs des Frommen von 817 über das Heeresaufgebot der Klöster, nach dem Schuttern zu den 14 vermögendsten Abteien des Reiches zählte, und das sog. Liuthar-Evangeliar in London. Nach dem Einfall der Ungarn in die Ortenau (938) mußte die Klosterkirche erneuert werden (Schuttern IV). 965 weihte Bischof Erchenbald von Straßburg Altäre in der wiederhergestellten Kirche, 975 gab Kaiser Otto II. dem Konvent das Recht der freien Abtswahl.

Im Jahre 1009 gehörte Schuttern, wie Gengenbach, zu dem Königsgut, mit dem König Heinrich II. sein neugegründetes Bistum Bamberg ausstattete. In diesen Jahren entstand ein rundes Mosaik (3,38 m Durchmesser) mit der Darstellung des Opfers von Kain und Abel und des Brudermordes sowie der (fragmentarischen) Inschrift (M)UNERA ABEL EXTENDIT DEUS . . . . HIC IRATUS CHAIN OCC(IDIT), das als ältestes Bodenmosaik Deutschlands gelten kann. In der Mitte des Mosaiks, die 1169 von den Kriegsleuten des Grafen Berthold von Nimburg einge-

schlagen wurde, stand neben einem Leuchter ein Bischof. Eine zweite Gestalt ist zu ergänzen. Das Mosaikrund überdeckte das Grab des Klostergründers, der wohl bereits in karolingischer Zeit in die Kirche überführt worden war. Den eigentlichen Reliquienschacht deckte eine rechteckige Steinplatte mit der ruhenden Figur des Toten. Ein Fragment dieser Platte mit dem Kopf Offos dürfte dann ein Teil eines der ältesten bekannten figürlichen Grabdenkmäler gewesen sein. Für 1025 wird erstmals der Name Scutera überliefert.

1153 brannte Bau IV ab. Man begann einen großen dreischiffigen Neubau mit Querhaus und dreiteilig plattgeschlossenem Chor (Schuttern V), während dessen Bauzeit der erwähnte Überfall stattfand. Über dem zerbrochenen Mosaik entstand ein Bogen als Teil eines Nischengrabes (?), das Ende des 13. Jh. durch einen Lettner und das »Offo-Mausoleum«, eine Kapelle über der Grabstelle im Mittelschiff, ersetzt wurde. Dieses Mausoleum wurde schon 1303 bei einem Überfall der Bürger von Endingen und Kenzingen bis tief in den Boden zerstört. Von dem romanischen Großbau (60,5 x 18,5 m) sind zahlreiche Fragmente in die Grundmauern der Barockkirche verbaut. Er hatte eine an Konstanz, Hirsau und Murbach erinnernde Chorlösung, einen Chorus minor, Säulen (u. a. mit Vierpaßgrundriß) im Langhaus und war reich mit Skulpturen geschmückt. Von seinem Tympanon hat sich ein Fragment eines Engels, der die Mandorla eines thronenden Christus stützt, erhalten.

Lit.: K. List, Offoniscella – Kloster Schuttern. Eine merowingische Gründung in römischen Ruinen, in: Archäologisches Korrespondenzblatt 9 (1979), 119 ff.; K. List und P. Hillenbrand, Reichskloster Schuttern. Im Wandel der Zeiten 603–1980, Schuttern 1983.

Gaisbeuren → Bad Waldsee-Gaisbeuren

Gengenbach (Ortenaukreis)

Ehem. Benediktinerklosterkirche St. Maria,
kath. Pfarrkirche
Abb. 47, 48

Die Kirche des 1807 aufgelösten Benediktinerklosters ist trotz vielfältiger Erneuerungen ein typisches Beispiel der mittelalterlichen Ordensbaukunst aus der Blütezeit der cluniazensisch-hirsauischen Reformbewegung. Das Kloster entstand angeblich um 725, damals soll der Gaugraf »Herzog« Ruthard im Auftrag des fränkischen Königs das Gelände im Kinzigtal dem hl. Pirmin übergeben haben. 761 sollen Mönche aus dem lothringischen Gorze gekommen sein; um 820 gab es bereits 70 Mönche. Zu bedenken ist bei diesen Angaben, daß so gut wie keine karolingische Aufzeichnung gesichert und nur eine zeitgenössisch ist. Wie Schuttern und Schwarzach hatte Gengenbach eine doppelte Aufgabe: Als Eigenkloster des Königs war es geistlicher Mittelpunkt der Christianisierung des Oberrheinlandes und politisch-wirtschaftliches Zentrum der fränkischen Machthaber im alemannischen Gebiet. Von den karolingischen Klosterbauten ist nichts bekannt.

Von Heinrich II. erhielt die Abtei in der Rheinebene Reichsbesitz zur Rodung, wurde aber 1007, wie später auch Schuttern, vom König zur Ausstattung des neu gegründeten Bistums Bamberg benutzt. Im 11. Jh. schloß sich Gengenbach den Reformern von Hirsau an; von dort kamen 1094 Mönche zur Wiederherstellung der Ordnung. Ab 1117 erfolgte von St. Georgen aus eine erneute Reform des Klosterlebens unter Abt Friedrich (gest. 1120), der ein Schüler des St. Georgener Abts Theoger war.

Aus dieser Zeit des verstärkten Hirsauer Einflusses stammt die Klosterkirche, die mit ihrer Erbauung im ersten Drittel des 12. Jh. eine Schwester von Alpirsbach ist.

Die Ähnlichkeit der Abmessungen (55 m Länge) und der Grundrisse ist augenfällig: An dreischiffige und flachgedeckte Langhäuser schließen ausladende Querhäuser und mehrteilige Ostanlagen an. Gengenbach hat fünf Apsiden, aber keine Osttürme. Der verputzte Außenbau ist schlicht und – heute – bis auf wenige Rundbogen am Giebel schmucklos. An der Westfassade erkennt man Spuren einer doppelgeschossigen Vorhalle, deren Obergeschoß sich wie in Alpirsbach oder Klosterreichenbach als Empore ins Langhaus öffnete. Dieser Vorbau, dessen Sockelprofil als Rahmung des Portals aufstieg, muß wegen seines Großquaderwerks und seiner Formen ein Anbau des fortgeschrittenen 12. Jh. sein. Damals wurden offenbar auch die Apsiden (Quader, Vorlagen) erneuert. Die Turmfrage ist ungeklärt, barocke Bildquellen zeigen Doppeltürme an der Front und einen Vierungsturm. Der Innenraum ist zwar in seiner Gestalt und seinen Proportionen (1:2) Alpirsbach und Schaffhausen nahe verwandt, doch fällt der Stützenwechsel aus quadratischen Pfeilern und Säulen – diese mit kräftigen attischen Basen und Würfelkapitellen mit Halsring – auf, den wir im Elsaß in Surburg oder Rosheim finden. Das erste Stützenpaar westlich der Vierung begrenzt den Chorus minor, darüber springen Reste eines ornamentierten Horizontalgesimses vor. Die einzige Säule, die mit Farbresten die Zerstörung von 1689 und die barocke Umgestaltung überstand, trägt die Bogen zwischen Presbyterium und nördlichem Nebenchor. Gotisch erneuert wurde das polygonale Oberteil der Hauptapsis, die Gewölbe der Chorseitenschiffe stammen erst von 1589. Die bunte Ausmalung von 1895/96 vermittelt immerhin einen lebhaften Eindruck von der Farbigkeit romanischer Innenräume (→ Sulzburg und Kleinkomburg), doch ist die Existenz großer Freskenzyklen in Bauten der Reformzeit unwahrscheinlich. Romanische Skulpturen (Adler, Madonna, Löwen als Kämpfer am Portal) wurden an die Fassade versetzt.

Die Gengenbacher Klosterkirche verdankt ihre Motive verschiedenen Landschaften. Geistlich unterstand sie dem Bischof von Straßburg, und aus dem Elsaß stammt ihr Stützenwechsel; ihre nächsten Verwandten aber hat sie in → Alpirsbach und in Bayern, in Reichenbach am Regen und in Regensburg-Prüfening, also dem Gebiet ihres weltlichen Herrn, des Bischofs von Bamberg.

Ein Hauptzeugnis der künstlerischen Blüte der Abtei in der Mitte des 12. Jh. ist das Gengenbacher Evangeliar in der Württembergischen Landesbibliothek Stuttgart, ein reich illuminiertes Kleinod deutscher Buchmalerei.

Lit.: Inv. Baden: Offenburg, Tübingen 1908, 361 ff.; M. Eimer, Über die Basilika in Gengenbach und die sog. Hirsauer Bauschule, in: ZGO 96 (1948), 39 ff.; J. Schlippe, Die Abteikirche zu Gengenbach und ihre Wiederherstellung um die letzte Jahrhundertwende, in: DBW 5 (1962), 7 ff.; R. End, Das Benediktinerkloster in Gengenbach, in: Die Klöster der Ortenau, Ortenau 58 (1978), 215 ff.; Kat. Kunstepochen der Stadt Freiburg, Freiburg 1970, Nr. 3.

Göppingen-Faurndau

Ehem. Stiftskirche B. Maria, ev. Pfarrkirche
Abb. 147, 148

In einem ummauerten Kirchhof am Westende des kleinen Ortes im Filstal erhebt sich die reizvolle Kirche, die zur Gruppe der spätromanischen Bauten Schwabens um Brenz, Murrhardt und Schwäbisch Gmünd gehört. Der Ort und der Name gehen zumindest in karolingische Zeit zurück; sie werden mit Brenz 875 erwähnt, als Ludwig der Deutsche seinem Diakon Liutbrand das Kloster »Furentovva« übergab. Von der karolingischen Anlage, die 895 an St. Gallen geschenkt wurde, ist wenig bekannt. Eine Notgrabung durch K. Hecht (1956) machte deutlich, daß diese wie ihre drei Nachfolger durch Brand vernichtet wurde. Die damals gefundenen Mauerreste (u. a. eine Apsis) erlaubten keine Rekonstruktion der Vorgänger. Anscheinend ist das Kloster gegen Ende der Romanik in ein Chorherrenstift umgewandelt worden. Jedenfalls taten 1228 acht Kanoniker hier ihren Dienst. Für sie muß gut 30 Jahre früher der nicht besonders große, aber aufwendig aus guten Großquadern gebaute und außen reich dekorierte Bau begonnen worden sein.

In den Westteil der dreischiffigen flachgedeckten und querhauslosen Säulenbasilika von vier Jochen ist ein mächtiger Turm eingesetzt, dessen gotischer Aufbau sich weit über das Mittelschiffdach erhebt. Ein erneuertes Säulenportal führt in das achtteilig gewölbte Untergeschoß. Stämmige Säulen tragen die Bogen des gedrungenen Mittelschiffs, ein Gesims trennt die gequaderte Hochwand ab. Die Basen haben Ecksporen, die mittleren Säulen korinthisierende, die übrigen dekorierte Würfelkapitelle. Nach Osten tragen zwei ins Langhaus vorspringende Zungenmauern den Ansatz einer Tonnenwölbung. Das anschließende Chorquadrat ist mit Wulstrippen über Diensten gewölbt, eine halbrunde Apsis schließt das Sanktuarium. Die Apsis des Nordseitenschiffs ist erhalten, die südliche wich einem Sakristeianbau gotischer Zeit.

Die Kirche erweist sich – schon nach kurzer Betrachtung –

als sehr uneinheitlich. Mindestens vier Bauabschnitte und etliche Umplanungen in rascher Folge sind zu unterscheiden. Der älteste Bauteil ist zweifellos der tonnengewölbt geplante Teil zwischen den Zungenmauern, der mit den Nebenapsiden den Ostteil einer Kirche bilden sollte, die wie in Neckartailfingen trotz ihrer geringen Größe eine Doppelturmfassade erhalten sollte. Dieser Ostteil blieb – nach den eingehenden Untersuchungen von R. Hussendörfer – unvollendet. Eine Vergrößerung der Klerikergruppe könnte der Grund für den Anbau des rippengewölbten Chors mit der Apsis sein, der um 1220/30 entstanden sein dürfte. Es folgte der Ausbau des Langhauses, in dessen nördlichem Teil der Vorgängerbau anzunehmen ist. Gleichzeitig baute man an der Westfassade, die man zunächst auf einen Turm auf der Südseite (Außenmauer ergraben) und dann auf einen Mittelturm reduzierte. Dessen über Kelchknospenkapitellen bandrippengewölbter Unterbau aus der Zeit um 1230, in den das bereits frühgotisch aussehende Portal führt, ist jedenfalls der jüngste Teil der Anlage. Der Dekor des Äußeren aus ornamentgefüllten Bogenfriesen, profilierten Lisenen etc. steigert sich zur

Göppingen-Faurndau. Ehem. Stiftskirche, romanischer Taufstein

268

Apsis hin. Der figürliche Skulpturenschmuck ist eher bescheiden. Eine plumpe Männerfigur (Heiliger oder Baumeister) vom Westgiebel, die einen knielangen Rock trägt und einen unidentifizierten Gegenstand hält, wird jetzt im südlichen Seitenschiff aufbewahrt. Von der romanischen Ausstattung blieb nur ein von Blendbogen umzogener Taufstein übrig.

Lit.: R. Hussendörfer, Die ehem. Chorherrenstiftskirche in Faurndau. Ein Beitrag zur schwäbischen Spätromanik. Diss. Braunschweig, Göppingen 1975; ders. und W. Ziegler, Stiftskirche Faurndau (Kunstführer 1105), München–Zürich 1977; Germania Benedictina 1975, 224 ff.

Goldbach → Überlingen-Goldbach
Großkomburg → Schwäbisch Hall-Großkomburg

Grünsfeld-Grünsfeldhausen (Main-Tauber-Kreis)

Kath. Filialkirche St. Achatius
Abb. 123

Die seltsame – 1903–1908 hart restaurierte – Kirche aus der Zeit um 1190/1210 steht in einem Kessel unmittelbar am Ortsrand und am Grünbach. Der sie umgebende Friedhof verschwand, als die zur Hälfte verschüttete Anlage Anfang des Jahrhunderts wieder ausgegraben wurde. Ein achtseitiger Gemeinderaum (10 m Durchmesser), dessen Flachdecke bis 1919 ein achtkantiger Pfeiler wie in Standorf stützte, ist über einen schmalen tonnengewölbten Verbindungsraum mit einem erhöhten kleinen Achteckchor verbunden. Über dem Durchgangsjoch steigt ein schlankes Polygontürmchen auf, den Chor deckt eine Faltkuppel. Den kompakten Großquaderbau gliedern ein umlaufender Sockel und ein gedoppelter Rundbogenfries. Das tympanonlose Säulenportal auf der Südseite umgibt ein Rechteckrahmen, den ein Bogenfries nach oben begrenzt. Trotz der geringen Größe ist das Bauwerk nicht einheitlich: Verbindungsgang und kleines Oktogon stehen nicht in Verband mit dem großen Achteck, sondern sind angeschoben. Das Innere ist kahl und glatt. Nur im Chor haben sich spätromanische Freskoreste erhalten: Engel und Heilige, u. a. Maria und Johannes d. T., umgeben einen thronenden Christus im Gewölbe. Früher waren auch die Wände mit Heiligen unter Arkaden bemalt. Die Achatius-Kapelle bildet mit Standorf und Oberwittighausen eine Gruppe von Zentralbauten im Taubergebiet, über deren Entstehungsursache und Funktion nichts bekannt ist. Man könnte hier an eine Taufkirche – Grabun-

gen bewiesen die Existenz eines älteren Bauwerks, das ein vorchristliches Quellheiligtum gewesen sein könnte – denken, an eine Nachahmung der Heiliggrabkirche in Jerusalem, an eine Friedhofskirche oder nur an eine Grabkirche der Stifter, die als Grafen aus der Nachbarschaft Kreuzfahrer gewesen sein könnten. Zumindest weisen Urkunden des 14. Jh. auf den Deutschritterorden hin.
1970–1972 wurde der Bau neu ausgestattet.

Lit.: Inv. Baden IV 2: Kreis Mosbach, Freiburg 1898, 47 ff.; Heckmann 1941, 76 ff.; H. Niester und H. Rolli, Pfarrkirche Grünsfeld (Kunstführer 1076), München–Zürich 1976, ²1984, 14 ff.; H. Niester, in: DBW 4 (1975), 94 ff.

Grünwettersbach → Karlsruhe-Grünwettersbach

Güglingen-Frauenzimmern (Kreis Heilbronn)

Ehem. Zisterzienserinnenkloster Unserer Lieben Frau, ev. Pfarrkirche

Das 1238 von dem Würzburger Bischof Hermann von Lobdeburg (1225–1254) in Böckingen gestiftete Frauen-

Güglingen-Frauenzimmern. Ehem. Klosterkirche, Dreipaß-fenster im Langhaus

269

kloster Mariental wechselte schon 1245 nach Zimmern, wo sich ein Chorherrenstift befand, das 1246 aufgehoben wurde. Die Nonnen siedelten auf dem Hügel »Himmelreich« nordöstlich vom Dorf. Ihre Klosterkirche ist verschwunden. Die Dorfkirche St. Martin wurde ihnen unterstellt.

An einen kleinen Saal (10,5 x 5,8 m), den dritten an dieser Stelle, schließt ein eingezogener, auf hochsitzenden Säulchen rippengewölbter Turmchor an. Die Einzelformen – Basen, Kapitelle, der Diamantschnitt an den Bandrippen – weisen auf den von Maulbronn inspirierten »Übergangsstil« kurz vor der Mitte des 13. Jh. hin. Am Langhaus öffnet sich ein kleines wulstgerahmtes Dreipaßfenster mit einem Drachen und einem Tierkopf in Flachrelief über der Öffnung; an der Sakristei die Skulptur eines liegenden Löwen, der sich mit offenem Maul umschaut.

Lit.: Inv. Neckarkreis, Stuttgart 1889, 115; E. Hink, Das Zisterzienserinnenkloster Mariental zu Frauenzimmern-Kirchbach, Diss. Tübingen 1961; I Ib. I Iist. Stätten 1965, 180; R. Koch, Zur Baugeschichte der Martinskirche in Frauenzimmern, in: Schwaben und Franken 18 (1972), Nr. 4.

Haigerloch-Owingen. Weilerkirche

Haigerloch-Owingen (Zollernalbkreis)

Weilerkirche
Abb. 179

Die kleine Saalkirche (14,5 x 7,5 m) auf dem Friedhof am südlichen Ortsrand von Owingen ist die Pfarrkirche des abgegangenen Dorfes Oberowingen. Die Ostteile des spätromanischen Baus – der Chorturm und die Apsis – stürzten 1830 ein und wurden 1913 ohne Apsis erneuert. Das Langhaus ist, wie die aufwendige Schauseite, aus Großquadern erbaut. Die Portalzone ist risalitartig vorgezogen, Rundstäbe besetzen die Ecken. Eckige Säulen, auf denen eine zweite Säulenordnung mit Schildkapitellen steht, rahmen das kräftig gestufte Portal. Ein sich verkröpfendes Horizontalgesims setzt den Unterbau vom glatten Giebel ab. Die Ornamente (gedrehtes Tau, Kerbschnitt und Schachbrett) und der stark profilierte Sockel sprechen für eine Entstehung im späten 12. Jh. Auffallend volkstümlich ist das Tympanon, dessen Fläche unbeholfene Kerbschnittornamente in Sternform füllen.

Lit.: Inv. Hechingen 1, Hechingen 1939, 248 ff.

Haisterkirch → Bad Waldsee-Haisterkirch

Heidelberg-Heiligenberg

Ehem. Benediktinerkloster St. Michael
Abb. 79

Auf dem Heiligenberg, einem Ausläufer des Odenwaldes zum Rhein und Neckar, befand sich von der Urnenfelderzeit um 1000 v. Chr. bis zur Latènezeit um 100 v. Chr. ein wiederholt ausgebautes System von Ringwällen. Seit römischer Zeit (Mitte 1. Jh. v. Chr.) ist auf dem höchsten Punkt ein Kult für Mercurius Cimbrianus nachgewiesen. Nach der Überlieferung der Reichsabtei Lorsch (Hessen) entstand hier unter Abt Thiotroch (863–875) ein kleines Michaelskloster (monasterium in monte Abrahae). Doch erst 882 schenkte König Ludwig der Jüngere die »Aberinesburg« aus Königsbesitz an Lorsch. Reste dieser Anlage wurden – nach mehreren Anläufen ab 1886 – seit 1980 ermittelt.

Nach den vorläufigen Feststellungen von P. Marzolff ging der karolingischen Kirche Thiotrochs ein kleiner römischer Saal mit einer nach Norden weisenden Apsis (Bau I)

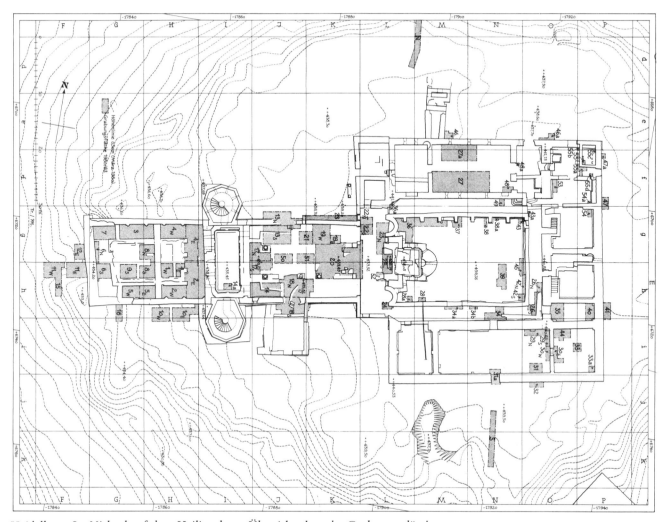

Heidelberg. St. Michael auf dem Heiligenberg, Übersichtsplan des Grabungsgeländes

voraus. Thiotrochs Bau war nicht die schon von W. Schleuning aufgenommene basilikale Querhausanlage mit dreiteiligem Chor, sondern ein durch mehrere Quermauern unterteilter Saal (→ Schuttern, Schwarzach) mit einem oder zwei Flügelräumen im Osten (Bau II). Marzolffs Bau III (erste Hälfte und Ende 10. Jh.) ist dann erst die bislang für karolingisch gehaltene Anlage mit drei Apsiden am Querschiff. Diese erhielt um 1000 (?) als Bau III C ein neues Altarhaus mit einer zunäct nur von außen zugänglichen Krypta. Wenig später wurden die Zugänge ins Querhaus verlegt und dazu die Nebenapsiden verkleinert. Diese Arbeiten müssen in die Zeit Abt Reginbalds (1018–1033; 1033–1039 Bischof von Speyer) fallen, der die Anlage 1024 zur Propstei machte. Die unter dem

Chorquadrat liegende Krypta ist wegen ihrer nischengegliederten Wände deutlich mit der im zeitgleichen Ladenburg verwandt. In mehreren Etappen folgten ein Säulen(?)langhaus und ein gratgewölbter Westbau über einer Krypta mit flankierenden Achteckürmen, die seit 1969 wiederaufgebaut wurden. Den Abschluß fanden die Arbeiten im fortgeschrittenen 11. Jh. mit einem Vorhof (Paradies), für den die Ausgräber allein elf Phasen ermittelten.

1069 flüchtete sich der in Hirsau abgesetzte Abt Friedrich hierher. Nach seinem baldigen Tod wurde er als heilig verehrt. Vielleicht handelt es sich bei der Grabstätte in der Mitte der Krypta um seinen Beisetzungsort. Der frühromanische Bau wurde – nach Marzolff wohl im frühen

13. Jh. – wenig sorgfältig besonders im Vierungsbereich erneuert. Die Klostergebäude lagen auf der Achse des fast 95 m langen Komplexes im Osten. Ihre Form ist erkennbar.

Ehem. Kloster St. Stephan und Laurentius

Kurz vor 1094 gründete ein Diakon Arnold auf der niedrigeren südlichen Kuppe des Berges ein Stephans-Oratorium. 1094 baute der Lorscher Abt Anshelm im Anschluß daran eine Propstei und übergab ihr Lorscher Besitz. Das Kloster soll aus dem hinterlegten Geld nicht heimgekehrter Kreuzfahrer errichtet worden sein. 1103 nahm König Heinrich IV. diese zweite Propstei auf dem Berg, in der Abt Anshelm sein Grab gefunden hatte, unter seinen Schutz. Die offenbar spätromanischen Grundmauern einer Basilika mit nicht ausladendem Querschiff und drei Apsiden sind deutlich zu erkennen.
Unter Abt Heinrich von Lorsch (1153–1167) wurden beide Klöster reformiert, doch begann mit dem frühen 13. Jh. ein unaufhaltsamer Niedergang. 1503 stürzte die Vierung von St. Michael ein, das noch vor 1537 aufgegeben wurde. In St. Stephan lebte noch bis um 1559 (Aufhebung der Klöster in der Pfalz) ein Laienbruder. Die Bauten, die seit dem späten 16. Jh. als Steinbruch dienten, wurden ab 1969 gesichert.

Lit.: W. Schleuning, Die Michaelsbasilika auf dem Heiligenberg bei Heidelberg, Heidelberg 1887; Inv. Baden: Kreis Heidelberg, Tübingen 1913, 506 ff.; R. Sillib, Der heilige Berg bei Heidelberg, Karlsruhe 1920; Germania Benedictina 1975, 269 ff.; P. Marzolff, in: Archäolog. Korrespondenzblatt 12 (1982), 409 ff.; AABW 1982, 190 ff.; DBW 12 (1983), 129 ff.; AABW 1983, 205 ff.; FuBAMB-W 8 (1983), 57 ff.

Heilbronn

Kath. Pfarrkirche St. Peter und Paul (Deutschhauskirche)
Abb. 89

Älter als die gotische Saalkirche, die zur ehemaligen Landkomturei des Deutschen Ordens gehört, ist eine quadratische rippengewölbte Kapelle an ihrer Nordseite, die der Unterbau eines achteckig aufsteigenden spätromanischen Chorturms war. In ihr befindet sich ein derb gearbeiteter Blockaltar von etwa 1240. Halb- bzw. Dreiviertelsäulchen betonen die Ecken und halbieren die Langseiten. Die Flächen zwischen ihnen füllen eingetiefte Vierpässe. Unter der reliefierten Platte verläuft hinter den Blattkapitellen der Dienste ein Wellenband. In die Ecken der Platte sind

kleine Konsekrationskreuze eingeritzt; an der Vorderseite verschließt ein Steinpfropf eine Öffnung (Sepulkrum?). Der Altar ist in seiner Gliederung deutlich der Adelheid-Tumba von 1241 in Öhringen verwandt.

Lit.: Inv. Neckarkreis, Stuttgart 1889, 253, 255.

Herbrechtingen (Kreis Heidenheim)

Ehem. Chorherrenstift, ev. Pfarrkirche

Herbrechtingen im mittleren Brenztal wird als »Aribertingas« mit Esslingen und Hoppetenzell 777 im Testament des Abtes Fulrad von Saint-Denis erwähnt. Damals bestand hier eine um 774 von Fulrad eingerichtete »cella«, die den hll. Veranus und Dionysius geweiht war und die Fulrad seinem Kloster vermachte. 779 überließ Karl der Große dem Klösterchen das Königsgut (curtis) Herbrechtingen. 1171 besetzte Friedrich I. Barbarossa ein um 1144 neu gegründetes Stift mit Augustiner-Chorherren aus Hördt in der Pfalz. 1536 wurde es reformiert.
Ausgrabungen fehlen. Bislang weisen nur ein 1954 freigelegtes Fenster in der Nordwand des Chors der weitgehend gotischen Kirche und der Rest eines gemalten Mäanders daneben in die Romanik. Romanisch ist auch das Torhaus

Herbrechtingen. Kloster und Markt um 1591. Ausschnitt aus der Gienger Forstkarte

zum Friedhof, in dessen erstem Stock sich eine Kapelle mit einer halbrund vorspringenden Apsis befindet.

Lit.: Inv. Jagstkreis, Esslingen 1913, 175 ff.; Festschrift Herbrechtingen 1200 Jahre, Gerlingen 1974, 50 ff.; Germania Benedictina 1975, 273 ff.

Heselbach → Baiersbronn-Heselbach

Hildrizhausen (Kreis Böblingen)

Ehem. St. Nikomedes, ev. Pfarrkirche
Abb. 167

Auf einem Plateau, das sich allseits auf die Dachhöhe der umstehenden zweigeschossigen Häuser erhebt, stand bis 1165 eine Burg der Markgrafen von »Hilderateshusen«. Sie sicherte den Fernweg von Speyer nach Ulm. 1165 zerstörte Herzog Welf VII. von Bayern die Anlage. An ihrer Stelle entstand eine Wehrkirche, von der wesentliche Teile erhalten blieben.
Die dreischiffige flachgedeckte Pfeilerbasilika verlor in der Spätgotik ihr nördliches Seitenschiff. Der schmucklose Raum von fünf Jochen hat seine Westempore auf einer Mittelstütze bewahrt, die Pfeiler sind, wie in Boll, abgekantet. Der östliche Bogen ist weiter und höher, offensichtlich handelte es sich um eine Art nicht ausladendes Querschiff, das im Süden auf einen mächtigen gotischen Turm auflief. Der Chor wurde in der Spätgotik (1515) erneuert. In die Südwand des schlichten Äußeren ist ein wegen seiner – unvollständig erhaltenen – Inschrift aufschlußreiches Tympanon eingemauert. Um zwei durch

Hildrizhausen. Ev. Pfarrkirche, Tympanon in der Südwand

senkrechte Wülste getrennte Blattsterne las man: HIC LAPIS ORNATVS TEMPLVM NICOMEDIS HONORAT ILLVM QVIVIS HOMO ROGITET SVO PECTORE PRONO QVOD DELICTA SIBI DEMAT PRO CHRISTI NOMINE (»Dieser geschmückte Stein ehrt den Tempel des Nikomedes. Zu ihm fleht ein jeder offenen Herzens, weil Verfehlungen er tilgt im Namen Jesu«).
Der hl. Nikomedes war ein Schüler Petri, dessen Märtyrerkirche an der Via Nomentana in Rom steht. Chorherren sind in Hildrizhausen für 1281–1439 bezeugt. Zur ursprünglichen Ausstattung gehört ein schlichter Taufstein.

Lit.: Inv. Schwarzwaldkreis, Stuttgart 1897, 122 ff.; Erffa 1937, 76/77; D. Lutz, Beobachtungen und Funde aus der ev. Pfarrkirche St. Nikomedes in Hildrizhausen, in: Fundberichte aus Baden-Württemberg 1 (1974), 66 ff.; W. Rebmann, Ev. St.-Nikomedes-Kirche Hildrizhausen, Hildrizhausen 1985.

Hirsau → Calw-Hirsau
Hohenberg → Rosenberg-Hohenberg
Hohenzollern → Bisingen-Hohenzollern

Ilshofen (Kreis Schwäbisch Hall)

Burgruine Leofels
Abb. 100

Als Beispiel für die zahlreichen Burgen der Stauferzeit im deutschen Südwesten sei die ehemalige Reichsburg über dem linken Talhang der Jagst vorgestellt. Die auf einer abfallenden Bergzunge errichtete Anlage ist auf einer dreieckigen Fläche erbaut, die ein gut 13 m tiefer und breiter Halsgraben von der Hochfläche abschneidet. Erhalten blieben der ummauerte Zugang (Torzwinger) und die massive, 10–12 m hohe, unregelmäßig fünfseitige Mantelmauer, an die sich innen mehrgeschossige Wohnbauten anlehnten.
Vom nördlichen Wohnbau über einem tonnengewölbten Kellergeschoß sind zwei Geschosse mit Buckelquadern aus Muschelkalk an den Ecken erhalten. Die Kapitelle der Fenstersäulchen zeigen Blatt- und Diamantbänder. Auf die Zeit um 1230/40 weisen auch die Fenster mit Kleeblattbogen vor den Wandnischen des Südbaus hin. Im Hof ist noch der freistehende Stumpf des Bergfrieds erhalten, der schon vor 1864 abgetragen war.
Die Burg wird erst einige Zeit nach ihrer Errichtung urkundlich erwähnt. 1268 ist sie im Besitz von fünf Ministerialen. 1303 ist sie als Würzburger Lehen im Besitz eines

Ritters von Weiltingen. Über die Grafen von Wirtemberg und die Herren von Vellberg kam sie an die Hohenlohe. Die für die ausgehende Romanik und die beginnende Gotik charakteristische Anlage wurde 1969–1976 restauriert.

Lit.: Inv. Jagstkreis, Esslingen 1907, 314 ff.; K. Schumm, Burg Leofels, in: WFr 53 (1969), 23 ff.; A. Antonow, Burgen des südwestdeutschen Raums im 13. und 14. Jh. (Veröffentlichungen des Alemannischen Instituts 40), Bühl 1977, 191 ff.

Ittenhausen → Langenenslingen-Ittenhausen
Kappel → Bad Buchau-Kappel

Karlsruhe-Grünwettersbach

Ev. Pfarrkirche St. Lucia (?)

Die 1782 erneuerte Kirche des seit der Mitte des 13. Jh. erwähnten Ortes an der Grenze von Schwarzwald und Kraichgau, der zum Teil im Besitz des Klosters Herrenalb war, besitzt einen auffallend schlanken quadratischen Turm aus dem frühen 12. Jh. Bogenfriese, skulptierte Köpfe, gekuppelte Öffnungen auf Mittelsäulchen mit Würfelkapitellen und Blendfelder schmücken und gliedern den Bau aus regelmäßigem Quaderwerk. Das Langhaus war eine dreischiffige Säulenbasilika, an die der Turm nur mit einer Ecke angeschlossen haben kann, da seine Seiten als Außenwände von einem Gesims umzogen werden. Der Turm war also sicher kein Chorturm, sondern ein Glockenträger.

Lit.: Inv. Baden: Kreis Karlsruhe, Karlsruhe 1937, 138 ff.

Kentheim → Bad Teinach-Zavelstein
Kleinkomburg → Schwäbisch Hall-Kleinkomburg
Klosterreichenbach → Baiersbronn-Klosterreichenbach
Königswart → Baiersbronn

Konstanz

Münster Unserer Lieben Frau
Abb. 1–4

Die kleine römische Siedlung Constantia wurde wahrscheinlich im 6. Jh. vom Bistum Chur aus christianisiert. Um 600 wurde in dem verlassenen spätrömischen Kastell ein Bischofssitz eingerichtet, der zunächst zum Erzbistum Besançon und ab dem 8. Jh. zu Mainz gehörte. Erster Bischof war wohl Gaudentius, der einen größeren Kirchenneubau – vielleicht anstelle einer kleinen kirchlichen Kultstätte – errichtet haben dürfte und ihn Maria weihte (Bau I). Diese Kirche – Grabungen fehlen – dürfte mit der Marienkirche identisch sein, die für 615 in der Vita des hl. Gallus genannt wird. Sie stand auf dem höchsten Punkt der Stadt nahe am See. Die erste urkundliche Nennung einer »ecclesia S. Mariae urbis Constantiae« datiert kurz nach der Mitte des 8. Jh.

Aus karolingischer Zeit stammt die in mehreren Abschnitten errichtete Krypta: ein durch lange Stollen aus den Seitenschiffen zugänglicher Rechteckraum von 7,7 x 6,8 m, dessen vier östliche Säulen erhalten sind. Wohl schon unter Bischof Salomo III. (890–919) wurde die Krypta um ein Stützenpaar nach Westen erweitert und erhielt den Grabraum in der Westwand, in dem sich heute noch ein Steinsarkophag befindet. Möglicherweise hat diese Erweiterung mit der Ankunft von Reliquien des hl. Pelagius zu tun, die Salomo 904 aus Rom mitbrachte. Die glatten Tonnengewölbe, in die Stichkappen eindringen, haben keine Gurtbögen. Die vier östlichen Säulen (römische Spolien?) tragen Kapitelle mit flächig stilisiertem Akanthusschmuck. Das Kapitell der Südwestsäule zeigt plastischen Schmuck, stehende Figuren an den Ecken, sitzende auf den Schmalseiten und Ranken, und ist zweifellos erst romanisch, wohl 12. Jh. Die zugehörige Kirche hatte sicher ähnlich der in St. Gallen einen dreiteiligen Rechteckchor, kein Querhaus und wegen der Kryptazugänge ein dreischiffiges Langhaus.

Für Bischof Lambert (995–1015) überliefert Hermannus Contractus, dieser habe »templum s. Mariae ex parte diruens ampliavit«, er habe die Kirche zum Teil abgerissen und vergrößert – gemeint sind sicher die Ostteile. Diese Annahme bestätigen die Befunde J. Hechts und H. Reiners' am Bau. Aus Lamberts Zeit (Bau III) stammt danach im wesentlichen das Mauerwerk des heutigen dreiteiligen und flachgeschlossenen Ostbaus und des Querhauses. Teile von Gesimsen, Lisenen und Bogenfriese sind erhalten. Der Lambert-Bau muß einer der wichtigsten frühromanischen Bauten im Süden Deutschlands gewesen sein, von dem z. B. die Hirsauer die Kreuzform, die mehrteilige plattschließende Ostanlage und ihr Säulenlanghaus übernommen haben könnten. Ein niedriges Querhaus (so W. Erdmann) ist unwahrscheinlich.

Nach schweren Zerstörungen durch einen Einsturz (1052), der wahrscheinlich besonders das noch karolingische Langhaus betraf, begann unter Bischof Rumold

(1051–1069) ein Neubau (Bau IV), der 81 m lang und 25 m breit ist. Bei einer Mittelschiffbreite von 11 m war die ehemalige Balkendecke 18 m hoch. Die Oberteile der Ostteile wurden erneuert, der Hauptaltar wurde nach Osten versetzt und damit der Zusammenhang mit dem Reliquiengrab in der Krypta aufgegeben, und es entstand das erhaltene Langhaus als neunjochige, dreischiffige und flachgedeckte Säulenbasilika mit zunächst noch turmloser Fassade. Kräftige Säulenschäfte über steilen attischen Basen mit Ecksporen tragen achtseitige Würfelkapitelle. Die Kapitellform stammt aus Goslar, deren 1050 geweihter Stiftskirche Rumold und auch Bischof Otto angehört hatten. Weihen sind für 1054 und 1058 überliefert, doch war die Kirche vermutlich beim Tode Rumolds, der in ihr bestattet wurde, unvollendet. Fertiggestellt war der Bau wohl erst bei der Weihe von 1089 durch Bischof Gebhard III. (1084–1110). Unter ihm entstand dann um 1100 der Nordturm, dessen Einsturz schon für 1128 überliefert ist. Es wurde nicht gleich eine Doppelturmfassade gebaut, der Südturm ist gotisch.

Über einem Mäanderfries wurde das Langhaus noch im 12. Jh. (H. Reiners) um 50 cm erhöht; erst jetzt soll der Bau einen Vierungsturm erhalten haben, der aber bereits 1299 abbrannte und durch einen Dachreiter ersetzt wurde.

Aus romanischer Zeit stammten die Vorgänger zweier bedeutender Anbauten an das Münster: die Mauritius-Rotunde und die Konrad-Kapelle.

In den Quellen zum Leben des heiliggesprochenen Bischofs Konrad (gest. 975) wird die Mauritius-Rotunde auf dem Kathedralfriedhof als dessen wichtigste Kirchenstiftung bezeichnet. Der Bau dürfte mit Konrads Pilgerfahrten nach Jerusalem zusammenhängen, von wo er vermutlich Reliquien mitbrachte. Die Form einer Rundkirche in der Nähe des Scheitels seiner Bischofskirche wurde wohl von der Anastasis-Rotunde, der Grabkirche Christi in Jerusalem, angeregt. Die am Ende des 13. Jh. tiefgreifend umgebaute Zentralkirche (Durchmesser 11,3 m), die im Todesjahr des Bauherrn vollendet gewesen sein muß, besaß vier (heute noch zwei) in Kreuzform angeordnete rechteckige Anbauten. Die Fundamente und die unteren Teile des Mauerwerks sind noch ottonisch. Der Bau umschloß die von einem Goldschmied geschaffene Nachbildung des Heiligen Grabes. Zwölf Chorherren versorgten Konrads Stiftung, nahe deren Eingang er in einem in das Sockelmauerwerk hineinragenden Steinsarg bestattet werden wollte. Mauritius-Reliquien brachte wahrscheinlich

Bischof Ulrich von Augsburg nach Konstanz. Die Wahl dieses Titelheiligen war wohl politisch bestimmt: Mauritius galt als Helfer bei der Schlacht auf dem Lechfeld (955), unter Kaiser Otto I. war er Reichspatron geworden.

Außer den beiden genannten Kirchen entstand unter Konrad und Gebhard II. (979–995) eine Nachbildung des stadtrömischen Kirchenbildes. Die fünf Kirchen St. Marien, St. Paul, St. Lorenz, St. Johann und St. Gregor »kopierten« alle fünf Patriarchalbasiliken Roms. Konstanz muß in ottonischer Zeit eine »Roma secunda« (H. Maurer) gewesen sein.

Die Heiligsprechung Bischof Konrads durch Papst Calixtus II. (1119–1124) wurde von Bischof Ulrich I. betrieben, der den Mönch Udalschalk mit der Abfassung einer Vita für den Heiligsprechungsprozeß beauftragte. Der Autor brachte 1123 die Heiligsprechungsurkunde, das zweite bekannte Exemplar ihrer Art, aus Rom zurück. Im selben Jahr noch setzte man die Gebeine des neuen Heiligen, die schon Gebhard III. in den Chor des Münsters überführt hatte, in einer eigenen Grabkapelle zwischen Hochchor und Mauritius-Rotunde bei. Diese romanische Kapelle wurde um 1300 durch einen gotischen Neubau ersetzt.

Bis 1923 schmückte den Chorgiebel eine einzigartige Folge feuervergoldeter Kupferplatten, die heute in der Krypta zu sehen sind. In ihrer Mitte begrüßt ein feierlich thronender Christus, dem zwei Engel huldigen, den über See Anreisenden. Sein geöffnetes Buch verkündet: VENITE AD ME OM(NE)S QUI LABOR(A)TIS ET EGO REFICIAM VOS (»Kommt alle her zu mir, die ihr mühselig seid, ich will euch erquicken«, Mt 11,28). Die Majestasscheibe ist die älteste der vier erhaltenen Scheiben, die anderen zeigen Konrad, Pelagius und den Adler des Evangelisten Johannes. Sie hat einen Durchmesser von 194,5 cm und besteht aus sechs Teilen. Die im Tremulierstich gepunzte Darstellung gehört zu den besten Arbeiten der Reichenauer Goldschmiedekunst um 1000; verwandt sind Handschriftenillustrationen der sog. Liuthard-Gruppe.

Lit.: J. Hecht 1928, 184 ff.; J. Eschweiler, Die Goldscheiben des Konstanzer Münsters, in: Pantheon 17 (1944), 81 ff.; H. Reiners, Das Münster Unserer Lieben Frau zu Konstanz, Konstanz 1955; A. Beck, Mauerring und Wohntürme der Altstadt Konstanz, in: SVGB 78 (1960), 133 ff.; H. Maurer, Konstanz als ottonischer Bischofssitz, Göttingen 1973; Kat. Suevia Sacra 1973, 147 f.; Kat. Felix Mater Constantia, Konstanz 1975, 53 ff.; W. Erdmann und A. Zettler, Zur Archäologie des Konstanzer Münsterhügels, in: SVGB 95 (1977), 19 ff.; J. u. K. Hecht 1979, 179 ff.; Kat. Konstanz zur Zeit der Staufer, Konstanz 1983; M. Borgolte, Salomo III. und St. Mangen. Zur Frage nach den Grabkirchen der Bischöfe von Konstanz. In: Festschrift O. P. Clavadetscher, Sigmaringen 1984, 195 ff.

Petershausen, ehem. Benediktinerkloster
Abb. 5

Bischof Gebhard II. (979–995), der zweite Nachfolger des hl. Konrad, gründete kurz vor 983 auf der nördlichen Rheinseite das Kloster Petershausen als erstes Eigenkloster der Konstanzer Bischöfe, als seine Grablege und als letzte der auf Rom bezogenen ottonischen Kirchengründungen der Stadt. Das sumpfige Grundstück mußte erst vom Kloster Reichenau eingetauscht werden. Das Haupt des hl. Gregor hatte der Stifter 989 in Rom von Papst Johannes XV. erhalten. Die am 28. Oktober 992 zu Ehren Gregors geweihte Kirche war – eine Ausgrabung fehlt – eine dreischiffige flachgedeckte, etwa 40 m lange Säulenbasilika mit einer Vorhalle und einem Atrium an der östlichen Eingangsseite, d. h. der Bau war gewestet. Sie hatte ein wohl nicht ausladendes Querhaus und eine Krypta mit Brunnen unter dem vermutlich rechteckigen Chor und Nebenapsiden. Sie war – das betont die Vita des Gründers ausdrücklich – nach dem Vorbild von Alt-St. Peter in Rom (»secundum formam principis apostolorum Romae constructam«) erbaut. Die Petershauser Chronik berichtet eingehend über ihre Ausstattung. Das Vorbild der römischen Peterskirche in Gestalt und Lage erklärt auch, warum das Kloster bereits in den ersten schriftlichen Nennungen Petershausen (Petrishusin, Petreshusa) hieß. Gebhard wollte offenbar für seinen Bischofssitz »jenseits des Rheins ein deutliches Zeichen des Gedankens an das Rom der Päpste« (H. Maurer) setzen.

Der reich ausgestattete und ausgemalte erste Bau, in dem 1134 ein neues Grabmal für den Gründerbischof errichtet worden war, brannte 1159 mit den Klosterbauten ab. Kurz zuvor war an seine Südwestecke ein Turm angesetzt worden. Der erst 1162 begonnene Neubau (Bau II), offenbar weitgehend auf den alten Fundamenten hochgezogen, wurde bis zu seinem Abbruch 1832 kaum verändert. Seine Gestalt ist mit Hilfe von Plänen und Ansichten des 18. und 19. Jh. rekonstruierbar. Es handelte sich um ein Rechteck, bei dem auf ein dreischiffiges sechsjochiges Säulenlanghaus ein nicht ausladendes Querhaus mit querrechteckiger Vierung und ein dreiteiliger Chor folgten. Die Basilika hatte im Osten (Eingang) eine Schirmfassade. Erhalten blieb (Karlsruhe, Badisches Landesmuseum) das Westportal von 1173–1180, das der Basler Galluspforte

vorangeht. Im Tympanon erscheint die Himmelfahrt Christi. Christus hält ein Siegeskreuz und wendet sich den Zurückbleibenden zu. Am Türsturz wird Maria – in antiker Gebetshaltung – von den zwölf Aposteln flankiert. Im Gewände stehen der hl. Gebhard mit Bischofsstab und Kirchenmodell und Papst Gregor der Große mit Buch und Taube. Seitlich des Portals befanden sich sechs Reliefs mit den Werken der Barmherzigkeit und eine Gegenüberstellung von Misericordia und Avaritia oder Caritas. Rechts von Maria liest man den Namen des Baumeisters Wezilo. Die Inschriften an der Mandorla und am Türsturz beziehen sich auf das Jüngste Gericht, das mit der Himmelfahrt verknüpft wird. Die als Beisitzer des Gerichts angesprochenen Apostel werden als Fürbitter angerufen. Der expressiv bewegte Figurenstil weist auf burgundische Vorbilder wie Paray-le-Monial hin. Der Christustyp entstammt der spätkarolingischen Kleinplastik.

Lit.: O. Homburger, Materialien zur Baugeschichte der zweiten Kirche zu Petershausen bei Konstanz, in: Oberrheinische Kunst 2 (1926/27), 153 ff.; J. Hecht 1928, 226 ff.; I. Miscoll-Reckert, Kloster Petershausen als bischöflich-konstanzisches Eigenkloster, Sigmaringen 1973; Germania Benedictina 1975, 484 ff.; Kat. Felix Mater Constantia, Konstanz 1975, 72 ff.; R. Budde 1979, 76; Kat. 1000 Jahre Petershausen, Konstanz 1983; Kat. Konstanz zur Zeit der Staufer, Konstanz 1983, 65 ff.; E. Zimmermann, Bad. Landesmuseum Karlsruhe. Die mittelalterlichen Bildwerke. Karlsruhe 1985, Nr. 5.

Künzelsau-Amrichshausen (Hohenlohekreis)

Kath. Pfarrkirche St. Martin
Abb. 96

Die Kirche aus dem Jahre 1614 besitzt einen eindrucksvollen Bronzekruzifixus des 12. Jh. (40,5 cm hoch). Christus schwebt vor dem Kreuz, sein Haupt ist nach vorn gesunken. Die nebeneinandergesetzten Füße stützt ein Suppedaneum. Das fein gefältete Hüfttuch hält ein perlenbesetzter Gürtel. In die rechteckigen Felder der Kreuzenden waren wohl von Edelsteinen bedeckte Reliquien eingesetzt. Die sanfte, ausgewogene Bewegung, die Zartheit der Erscheinung, die Schwerelosigkeit der Figur dürften eine Datierung auf 1130/50 rechtfertigen. Eng verwandt ist der etwas jüngere Bronzekruzifixus in Wolpertswende. Kopfform und Gewandbildung zeigen deutliche Gemeinsamkeiten mit den Evangelisten des Freudenstädter Lesepults, so daß G. Himmelheber die Entstehung in einer hirsauischen Werkstatt annahm.

Lit.: G. Himmelheber, Das Amrichshausener Bronzekruzifix, in: Pantheon 19 (1961), 64 ff.; Kat. Suevia Sacra 1973, Nr. 75, vgl. Nr. 83, 84.

Ladenburg (Rhein-Neckar-Kreis)

Kath. Stadtpfarrkirche St. Gallus
Abb. 80

Über der durch Ausgrabungen bekannten Marktbasilika der römischen Militärstation Lopodunum entstand – ohne Benutzung der römischen Mauerzüge – eine Saalkirche. Bereits 635 war der Ort durch Schenkung des fränkischen Königs Dagobert I. an das Bistums Worms gekommen, doch erst für 787 ist eine Kirche bezeugt. Ob sich die Nachricht auf die Galluskirche oder eine Martinskirche bezieht, ist unklar.

Jedenfalls ist die unter dem Chor der gotischen Kirche erhaltene quadratische Krypta erst frühromanisch. Über ihr muß man wie in Worms-Hochheim einen quadratischen Chor annehmen. Die Krypta (4,8 m Seitenlänge, 2,85 m Höhe) ist ein gutes Beispiel für den in unserem Gebiet seit karolingischer Zeit (Konstanz) vertretenen Vierstützentyp. Vier Säulen mit attischen Basen und schlichten kämpferlosen Würfelkapitellen tragen über sichelförmigen Gurten Gratgewölbe. Neben den Kapitellen weisen besonders die (gotisch durchbrochenen) Rechtecknischen der Seitenwände auf das frühe 11. Jh. hin. Die Zugänge vom Langhaus, das in romanischer Zeit dreischiffig erweitert wurde, sind verbaut. Dieses Langhaus verschwand ab Mitte des 13. Jh., damals wurde die Krypta von einem polygonalen Chor umschlossen und auf diesen wie auf einen Umgang geöffnet.

Lit.: E. Maul, Die St.-Gallus-Kirche in Ladenburg, Diss. TH München, Mainz 1951; Inv. Baden: Landkreis Mannheim, München-Berlin 1967, 148 ff.; H. Gercke, Ladenburg, St. Gallus (Kunstführer 1502), München–Zürich 1984.

Sebastianskapelle
Abb. 81

Auf der Nordseite der ehem. bischöflichen Hofkapelle hat sich ein glatter romanischer Turm mit gotischem Achteckaufsatz und ein nischengegliedertes Stück eines Verbindungsbaus erhalten. Diese Teile – auch ein Fenster und ein Stück Bogenfries auf der Südseite sind romanisch – gehören zu einem Langhaus unbekannter Größe, das in gotischer Zeit ersetzt wurde. Die Blendengliederung, das kleinteilige Mauerwerk und die Schmucksteine (Fratze, Tierreliefs) weisen in das frühe 12. Jh.

Lit.: G. Weise, Der karolingische Königshof in Ladenburg, in: Mannheimer Geschichtsblätter 13 (1912), 176 ff.; Inv. Baden: Landkreis Mannheim, München–Berlin 1967, 189 ff.

Lahr (Ortenaukreis)

Tiefburg

Der »Storchenturm« in Lahr ist der letzte Rest einer bedeutenden staufischen Tiefburg, die 1677 zerstört wurde. Durch die Untersuchungen von K. List konnte ein ausgezeichnetes Bild der 1249 erstmals genannten Wasserburg (28 m breiter Graben) wiedergewonnen werden. Die Anlage war quadratisch, vier starke Rundtürme – der Storchenturm steht im Nordosten – sicherten die Ecken. Der Palas lehnte sich an die Ostwand an. Ein quadratischer Bergfried erhob sich in der Mitte des regelmäßigen Vierecks, dessen Planmäßigkeit auf Vorbilder aus dem Kreise Friedrichs II. verweist. Der aus sorgfältig bearbeiteten

Ladenburg. Sebastianskapelle

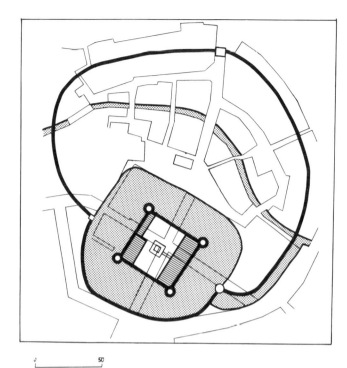

Lahr. Grundriß der Tiefburg

Buckelquadern mit zahlreichen Steinmetzzeichen und aufwendigen Fenstern erstellte Wehrbau aus der Zeit des beginnenden Übergangs zur Gotik war der Ausgangspunkt der Siedlung »Lare«. Bauherren der mit erheblichem Aufwand in kurzer Zeit zwischen 1218 und 1225 errichteten Anlage waren wohl die Herren von Geroldseck in Verbindung mit Kaiser Friedrich II. und dem Bischof von Straßburg.

Lit.: K. List, Die Tiefburg Lahr – ein staufisches Schloß, in: DBW 9 (1966), 80 ff.; ders., Ergebnisse einer jahrringchronologischen Untersuchung von Hölzern aus der Burg Lahr, in: DBW 12 (1969), 98 f.; ders., Wasserburg Lahr, in: Burgen und Schlösser 11 (1970), 43 ff.

Lahr-Burgheim

Ev. Pfarrkirche St. Peter
Abb. 43

Die »Mutterkirche der Ortenau« (List) ist ein bescheidener Bau der ersten Hälfte des 12. Jh. An einen flachgedeckten Saal schließt ein eingezogener, um mehrere Stufen erhöhter und tonnengewölbter Rechteckchor an, den ein Turm bekrönt (Chorturmkirche). Im 15. Jh. wurde das Langhaus nach Westen verlängert, wobei das nach Hirsauer Art durch ein Sockelprofil gerahmte Portal versetzt wurde. Vor dem Aufgang zum Chor stehen niedrige Schranken, die nach ihren Rahmenformen spätromanisch sein können, und ein Taufbecken, dessen basisartiger Unterbau schon in romanischer Zeit das Taufwasser aufnahm.

Von größerem Interesse sind die auf dem Kirchenfußboden kenntlich gemachten zwei Vorgängerbauten, deren Interpretation durch A. Tschira (1958) von K. List wesentlich verbessert werden konnte. Der älteste Bau – eine Saalkirche mit halbrunder Apsis – entstand in der Mitte des 7. Jh. über alemannischen Gräbern als Eigenkirche eines in der Nähe vermuteten merowingischen Königshofes. Er wurde zu Beginn des 11. Jh. durch einen doppelchörigen Neubau ersetzt, dessen Langhaus- und Ostapsisfundamente fast mit den merowingischen identisch sind. Ein vermutlich in der Westapsis aufgestellter Steinsarg (Lahr, Museum), den man für die Neuverwendung verputzte und bemalte, verweist, wie in Sulzburg, auf eine Stifterbeisetzung. Die Weihe dieser Kirche an Maria und Petrus durch Bischof Wilhelm von Straßburg ist durch eine Urkunde in St. Gallen und vielleicht auch durch die Inschrift auf einem aus dem Turm stammenden Kämpferblock (AC. DS. AG. W. CS. MLO. TCO. QO. = HAEC DOMUS ARGENTINAE CIVITATIS EPISCOPUS WILHELMUS CONSECRATA. MILLESIMO TRICESIMO QUINTO) für 1035 gesichert.

Lit.: A. Tschira, Ausgrabungen in der Kirche St. Peter in Lahr, Stadtteil Burgheim, in: Neue Ausgrabungen in Deutschland, Berlin 1958, 477 ff.; K. List, St. Peter in Burgheim. Die älteste Kirche der Ortenau im Wandel der Zeiten, in: Festschrift 950 Jahre Burgheimer Kirche »St. Peter« 1035–1985, Lahr 1985, 33 ff.

Langenburg-Unterregenbach (Kreis Schwäbisch Hall)

Ehem. Benediktinerkloster(?)
Abb. 98, 99

Das kleine Dorf am linken Jagstufer, das auf einem vom »Bach« in das Flußtal vorgeschobenen Schuttfächer liegt, hat eine als »Rätsel von Regenbach« berühmt gewordene Vergangenheit. Der Ortsname weist auf eine Gründung im Rahmen der karolingischen Landnahme hin, doch ist seine Etymologie unklar: Regen kann das Naturphänomen oder – als Regino – einen Personennamen meinen. Die großflächig systematischen Ausgrabungen von G. P.

Fehring und G. Stachel (1960–1977) ergaben, daß um die heutige Veitskirche seit karolingischer Zeit vielleicht die »Kirchenfamilie« eines Klosters oder Stiftes stand. Als Gründer werden, u. a. wegen der Qualität der Bauplastik, Angehörige der karolingischen Reichsaristokratie (die Konradiner?) angenommen. Die frühe Geschichte der Niederlassung ist trotz vielfältiger und anhaltender Bemühungen der Historiker völlig unbekannt, da jede schriftliche Nachricht bis 1033 fehlt. Erst in diesem Jahr wird »regenbach situ in pago Mulgowe (Maulachgau)« in einer Urkunde genannt, nach der Kaiser Konrad II. Erbbesitz seiner Gattin Gisela an den Würzburger Bischof übergibt. Auch hier fehlt jeder Hinweis auf ein Kloster oder eine Kirche. Das Fehlen von Urkunden erklärt sich zum Teil auch daraus, daß das angenommene Kloster bereits im 13. Jh. unterging. Unterregenbach war spätestens seit dieser Zeit kein Zentrum von überregionaler Bedeutung mehr, sondern nur noch ein einfaches Bauerndorf.

Nach den Untersuchungen der Ausgräber lassen sich vier Bereiche unterscheiden: die »Große Basilika« (A), St. Veit oder die »Kleine Basilika« (B), ein Herrenhof mit Siedlung (C) und die »Alte Burg« (D).

Die »Große Basilika« (A), die spätestens im 13. Jh. untergegangen sein soll, bildet den größten Komplex der Anlage. Sie ist noch nicht vollständig ausgegraben: Besonders im Bereich östlich des Chors, wo bereits Mauerreste und Bestattungen aufgedeckt wurden, sind Hinweise auf den ersten (karolingischen) Kirchenbau an dieser Stelle zu erwarten. Die »Krypta« unter dem Pfarrhaus von 1880 gehört zu einem Neubau der zweiten Hälfte des 10. Jh. oder des ganz frühen 11. Jh., der nicht über einem Vorgänger errichtet wurde. Dieser Bau von 48 x 17 m war so groß wie Alpirsbach, also sicher kein karolingischer Bau, wie gelegentlich angenommen. Seine Grundmauern sind im Garten westlich des Pfarrhauses zu erkennen. An einen dreiteiligen Westbau schloß eine dreischiffige Basilika mit einer rätselhaften Trennmauer (Westwand nach Abbruch der westlichen Kirchenhälfte im 13. Jh.?) in der Langhausmitte an. Die Seitenschiffe schlossen im Osten gerade, an das Mittelschiff setzte eine gestelzt halbrunde Apsis mit rechteckiger Ummantelung an. Aus den Seitenschiffen führten Treppenrampen in die 1976 in den ursprünglichen Zustand zurückversetzte Krypta, die als eine Art Hallenkreuz unter dem östlichen Langhausteil und der Apsis lag. Sie ist dreiteilig. Einen Mittelraum von drei Schiffen und fünf Jochen flankieren zweijochige Nebenräume. Die zwölf Stützen tragen gurtlose Tonnen- bzw. Gratge-

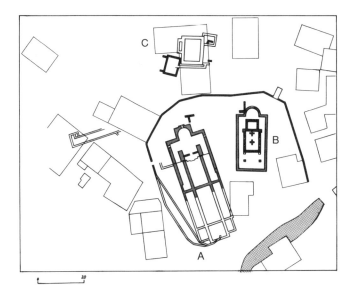

Langenburg-Unterregenbach. Lageplan

wölbe. Die Säulen- bzw. Pfeilerkapitelle, die sich seit 1880 im Württembergischen Landesmuseum Stuttgart befinden, sind ionisierende Kämpferkapitelle und Pyramidenstumpfkapitelle. Besonders der letzte Typ ist die geläufige Form der ottonischen Baukunst vor dem Würfelkapitell. Grund- und Aufriß der Krypta, ihre Wölbform und besonders ihre bauplastischen Teile sprechen mit einiger Sicherheit für eine Datierung ins späte 10. Jh.

Unter der Dorfkirche St. Veit (B), einer Chorturmkirche des 14./15. Jh., sind die Grundmauern eines ins 8./9. Jh. gehörenden Saalbaus (11 x 5,6 m) mit eingezogenem Rechteckchor zu besichtigen, der Teil eines größeren Gebäudekomplexes war. In ihrem Schiff wurden zwei hintereinanderliegende kreuzförmige Vertiefungen (Kreuzkanäle) aufgedeckt, die als Reliquiengräber interpretiert werden. Diese Reliquienkapelle (?) wurde um 1050 durch einen aufwendigen Neubau von 25 x 11 m ersetzt: eine dreischiffige Basilika mit einfachem Stützenwechsel aus Pfeiler und Säule, einem nicht ausladenden Querhaus und einer halbrunden Apsis. Der hl. Veit wird erstmals 1487 als Titelheiliger genannt.

Östlich und nordöstlich (C) der beiden Kirchen wurden an drei Stellen (Frankenbauerhof, Pfarrhofwiese, Alter Pfarrhof) Siedlungsteile ergraben, deren Bewohner auf dem Außenfriedhof der Vorgänger der Veitskirche bestattet worden sein müssen. Es handelt sich um Reste von profanen Holz- und Steinbauten, deren Zusammenhang, Alter und Funktion (Herrenhof, Landwirtschaftsgebäude) schwer zu bestimmen sind.

Bei der »Alten Burg« (D) südwestlich des Dorfes handelt es sich um eine auf einem steil abfallenden Sporn ergrabene frühmittelalterliche Wehranlage. Das 1,5 ha große Areal war durch Befestigungen (Spitzgraben, Mauer) von der Hochfläche getrennt. Diese Abschnittsbefestigung könnte vielleicht schon seit dem 8./9. Jh. als Fluchtburg für die Bewohner der Klostersiedlung im Tal gedient haben.

Aufschlußreich für das Leben im Mittelalter sind die Bodenfunde, die in einer Dauerausstellung im Alten Schulhaus von Unterregenbach gezeigt werden.

Lit.: Inv. Jagstkreis, Esslingen 1907, 292 ff.; Kat. Das Rätsel von Regenbach. Ergebnisse und neue Fragen der Archäologie des Mittelalters, Stuttgart 1979; S. Kummer, Die Krypta von Unterregenbach und ihre Kapitelle, in: FuBAMB-W 7 (1981), 149 ff.; AABW 1982, 198 ff.; H. Decker-Hauff, Das Rätsel von Unterregenbach, in: WFr 66 (1982), 47 ff.; P. Hilsch, Regenbach und die Schenkung der Kaiserin Gisela, in: ZWLG 42 (1983), 52 ff.; H. Schäfer und G. Stachel, Die Große Basilika, in: WFr 68 (1984), 3 ff.

Langenenslingen-Ittenhausen (Kreis Biberach)

Anna-Kapelle (Privatbesitz)
Abb. 185

Aus der barocken Kapelle stammt eine thronende Muttergottes (heute Privatbesitz) des 12. Jh., die zu den wenigen hervorragenden Bildwerken Schwabens aus romanischer Zeit gehört. Da die Kapelle im 12. Jh. das Eigentum Zwiefaltens war, dürfte die Madonna von dort stammen. Die beschädigte und zum Teil ergänzte (rechte Hand, Fußspitzen der Maria, rechte Hand des Kindes) Figur auf einem Arkadenthron wurde 1935 abgelaugt. Die ursprüngliche Farbigkeit mag der des Freudenstädter Lesepults nahegekommen sein. Der Typ folgt einem Marienbild, das nach der Legende der hl. Lukas selbst geschaffen haben soll. Das Kind sitzt nicht mehr frontal vor dem Oberkörper der Mutter. Die rechte Hand Mariä könnte einen Apfel oder ein Zepter gehalten haben. Die hoheitsvolle Erscheinung der kräftig modellierten Maria, das unbewegte Gesicht, das glatt fallende Gewand, dessen Saum bogenförmig hochgestellt ist, ähneln der Muttergottes im Stuttgarter Passionale. Eine Entstehung um 1150 ist wahrscheinlich. Jünger und bäuerlicher ist das Gnadenbild von St. Märgen.

Lit.: Inv. Württemberg: Kreis Riedlingen, Stuttgart–Berlin 1939, 522; O. Schmitt, Die Muttergottes von Ittenhausen, in: Heilige Kunst, Mitgliedsgabe des Kunstvereins der Diözese Rottenburg 1939, 5 ff.; Kat. Suevia Sacra 1973, Nr. 42.

Lauffen am Neckar (Kreis Heilbronn)

Burg und Kirche
Abb. 94

Die auf einer Felseninsel nahe den namengebenden Stromschnellen hoch aus dem Neckar aufragende Burg (jetzt Rathaus) steht an einer vielleicht schon in karolingischer Zeit befestigten Stelle. Ihr gegenüber erhebt sich auf der anderen Flußseite die gotische Regiswindiskirche, eine ehemalige Wehrkirche. Auf ihrer Südseite steht die kleine Annakapelle, in der der Giebelsarkophag der Kirchenpatronin von 1227 (?) aufbewahrt wird. Als älteste Teile der Burg gelten der 30 m hohe Bergfried aus spätstaufischer Zeit und der sog. Mantel, ein rechteckiger Wehrbau.

Von der verschwundenen Burgkapelle oder der kleinen spätgotisch völlig veränderten »Martinskirche« (eigentlich eine Nikolauskapelle) weiter oben im »Städtle«, wahrscheinlicher aber von einem romanischen Vorgänger der Regiswindis-Kirche auf dem Kirchberg, die dem hl. Martin geweiht war, stammt ein Tympanon im Württembergischen Landesmuseum Stuttgart. Das zu den schönsten spätromanischen Arbeiten unseres Landes gehörende Stück ist angeblich im späten 18. Jh. bei der Neckarmühle im Fluß gefunden worden.

Vor der eingetieften, von einem Blattkranz gerahmten Fläche des Bogenfeldes sitzt der Kirchenpatron (?) auf einem Löwenthron. Als Zeichen ihrer Würde hält die kräftig gerundete Gestalt einen Krummstab und ein Buch. Auf dem gelängten bärtigen Kopf trägt sie eine Mitra. Es kann sich um den hl. Martin, aber ebensogut um den hl. Nikolaus handeln. Dem um 1200 gemeißelten Stück ist das Tympanon des südlichen Querhausportals in Freiburg gut vergleichbar.

Lit.: Inv. Neckarkreis, Stuttgart 1889, 79 ff.; A. Kottmann, Kirchen in Lauffen a. N. (Kunstführer 783), München–Zürich 1963, ²1980; Festschrift 750 Jahre Regiswindiskirche Lauffen a. N., Brackenheim 1977, 13.

Leimen-St. Ilgen (Rhein-Neckar-Kreis)

Ehem. Propsteikirche St. Ägidius, kath. Filialkirche

Unter seinem Abt Johannes (1158–1170) gründete das Kloster Sinsheim, das seit 1131 Rechte in St. Ilgen besaß, dort eine Propstei (»monasteriolum s. Aegidii«), die mit drei Mönchen besetzt wurde. Der Name des Schutzheiligen wurde der Ortsname. Die kleine Niederlassung lag innerhalb einer befestigten Ringmauer. Von der damals errichteten Kirche, einer dreischiffigen Basilika mit Querhaus, Querhausapsiden und rechteckigem Chorhaupt, die 1474 und 1784 umgebaut wurde, sind im wesentlichen die Außenmauern erhalten. Der jetzige Quadratchor war die Vierung.

Beachtenswert ist allein das spitzbogig überfangene Westportal mit einem figürlichen Tympanon über der gestuften Öffnung: Zu seiten des auf einem Faltstuhl sitzenden Kirchenpatrons knien der Abt von Sinsheim und – links in kurzem Gewand – der Prior oder ein Stifter. Der segnenden Mittelfigur, die wohl eher Ägidius als Christus meint, fehlt der Heiligenschein. Die Kleidung der Gestalten zeigt die typische Faltenbildung des späten 12. Jh. (→ Südportal Freiburger Münster).

Lit.: O. Hauter, Die Klosterkirche in St. Ilgen, in: Mannheimer Geschichtsblätter 11 (1910), 13 ff.; Inv. Baden 8, Tübingen 1913, 530 ff.; Germania Benedictina 1975, 319 f.

Lenningen-Oberlenningen (Kreis Esslingen)

Ev. Pfarrkirche St. Martin
Abb. 177

Eine alemannische Siedlung mit einer Kirche bestand in Oberlenningen wohl schon am Ende des 7. Jh.; Fundamente einer kapellenartigen Anlage aus dem 9. oder 10. Jh. konnten 1932 im Langhaus der heutigen Kirche ergraben werden. Diese hat nur ihr schlichtes Langhaus (18 m lang, 5,5 m breit im Mittelschiff und 9 m hoch) aus dem frühen 11. Jh. bewahrt; ihre rechteckige Apsis wurde 1493 ersetzt. Das flachgedeckte Säulenlanghaus von fünf Jochen wirkt gedrungen. Das Innere ist weiß verputzt, außen sind die Mauern mit Tuffquadern verkleidet. Die Einzelformen sind noch ganz unentwickelt: Von den Stützen hat nur die südwestliche einen Basisring, die übrigen stehen auf quadratischen Platten. Die Polsterkapitelle haben Halsringe, ihre Kämpferplatten aber keine Schrägen. Auf fünf Achsen entfallen nur vier Fenster. Das nördliche Seitenschiff war vielleicht gratgewölbt, die Platten springen auffallend nach außen vor. Der schreckliche Westbau entstand 1932. 1977 wurde das Innere ansprechend restauriert.

Lit.: Inv. Donaukreis II, Eßlingen 1924, 284 ff.; E. Fiechter, St. Martin zu Oberlenningen, Stuttgart 1934.

Leofels → Ilshofen

Lobbach-Lobenfeld (Rhein-Neckar-Kreis)

Ehem. Augustinerchorherrenkloster, ev. Pfarrkirche
Abb. 83, 84

1145 gelangte Lobenfeld als Schenkung des staufischen Lehensträgers Meginlach von Obrigheim an das pfälzische Kloster Frankenthal, das hier eine Propstei der Augustinerchorherren einrichtete. 1187 bestätigte Kaiser Friedrich I. die Stiftung. Für die Augustiner wurde um 1190 mit dem Bau der Kirche begonnen, von der um 1210/20 nur Chor und Querhaus in spätromanisch-frühgotischen Formen vollendet wurden. An eine quadratische Vierung sollte eine dreischiffige Basilika anschließen, deren Ansätze nachgewiesen sind. Erst nach der Mitte des 14. Jh. entstand ein einschiffiges Langhaus. Das Äußere des aus groben Quadern errichteten Chors gliedern Ecklisenen und Bogenfriese unter Deutschem Band, Diamant- und Blattsimse. Auf der Bank des Chorfensters (Refektoriumsportal in → Schönau) ruhen ein Löwe und ein Adler.

Im Innern schnüren schwere, gespitzte Gurtbögen über Kapitellbändern die engen und hohen Raumquadrate ab. Wuchtige Rippen unterschiedlicher Form überspannen sie. Viele Einzelheiten verweisen auf die Wormser Schule: Z. B. gehen auch in Seebach/Pfalz die flachen Bandrippen in einen Rundstab über.

Das Chorhaupt schmücken in mehreren Registern Fresken (und Inschriften), deren zartfarbige unterste Malschicht erhalten blieb. Auf eine untere Reihe mit Brustbildern von Heiligen folgen rechteckig gerahmte biblische Szenen und Martyrien (Adam und Eva, Daniel, hl. Agnes) sowie Propheten neben den Fenstern. Da Rahmung, Komposition, Figurenaufbau und Faltenstil auf das frühe 13. Jh. verweisen, muß es sich um die erste Ausmalung des Chors handeln.

Lit.: Inv. Baden: Kreis Heidelberg, Tübingen 1913, 542 ff.; H. Huth, in: DBW 8 (1965), 56 ff.; D. Lutz, in: AABW 1983, 224 ff.; ders., in: DBW 13 (1984), 10 ff.; K. Laier-Beifuss, Die Klosterkirche zu Lobenfeld. Untersuchungen zur Baugeschichte und der Versuch der stilistischen und chronologischen Einordnung, MA Heidelberg 1983.

Lobenfeld → Lobbach-Lobenfeld

Lorch *(Ostalbkreis)*

Ehem. Benediktinerklosterkirche St. Petrus und Paulus,
ev. Heimkirche
Abb. 141, 142

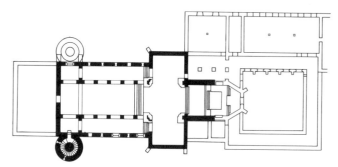

Lorch. Ehem. Klosterkirche, Grundriß

Obwohl Lorch zu den ersten und wichtigsten Klöstern der Staufer zählt, ist seine Frühgeschichte schlecht dokumentiert. Dem Bergkloster ging ein Chorherrenstift im Tal voraus, das bald nach der Mitte des 11. Jh. wohl von Friedrich von Büren (gest. 1094) gestiftet worden war. Einigermaßen sicher ist die Gründung des Klosters anstelle einer Burg durch Herzog Friedrich I. von Schwaben, seine Gattin Agnes (eine Tochter Kaiser Heinrichs IV.) und deren Söhne Friedrich und Konrad am 3. Mai 1102 »ob remedium omnium parentum nostrorum, vivorum et in Domino quiescentium«, d. h. als Familienkloster. Die Herkunft der ersten Mönche aus Hirsau ist unsicher. Die Übergabe an den Hl. Stuhl (ebenfalls schon 1102) regelt, daß die Äbte von Hirsau, Komburg und Zwiefalten einen Abt bestimmen sollen, falls unter den Konventualen kein würdiger Nachfolger zu finden sei. Erster Abt war Haribert (gest. 1124?), der zuvor Klostervorsteher in Maria Laach und St. Symphorian in Metz gewesen war. Auf ihn dürften die Planung und der Beginn der weitgehend erhaltenen Klosterkirche der ersten Hälfte des 12. Jh. zurückgehen, deren querschiffähnlicher Westbau unverkennbar von der 1093 begonnenen Laacher Klosterkirche abhängt.

Die dreischiffige Pfeilerbasilika von fünf Jochen mit Ostquerschiff besitzt ein Chorquadrat, an das eine halbrunde, rechteckig ummantelte Apsis anschloß, die 1469 spätgotisch ersetzt wurde. Über den heute basis- und kämpferlosen Rechteckstützen trennt ein Gesims aus Platte und Kehle den Obergaden ab. Vor dem dreiteiligen Westbau, den Rundtürme flankieren, lag ein (ergrabenes) Atrium und in dessen Achse ein (erneuertes) rundbogiges Tor. Der nördliche Rundturm war schon 1488 zerstört; der im Unterbau erhaltene Südturm wurde 1881 (zu hoch) wiederaufgebaut. Ein nördlich der Kirche aufgestelltes »hirsauisches« Kapitell von zweifelhaftem Aussehen könnte die Vermutung stützen, daß die Kirche ursprünglich eine Säulenbasilika werden sollte. Die ungewölbte Anlage, die vielleicht Querhausapsiden hatte, weist unverkennbare Ähnlichkeit mit St. Aurelius in Hirsau auf.
Die Vierung wurde offenbar im frühen 13. Jh. als Unterbau eines – verlorenen – Vierungsturms spitzbogig umge-

baut und über Ecksäulen rippengewölbt, wobei die Pfeiler enorm verstärkt und aufwendig mit Kämpferfriesen geschmückt wurden. Ungeklärt ist die Ursache für die starke Erhöhung von Querschiff und Chor gegenüber dem schlichten Langhaus ebenso wie die ursprüngliche Innenaufteilung (Empore) und Funktion des Westbaus.
Die Vollendung der außen aus verputztem Bruchstein und Kleinquadern – die Großquader z. B. am Querhaus dürften alle der Restaurierung des 19. Jh. entstammen – bestehenden Kirche könnte mit der Umbettung des 1105 zunächst im Tal beigesetzten Stifters in die Klosterkirche im Jahre 1140 zusammenhängen. Obwohl es ein staufisches Hauskloster war, erreichte Lorch nie einen bedeutenden Rang. Es ruhen hier neben Herzog Friedrich und seiner Gattin Agnes Königin Gertrud, die Gattin Konrads II., und Irene von Byzanz, die Gattin König Philipps. An die toten Staufer erinnert die spätgotisch erneuerte Tumba im Mittelschiff.

Lit.: Mettler 1927, 55 ff.; W. Braun, Das Kloster Lorch, die Gedenkstätte der Hohenstaufen. Nebst Triangulationsstudien an Benediktiner-Klosterkirchen, Diss. Stuttgart 1949; P. Weissenberger, Die Anfänge des Hohenstaufenklosters Lorch, in: Festsch. Th. Michels, Münster 1963, 246 ff.; Germania Benedictina 1975, 370 ff.; O. Paret und K.-H. Mistele, Kloster Lorch im Wandel der Jahrhunderte, Stuttgart [6]1980.

Maulbronn *(Enzkreis)*

Ehem. Zisterzienserkloster
Abb. 73–77

Das wohl bedeutendste erhaltene Zisterzienserkloster Süddeutschlands und eine der schönsten mittelalterlichen Klosteranlagen Europas geht auf Walter von Lomersheim, einen Edelfreien, zurück, der zunächst 1138 sein Erbgut in Eckenweiher den Zisterziensern übergab. Da sich dieser Ort als wenig geeignet erwies, erfolgte 1147 eine Verlegung nach Maulbronn, ein Ort, den Bischof Günther von Speyer zur Verfügung stellte. Die ersten Mönche kamen aus Neuburg im Elsaß, einem Tochterkloster von Lützel. 1148 stellte Papst Eugen III. eine Schutzbulle aus, 1156 Kaiser Friedrich I. Barbarossa ein Schutzprivileg. 1161 wird Bischof Günther in Maulbronn beigesetzt.

Hier – in der Waldeinsamkeit des Salzachtals – müssen die ersten Mönche unter Abt Dieter zunächst eine provisorische Anlage errichtet haben, denn die ältesten erhaltenen Teile – die Ostteile der Kirche – können kaum vor 1160/65 entstanden sein. Von dieser Zeit an bis zur Aufhebung des Klosters (1530) entstand ein ausgedehnter Komplex aus immer wieder veränderten und erneuerten Bauten, den ein gewaltiger buckelgequaderter Mauerring schützt. Das 1534–1537 reformierte und später als ev. Klosterschule, dann als ev.-theologisches Seminar und als Schloß genutzte Kloster entging allen barocken Veränderungen. Auch das 19. Jh. ließ es weitgehend unverändert.

Die wichtigsten Teile der weiten Anlage stammen aus spätromanischer bzw. frühgotischer Zeit: Kirche, Cellarium, Paradies, Kreuzgangsüdflügel, Laienrefektorium, Herrenrefektorium und Klostertor.

Die langgestreckte Kirche (60 m), auf deren Nordseite die Klausurgebäude liegen, ist eine kreuzförmige Pfeilerbasilika aus sauberem Großquaderwerk. Die Ostteile sind nach den Gewohnheiten der burgundischen Zisterzienser plattgeschlossen und turmlos. Den quadratischen Hauptchor flankieren je drei niedrige Rechteckkapellen. Das »Querhaus«, das nur am Außenbau rein in Erscheinung tritt, ist zu einem schmalen dunklen Gang (nur 3,6 m breit) vor den Kapelleneingängen reduziert. Eine Vierung gibt es also nicht. Eine übermannshohe romanische Schranke trennt die vier östlichen Joche des strengen Langhauses vom Westteil, der den Laienbrüdern zugedacht war. Das kastenartige Langhaus (Gewölbe erst von 1424) ist deutlich der Tradition der schwäbischen Romanik verpflichtet. Den schweren Pfeilern, die die runden Arkaden tragen, sind halbrunde Vorlagen mit Würfelkapitellen unter Unterzügen angesetzt. Schachbrettartig ornamentierte Lisenen über den Pfeilern ziehen wie in Hirsau ein reich profiliertes Horizontalgesims nahe an die Bögen heran. Die Seitenschiffe sollten wohl von Beginn an Gratgewölbe erhalten. An Hirsau erinnert auch die Umführung des Sockelprofils außen um das Portal. Als Schmuck des Außenbaus

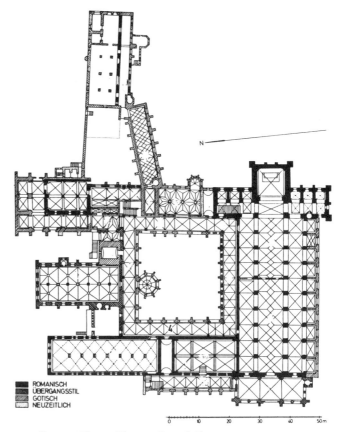

ROMANISCH
ÜBERGANGSSTIL
GOTISCH
NEUZEITLICH

0   10   20   30   40   50m

Maulbronn. Ehem. Kloster, Grundriß

verwandten die Zisterzienser die geläufigen Motive Schwabens: Rundbogenfriese, Lisenen und Zackenbänder.

Die ab 1160/65 entstandene Kirche ist mehrfach umgeplant worden. Ältester Teil sind die Kapellen am Nordquerhaus, die ursprünglich wohl, wie die von Maulbronn abhängigen in Bronnbach (dort ergraben), halbkreisförmig aussehen sollten. An den Veränderungen der Profile (Basen, Kämpfer) läßt sich ein langsamer Fortgang der Arbeiten beobachten. Das zunächst mit den Ostkapellen geplante Querhaus wurde aufgegeben und zum Durchgang reduziert, d. h. das außen erkennbare »Querhaus« erhebt sich über den Ostkapellen und dem Gang. Die für 1178 überlieferte Weihe muß sich auf die damals noch flachgedeckten Ostteile beziehen. Nach einer weiteren Umplanung erfolgte dann im späten 12. Jh. der Ausbau des Langhauses. Dafür sprechen die vielfältigen Kämpferprofile, die Dekoration der Schranken, die Gliederung der Fassade und der mit ihr fluchtenden Westwand von Cellarium (Vorratsbau) und Laienrefektorium. Die Ostteile erhielten ihre derbe Rippenwölbung über nachträglich eingesetzten Eckdiensten und Chorbögen erst um 1200, wobei u. a. die Außenmauern der Apsis erhöht und erheblich verstärkt wurden. Nur die nördlichen Altarräume und die Hauptapsis erhielten Rippengewölbe, während man für den südlichen Teil Gratgewölbe wählte.

Mit dem um 1220 der Kirchenfassade vorgesetzten Paradies, einer dreischiffigen, ein Joch tiefen Vorhalle, dem Kreuzgangsüdflügel, dem Laienrefektorium und schließlich dem Herrenrefektorium tritt in Maulbronn eine Bauhütte auf, die die Formen der französischen Frühgotik nach Schwaben bringt – und zwar nicht nur in Details wie Kapitellen und Ornamenten, sondern im gesamten Entwurf, in der Struktur der Wände und Gewölbe. Verunglückt ist der Anschluß der Vorhalle an die Fassade (Achsenverschiebung), umgeplant wurde der Aufriß der durch Strebepfeiler gegliederten Front, die nach oben unvollendet wirkt. Großartig sind die Öffnungen der eleganten Doppelbögen auf die drei Joche, deren tief angesetzte Diagonalrippen wie die Schildbögen bei unterschiedlicher Spannweite im Halbkreis geführt sind. Deshalb liegen die Kämpferpunkte der Rippen, Gurte und Schildbögen an den gestuften Ecksäulen auf unterschiedlicher Höhe, was dem Raum seine spezifische Lebendigkeit verleiht. Aus der nordfranzösischen Frühgotik sollen die flachen Tellerbasen, die Schaftringe und die auffallend schönen kelchförmigen Blattkapitelle stammen.

Etwas älter als das Paradies dürften zwei Bauteile sein, die parallel zu dem um 1300 erneuerten westlichen Kreuzgangflügel in der Flucht der Kirchenfassade liegen: der vertiefte rippengewölbte Vorratskeller von etwa 1210/20 und das niedrige, langgezogene zweischiffige Laienrefektorium. Sieben Säulenpaare mit schlanken Blattkapitellen, die denen des Paradieses ähneln, tragen die erneuerten Gewölbe.

Der Kreuzgangflügel entlang der Kirche ist wohl auch noch vom Bautrupp des Paradieses errichtet worden. Die sechsteiligen Rippen und die Gurte sitzen auf Konsoldiensten, wobei die springenden Kämpferhöhen vermieden wurden. Denn hier sind nur die Diagonalrippen im Halbkreis geführt, Gurte und Querrippen sind im Scheitel gespitzt.

Als Höhepunkt der Raumfolge um den Kreuzgang gilt das Herrenrefektorium von 1220/30, ein zweischiffiger Saal von vier Doppeljochen über Freistützen. Beeindruckend sind die Proportionen des Raumes, dessen mächtige Mauern hohe Rundbogenfenster durchbrechen. Die Reihe der Rundstützen wechselnder Stärke, deren rhythmische Folge (Basen, Deckplatten) an Chartres erinnert, trägt kräftige sechs- bzw. siebenteilige Gewölbe zwischen angespitzten Gurtbogen. Großartig sind die Kapitelle (→ Schönau); wenig glücklich ist der Gedanke, die Gewölbekappen über den Fenstern mit aufgeklebten Wülsten zu dekorieren und die Scheidbögen auf Dienststelzen zu setzen. Offensichtlich hat hier ein mit der Gotik Frankreichs vertrauter Meister einen noch ganz romanisch (Wand) konzipierten Raum eingewölbt.

Die Baugeschichte Maulbronns läßt in bemerkenswerter Weise den Wandel der künstlerischen Ziele vom Ende der staufischen Romanik zur Frühgotik erkennen. Die Kirche gehört der schwäbischen Spätromanik an, das Paradies entstammt mit dem Südflügel des Kreuzgangs und dem Herrenrefektorium der zisterziensischen Gotik Frankreichs, Brunnenkapelle und Kapitelsaal vertreten die französische Hochgotik, während die Netzgewölbe von Parlatorium und Kirchenschiff der einheimischen Spätgotik zuzuordnen sind.

Lit.: Inv. Neckarkreis, Esslingen 1889, 409 ff.; E. Paulus, Die Cisterzienser-Abtei Maulbronn, Stuttgart ³1890, Nachdr. 1978; P. Schmidt, Maulbronn. Die baugeschichtliche Entwicklung des Klosters im 12. und 13. Jh. und sein Einfluß auf die schwäbische und fränkische Architektur (Studien zur dt. Kg. 47), Straßburg 1903; A. Mettler, Zur Klosteranlage der Zisterzienser und zur Baugeschichte Maulbronns, in: WVjHLG NF 17 (1909), 1 ff.; K. O. Müller, Die unbekannte Gründungsurkunde Maulbronns vom Jahre 1147, in: WVjHLG NF 31 (1922/24), 29 ff.; A. Mettler, Neue Beiträge zur mittelalterlichen Baugeschichte des Klosters Maulbronn, in: Württembergische Jahrbücher für Statistik und Landeskunde 1934/35, 84 ff.; ders., Der Name des Klosters Maulbronn, in: ZWLG 1 (1937), 316 ff.; Festschrift Kloster Maulbronn 1178–1978, Maulbronn 1978, 69 ff.; P. R. Anstett, Kloster Maulbronn, München-Berlin 1985.

Meistershofen → Friedrichshafen-Meistershofen

Mössingen-Belsen (Kreis Tübingen)

Ehem. St. Johannes und Maximin, ev. Pfarrkirche
Abb. 178

Die auf einer Kuppe am oberen Ende des Friedhofs gelegene mittelgroße Chorturmkirche stammt aus der Mitte des 12. Jh. Sie war, wie die Weilerkirche in Owingen, eine Chorturmkirche, deren halbrunde Apsis 1515 jedoch durch einen Polygonalchor ersetzt wurde. Die ausgesprochen hübsche Saalkirche aus Großquadern hat eine zierliche Giebelfassade, um deren Mittelportal auf hirsauische Art das Sockelprofil umgeführt ist. Zwei Halbsäulen seitlich des Eingangs gehören wohl zu einer verschwundenen Vorhalle. Das Tympanon des glatt gestuften Zugangs ist mit einem einfachen Kreuz und, wie das des südlichen Nebeneingangs, mit roh gepickten »Sonnen« verziert. In den Giebel der nachträglich erhöhten Fassade sind mehrere Reliefplatten – ein Menschlein, ein Kreuz, Widder-, Stier- und Schweineköpfe – eingelassen, die nicht römisch, sondern provinziell romanisch sind. Eine Deutung fehlt. An den mittelgroßen Saal (16,5 x 9,6 m) schließt der Turm an, dessen Unterbau erhalten blieb. Seine Seitenwände sind in flache Nischen aufgelöst, deren Scheitel Halbsäulen mit Würfelkapitellen stützen.

Unter dem Langhaus ist ein 1899 und 1960 ausgegrabener Vorgängerbau – eine kleine Saalkirche mit Apsis –, die vielleicht karolingisch ist, vielleicht aber auch erst aus dem 11. Jh. stammt, zugänglich.

Lit.: Inv. Schwarzwaldkreis, Stuttgart 1897, 279 ff.; Troescher 1952, 29 f.; O. Heck, Die evangelische Kirche in Belsen, in: DBW 3 (1960/61), 86 ff.

Münstertal-St. Trudpert
(Kreis Breisgau-Hochschwarzwald)

*Ehem. Benediktinerkloster,
kath. Pfarrkirche St. Peter und Paul*
Abb. 30, 31

Nach der im 9. Jh. formulierten Vita des hl. Trudpert kam dieser, ein »irischer« Einsiedler, im frühen 7. Jh. ins Münstertal, wo er sich von einem Adeligen namens Othpert Gelände für eine Zelle erbeten haben soll. St. Trudpert blieb wohl lange Einsiedelei, ein Kloster entstand kaum vor dem 9. Jh. Vertrauenswürdige Urkunden stammen erst aus hochmittelalterlicher Zeit.

Da bisher keine Ausgrabungen – einige Mauerzüge wurden bei Heizungseinbauten 1938 und 1958/59 gefunden – stattfanden, kann nur vermutet werden, daß die heutige Kirche aus dem 15. (Chorweihe 1456) und 18. Jh. (1712–1716 barocke Erneuerung durch Peter Thumb) mehrere Vorgänger hatte. Über der Zelle des hier angeblich gewaltsam zu Tode gekommenen Titelheiligen, die wohl nur ein schlichter Holzbau gewesen sein kann, ist ein steinerner Saalbau des 9. Jh. anzunehmen (Weihe 815), der den in Schuttern oder Schwarzach ergrabenen ähneln dürfte und die Kirche über dem Grab des Eremiten gewesen sein muß. Über dem möglichen Ort des Martyriums

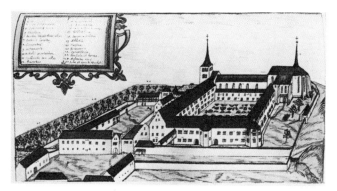

Münstertal-St. Trudpert. Ansicht des Klosters v. G. Bucelin, 1624

trat 1698 ein Zentralbau an die Stelle eines älteren Rundbaus.

In der Folge muß die erste Klosterkirche mehrfach erneuert worden sein (Translation der Gebeine und Weihe 962). Am Ende des 11. oder zu Beginn des 12. Jh. erhielt sie einen zweigeschossigen Westbau (Paradies und Abtskapelle darüber), vor den ein nach Süden verschobener Turm gestellt wurde. Den Zustand der Anlage im Jahre 1624 zeigen drei Zeichnungen von G. Bucelin.

Großartige Zeugen des spätromanischen Klosters sind ein Kelch (New York, Metropolitan Museum) und ein Kreuz (St. Trudpert, Pfarrhaus):

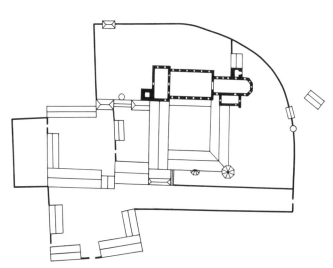

Münstertal-St. Trudpert. Plan der Klosteranlage

Das Trudperter Kreuz ist eine der wenigen Goldschmiedearbeiten aus dem 12. Jh., die sich in Südwestdeutschland erhalten haben. Es handelt sich um ein zweiseitig mit Reliefs geschmücktes Vortragekreuz (67 cm hoch, 50,7 cm breit), das aus einem mit getriebenem Silberblech überzogenen Holzkern besteht. Das Blech ist graviert, punziert, nielliert und zum Teil vergoldet. Auf der Vorderseite erscheint Christus lebend, vierfach genagelt an einem ornamentierten Astkreuz. Über seinem Haupt verdeckt ein Bleikristall eine Kreuzreliquie. Maria und Johannes stehen zu seiten des Gekreuzigten. Als flache Freifiguren sind sie auf Voluten befestigt, die an das untere, rechteckig erweiterte Balkenende angesetzt sind. Auf den drei oberen Tafeln am Ende der Balken erscheinen im Knielauf die drei Evangelisten Markus, Matthäus und Lukas mit Spruchbändern, die sie Christus entgegenhalten.

Bei Lukas liest man: SIC O(PORTE)BA(T) PAT(I) XPM (ET) RESVRGERE A MORTVIS E TER(TIA DIE). Lk 24,46: »So steht es geschrieben, es werde der Messias leiden und auferstehen von den Toten am dritten Tage.« Bei Markus: FILIVS HOMINI(S) NON HABET VBI CAPVT SVVM RECLINET. Mt 8,20/Lk 9,58: »Der Menschensohn hat nichts, wohin er sein Haupt lege.« Bei Matthäus: TRADETVR PRINCI(PI)B(VS) SACERDOTVM ET (CON)DEMPNABVNT EVM MORTE. Mt 20,18: »Der Menschensohn wird den Hohepriestern überliefert werden, und sie werden ihn zum Tode verurteilen.« Statt Johannes kniet unten eine Frau mit erhobenen Händen. Sie bittet: (I)N CR(V)CE XPE GEMENS ANNAM ME RESPICE CLEMEN(S). »O Christus, der du seufzend am Kreuze hängst, blicke gnädig auf mich, Anna, herab.«

Auf der Rückseite weist Christus – steif in einer Gloriole thronend – die Wundmale vor. Um ihn in Ranken die Leidenswerkzeuge (Kreuz, Dornenkrone, Nägel, Lanze) und unten Auferstehende, die von posaunenblasenden Engeln auf den Rückseiten der Evangelistentafeln zum Jüngsten Gericht gerufen werden. Ihre Inschriften beziehen sich auf das Gericht, die Trennung der Geretteten und der Verdammten: XRIS(TO) AD(DI)CTI SEM(PER) GAVDENT BENED(I)C(TI). »Als Gesegnete freuen sich immerzu die Christus Zugesprochenen.« OLIM DEF(VN)CTI MONET HEC VOX SVRGITE CVNCTI. »Diese Stimme mahnt einst die Verstorbenen: Steht alle auf.« DAMNATVS PLANGIT TV(BA) QVANDO NOVISSIM(A) CLANGIT. »Der Verdammte klagt, wenn die Posaune des Jüngsten Gerichtes erschallt.« Un-

ten kniet ein Mann im Kapuzenmantel, dessen Namen die zum Teil zerstörte Inschrift nennt: . . .RVM ME (LE)TIFICET GODEF(R)IDVM. ». . . mich, Gottfried, möge er erfreuen . . .«

Bei einer Restaurierung 1970–1972 wurde die Anordnung der Platten wiederhergestellt, so daß nun Anna wieder als Stifterin unter dem Gekreuzigten erscheint. Diese Anna wird für die Witwe eines Gottfried gehalten, der Herr von Staufen und Vogt des Klosters gewesen sein soll. Nach H.-J. Heuser könnte es sich um einen Gottfried handeln, der 1146 erstmals genannt wird, Marschall Herzog Bertholds IV. von Zähringen war und um 1179 starb. Eine Stiftung durch diese Anna – wohl zum Gedenken an ihren toten Mann, der ja zu Füßen des Weltenrichters kniet – und damit eine Datierung auf 1180/85 dürfte plausibel sein.

Das künstlerisch eher altertümliche Werk steht als süddeutsche Arbeit dieser Zeit ganz vereinzelt. Verbindungen zum niedersächsischen Kunstkreis Heinrichs des Löwen diskutiert Heuser. Es gibt weder unmittelbare Vorbilder noch eine Nachfolge am Oberrhein für dieses umfangreichste Niellowerk des deutschen 12. Jh.

Aus dem Kunsthandel gelangte 1947 einer der schönsten Kelche des Mittelalters nach New York. Es handelt sich um einen Kelch mit Patene und Saugröhrchen aus teilvergoldetem Silber, Niello und Halbedelsteinen. Der 20,3 cm hohe Kelch gilt als Freiburger Arbeit um 1240/50. Fuß und Knauf sind mit à jour gearbeiteten Ranken verkleidet, in die vier Medaillons mit Szenen aus dem Alten Testament (am Fuß) eingesetzt sind, die als Präfigurationen der vier Reliefs (am Knauf) zu verstehen sind. Zu Moses vor dem brennenden Dornbusch [NON ARDENS RVB(VS) ANGELICI RESER(V)ACIO VERBI = »Der nicht verbrennende Dornbusch bedeutet die Bewahrung des Engelswortes durch Maria«] gehört die Verkündigung, zu Aaron mit den blühenden Stäben [F(LO)RIDA VIRGA NVCEM FERT VIRGO CVNCTA FERENTEM = »Der blühende Stab bedeutet, daß eine Jungfrau die Frucht trägt, die die ganze Welt tragen wird«] gehört die Geburt Christi, zu Noah in der Arche [ARCHA NOE P(RO) DILVVIO PAPTISMA FIGVRA = »Die Arche Noahs bedeutet die Taufe«] gehört die Taufe Christi und zur Aufrichtung der ehernen Schlange [SERPENS IN LIGNO XPM NOTAT I(N) CRVCE PASSVM = »Die Schlange am Holz weist auf das Leiden Christi am Kreuz hin«] die Kreuzigung Christi. Am Fuß die Inschrift: QVI MANDVCAT CARNEM MEAM ET BIBIT SANGVI-

NEM MEVM IN ME MANET (ET) EGO IN EO DICIT DOMINVS (»Wer mein Fleisch ißt und mein Blut trinkt, der bleibt in mir und ich in ihm, spricht der Herr«).

Die im 17./18. Jh. erneuerte Kuppa gliedern 13 Arkaden, in denen Christus und die zwölf Apostel, die sich im Gespräch einander zuwenden, in Niello erscheinen.

Den Rand der Patene umläuft die niellierte Inschrift: QVE(M) BENEDIXISTI PANIS NVNC EST CARO XPI NV(N)C SANE COMEDIS SI QVOD SVA SIT CARO CREDIS (»Das Brot, das du gesegnet hast, ist nun der Leib Christi; du verzehrst diesen jetzt fürwahr, wenn du glaubst, daß es sein Fleisch ist«). In den Bögen eines in die vertiefte Mitte eingelassenen Vierpasses erscheinen eine Büste Christi, der einen Kelch und eine Hostie erhebt, Abel mit einem Lamm, Melchisedech als Bischof mit einem Kelch und – unten – TRVTPERT(V)S mit Heiligenschein und einer Märtyrerpalme.

Die Darstellung des Heiligen vor allem weist auf die Herkunft des Kelches aus St. Trudpert hin. H.-J. Heuser nimmt – sicher zu Recht – eine Entstehung in der Freiburger Werkstatt des Meisters Johannes an. Nahe verwandt war ein verlorener Kelch aus Weingarten. Die vier Reliefs am Knauf treten identisch auf der Vorderseite des Villinger Kreuzes von 1268 auf.

Lit.: Inv. Baden 6, Tübingen–Leipzig 1904, 434 ff.; H.-J. Heuser, Das Niellokreuz von St. Trudpert, in: Zeitschrift des dt. Vereins für Kunstwissenschaft 6 (1952), 27 ff.; W. Sebert, Die Benediktinerabtei St. Trudpert, in: FDA 14/15 (1962/63), 7 ff.; Kat. Freiburg 1970, Nr. 4, 31; H.-J. Heuser, Oberrheinische Goldschmiedekunst im Hochmittelalter, Berlin 1974, Nr. 12; Germania Benedictina 1975, 606 ff.; Th. Kurrus, St. Trudpert/Münstertal (Kunstführer 1081), München–Zürich 1976, ²1977; Kat. Staufer 1977, Nr. 593, 597.

Murrhardt (Rems-Murr-Kreis)

Ehem. Benediktinerkloster St. Maria und Januarius, ev. Stadtkirche

Der Klosterbezirk von Murrhardt liegt westlich der Stadt mit der Murr im Norden und dem Kehbach im Westen. Eine erste Gründung durch Würzburg mißlang zwischen 753 und 768. Die Frühgeschichte des Klosters »Murhart« (817) oder »Murrahart« (873) ist durch Urkundenfälschungen verdunkelt, die auf die entgegengesetzten Interessen der Würzburger Bischöfe und des Klosters selbst zurückgehen. Die Würzburger wollten die Abhängigkeit der Niederlassung vom Bischofssitz, die Mönche ihre Gründung als königliches Kloster belegen.

Offenbar gründete erst ein »heremita venerabilis« Waltrich oder Walterich im frühen 9. Jh. im Murrwald eine dauerhafte mönchische Siedlung. Nach W. Störmer (1965) stammte der Einsiedler aus hohem fränkischem Adel, was eine Beteiligung Ludwigs des Frommen, der an seinem spätgotischen Kenotaph in der Kirche als Klosterstifter bezeichnet wird, durchaus wahrscheinlich machen würde. Das Jahr 817 als Gründungsjahr ist nur in einer gefälschten Urkunde überliefert.

Ausgrabungen wiesen 1973 nach, daß lange vor den Karolingern römische Holzhäuser und später Steinbauten im Kirchenbereich standen. Der Stiftung stand Walterich, dessen geschichtliche Existenz durch die Ausgrabungen als bewiesen gelten kann, als erster Abt vor. Vermutlich ist das Kloster, wie Ellwangen und Herbrechtingen, als Stützpunkt der Adelssippe der Waltriche zu deuten.

Die Fundamente der karolingischen Kirche von etwa 820/25 entstanden aus den Steinen der »Hunnenburg«, des römischen Kohortenkastells. Es handelte sich um eine Saalkirche mit quadratischem Sanktuarium, zwei rechteckigen Nebenchören und einem Atrium im Westen. Sie war Maria, der Trinität und dem hl. Januarius geweiht, dessen Reliquien erst 838 auf die Reichenau gekommen waren. 993 kam das Kloster an das Bistum Würzburg. Um 1000 wurde der karolingische Bau abgerissen. Der danach errichtete Neubau bestand aus einem Westquerhaus mit Vierungsturm und rechteckigem Westchor, einem basilikalen Langhaus und einem Dreiapsidenschluß im Osten, der wohl einen Turm über dem Joch vor der Hauptapsis besaß. Noch im 11. Jh. wurde in den Westchor eine Krypta eingebaut. Um 1130/40 baute man den gesamten Ostteil um. Die beiden damals errichteten Chorflankentürme sind erhalten. Die Hauptapsis wurde um 1330 durch einen Polygonchor ersetzt. Die übrigen romanischen Bauteile verschwanden – bis auf ein vermauertes Portal in der südlichen Seitenschiffwand – im 15. Jh.

Walterichskapelle
Abb. 143, 144

Wichtigster spätromanischer Teil der Anlage ist die Walterichskapelle von etwa 1230, mit der einer zunehmenden Verehrung des kurz vor 1225 seliggesprochenen Gründers Rechnung getragen wurde. Sie steht auf dem Mönchsfriedhof, ein Vorgänger wurde nicht gefunden. Es handelt sich nicht um die Grabkapelle des Stifters – dessen Grab fand

Murrhardt. Walterichskapelle, Westportal

B. Cichy in der Walterichskirche –, sondern um eine Art Gedächtniskapelle für Walterich.

Der 1875–1879 übermäßig restaurierte Bau besteht aus einem rippengewölbten massigen Quadrat, an das eine etwas mehr als halbrunde Apsis stößt. Im Westen öffnet sich ein mehrfach gestuftes, asymmetrisch versetztes Portal mit einem (erneuerten) Christus am Tympanon. Der wenig elegante Bau war eines der bezeichnendsten Beispiele jener spätromanischen Baukunst Schwabens (→ Brenz, Faurndau), die mangelnde baukünstlerische Erfindungsgabe durch eine Überfülle von Gliederungsmotiven und Ornamenten wettzumachen sucht. Viele Einzelformen des wie ein Reliquiar verzierten Gehäuses (Kleeblattbogen im Innern, Wölbungsart, Rautendach) verweisen auf Einflüsse aus dem Rheinland. Typisch schwäbisch sind die blattwerkgefüllten Rundbogenfriese. Wie rückständig die Region in dieser Zeit war, zeigt ein Blick auf die schon 1207 geweihte Michaelskapelle in Ebrach.

Lit.: Inv. Neckarkreis, Stuttgart 1889, 54 ff.; B. Cichy, Murrhardt – Sagen, Steine, Geschichte, Murrhardt o. J. (1963); W. Störmer, in: ZBLG 28 (1965), 47 ff.; Germania Benedictina 1975, 396 ff.; G. Fritz, Kloster

Murrhardt im Früh- und Hochmittelalter, Sigmaringen 1982; Inv. Baden-Württemberg: Rems-Murr-Kreis, München–Berlin 1983, I, 559 ff.

Ehem. St. Maria, ev. Walterichskirche
Abb. 145

Auf einem Ausläufer des Waltersberges südwestlich des Klosters liegt die Walterichskirche, die alte Pfarrkirche des Städtchens. Ein Walterich-Patrozinium kann es nicht geben, da dieser nie heiliggesprochen wurde. Seit der Reformation ist der Bau Friedhofskapelle. Eine Grabung klärte 1963 die Vorgeschichte der heute spätgotischen Kirche.

Aus einem römischen Podiumstempel wurde vielleicht der erste christliche Sakralbau. Pfostenlöcher und Erdverfärbungen konnten als Spuren einer ersten Holzkirche oder der Walterichsklause gedeutet werden. Der erste Steinbau von 820/40 war ein kleiner Saal (8,5 x 5,6 m) mit einem Rechteckchor. Er umschloß in der Mitte des Schiffs das Walterichsgrab, eine Sargkammer im Boden. Eine romanische Kirche des 11. und 12. Jh. war nur wenig größer. Jetzt schloß an einen Saal eine halbrunde Apsis an.

Von ihr stammen zwei bemerkenswerte spätromanische Architekturteile vom Ende des 12. Jh., die sich seit 1964 im Innern befinden. Ein Relief (1,95 m lang) zeigt auf der flachreliefierten Vorderseite zwei kämpfende Löwen. A. Schahl hat die Szene als »Kampf des Christuslöwen gegen den teuflischen Löwen« interpretiert. Dem Westportal der Michaelskirche in Schwäbisch Hall verwandt ist ein von Ranken und Palmetten gerahmtes Bogenfeld. Das Innenfeld füllen drei Kreise: im mittleren das Lamm Gottes mit einem Kreuzstab und der umlaufenden Inschrift AGNVS DEI (in griechischen Buchstaben); dann liest man FIDES SPES CARITAS DEVM TIME E(T) MANDA(TA) EI(VS) OBSERVA; links ein Brustbild Marias mit erhobener Rechter und einem Palmwedel (?) in der Linken, Inschrift THEOTOKOS (wieder in griechischen Buchstaben); rechts füllt nur eine achtteilige Blüte den Kreis. Am unteren Rand des Tympanons setzt sich das verkürzte Zitat aus Dt 11,1 vom Mittelkreis mit OMNI TEM(PORE) fort. Das folgende Bibelzitat ist mit MEMORARE NOVISSIMA vor den erhaltenen Worten TVA ET IN ET(ER)NVM NON PECCABIS nach Sir 7,40 zu ergänzen. Das Bogenfeld gehört zu einer ganzen Gruppe solcher Werke, die den Kirchgänger mit mahnenden Hinweisen empfangen.

Lit.: Inv. Rems-Murr-Kreis 1983, I 616 ff.

Neckartailfingen (Kreis Esslingen)

Ev. Pfarrkirche St. Martin
Abb. 171, 172

Das Straßendorf Neckartailfingen besitzt mit seiner kleinen Säulenbasilika (Langhaus 16,4 m lang) eine der reizvollsten Kirchen Süddeutschlands. Sie entstand im zweiten Viertel des 12. Jh. unter deutlichem Hirsauer Einfluß. Aus einer nur im Untergeschoß zur Ausführung gekommenen (oder zerstörten) Doppelturmfassade, in deren Mitte sich ursprünglich eine tonnengewölbte Vorhalle öffnete, führt ein glatt gestuftes Portal in ein überraschend schlankes, ja steiles Schiff von vier weit gespannten Jochen. Die Proportionen erinnern an burgundische Bauten des frühen 12. Jh., etwa Paray-le-Monial. Säulen mit Würfelkapitellen (Doppelschilde, Nasen) tragen eine gequaderte Arkadenwand, die ein Gesims begrenzt. In die geschlämmte Hochwand unter der Flachdecke sind Rundbogenfenster eingeschnitten. Die Seitenschiffe waren offenbar gratgewölbt. Gewölbt – und zwar mit Tonnen – sind auch die Vorchorjoche der drei Apsiden, die außen, ähnlich Kleinkomburg, rechteckig ummantelt sind. Über

der Vorhalle liegt eine Empore. Den ganz gequaderten Außenbau gliedern einfache Lisenen und Rundbogenfolgen. Der 1956/57 einfühlsam restaurierte Bau ist wohl das schönste Beispiel einer »hirsauischen Pfarrkirche«, ohne daß aber eine Beteiligung des Reformklosters urkundlich nachweisbar wäre.

Lit.: Inv. Schwarzwaldkreis, Stuttgart 1897, 200 f.; A. Mettler, Das Kirchengebäude in Neckartailfingen, in: WVjHLG 26 (1917), 207 ff.; A. Lauffer, Die Martinskirche und die Gemeinde Neckartailfingen in Neckartailfingen 1961, ³1975.

Nellingen a. d. Fildern → Ostfildern-Nellingen

Neresheim (Ostalbkreis)

Benediktinerkloster

Um 1095 übergaben Graf Hermann von Dillingen und seine Gattin Adelheid (von Kyburg) ihr Eigengut in Neresheim auf dem »Hertenveld« mit einer dem hl. Ulrich von Augsburg geweihten Kirche (einer Burgkapelle ?) der römischen Peterskirche. 1095/99 bestätigte Papst Urban II. die Schenkung und die Stiftung einer Gemeinschaft

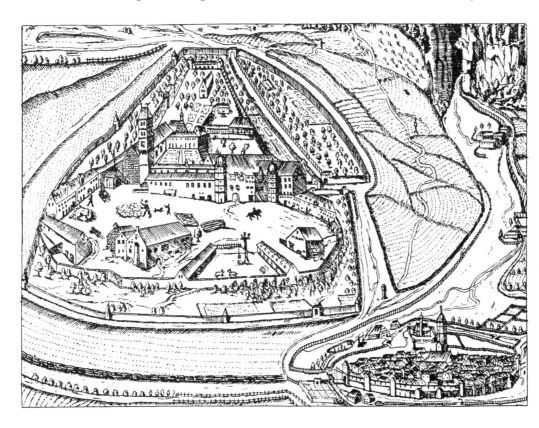

Neresheim. Ansicht des Klosters von Westen. Kupferstich, um 1619

289

von Regularkanonikern. Graf Hartmann bat den nach Kastl in Bayern vertriebenen Abt Theoderich von Petershausen (ca. 1104–1108) um die Entsendung von Mönchen nach Neresheim, die dort nach den Regeln der Hirsauer leben sollten. Nach einem Prior (Bernold) sandte Theoderich die Mönche Sigibot (aus Hirsau) und Wernher (aus Petershausen) als erste Äbte. Vor 1120 übernahm die Abtei Zwiefalten die weitere Betreuung der jungen Abtei. 1121 starb der als Konverse eingetretene Graf Hartmann in seiner Stiftung. Für 1120 ist eine Kirchenweihe durch den päpstlichen Gesandten Azzo und Bischof Ulrich von Konstanz, einen Sohn des Stifters, überliefert. Ob diese Weihe den Erneuerungen nach einem Brand des Jahres 1119 folgte, ist auch durch Bauuntersuchungen und eine Ausgrabung 1965–1970 nicht geklärt worden. Der in groben Zügen bekannte Bau, der südlich des Barockbaus stand, scheint erst nach einem erneuten Brand (1126) von Westen her begonnen worden zu sein. Auf die Errichtung des Westbaus mit Turm und einer 1136 den hll. Michael und Nikolaus geweihten Kapelle über dem Eingang folgte 1141 die Weihe eines Petrus- und eines Benedikt-Altars, die vielleicht am Ostende der Seitenschiffe standen. Erst 1190 wurde der Hochaltar (Salvator und Maria) konsekriert, nachdem 1150 mit der Dedikation einer Marienkapelle wohl die Vollendung der Kreuzgangbauten gefeiert worden war.

Die romanische Kirche (1126–1190) war eine dreischiffige flachgedeckte Pfeilerbasilika von sieben Jochen (Langhaus 36 x 16 m) mit einem Westturm. Ob sie bis 1567 ein Querschiff hatte und wie der Chor aussah, ist bisher unbekannt. Der an die Nordwestecke gesetzte Fassadenturm wurde schon im 17. Jh. abgetragen; ihn ersetzt seit 1618 ein Neubau an der Südwestecke mit auffallend romanisierenden Formen.

Lit.: P. Weißenberger, Baugeschichte der Abtei Neresheim (Darstellungen aus der Württembergischen Geschichte 24), Stuttgart 1934; Festschrift Abteikirche Neresheim, Augsburg 1975, 31 ff.; Germania Benedictina 1975, 408 ff.; N. Lieb, Abtei Neresheim (Große Kunstführer 125), München–Zürich 1985; H. Baumhauer, Kirche und Abtei Neresheim, Stuttgart 1985.

Niedernhall (Hohenlohekreis)

Ehem. St. Laurentius, ev. Pfarrkirche
Abb. 97

Wie Oberhall (= Schwäbisch Hall) wurde Niedernhall

nach seinem Salzvorkommen benannt. Das in der Öhringer Stiftungsurkunde von 1037 erstmals genannte Städtchen besitzt eine weitgehend romanische Pfeilerbasilika. Sie ist dreischiffig, hat zwei weite Arkaden im Langhaus (statt ursprünglich wohl sechs kleinerer) und einen eingestellten Turmchor. Der bescheidene flachgedeckte Bau aus dem Ende des 12. Jh. hat am Westportal ein Bogenfeld mit einer Darstellung des Laurentius-Martyriums von bescheidener Qualität. Zwei Schergen fachen das Feuer unter dem Rost des liegenden Heiligen an, dem ein Engel zu Hilfe kommt. Ein dritter hält ihn mit einer Forke nieder. Den nördlichen Mittelschiffpfeiler umschlingt ein dickes geknotetes Seil, das mit den Quadern gemeißelt wurde. Das rätselhafte Mal (Abzeichen eines Ordens?) dürfte von einer Langhausveränderung des fortgeschrittenen 13. Jh. stammen.

Lit.: Inv. Jagstkreis: OA Künzelsau (nur der Tafelband erschienen); E. Bock, Schwäbische Romanik, Stuttgart 1979, 251 f.

Nusplingen (Zollernalbkreis)

Friedhofkirche St. Peter und Paul
Abb. 183

Die über der Ortschaft am Hang liegende Gottesackerkirche ist die ehemalige Pfarrkirche. Ein hübscher Fachwerkaufbau krönt den kräftigen Turm über dem Chor des gleich breiten Saalbaus. Das 1972–1975 frisch verputzte, roh gebrochene Mauerwerk ist romanisch. Den quadratischen Chorraum deckt eine Rippenwölbung auf achtseitigen Eckdiensten (→ Tübingen–Schwärzloch). Auch der spitzbogige Chorbogen verweist in das frühe 13. Jh. Der Zustand des Inneren (Holzdecke von 1711) ist besorgniserregend.

Lit.: Inv. Schwarzwaldkreis, Stuttgart 1897, 348.

Oberlenningen → Lenningen-Oberlenningen

Obermarchtal (Alb-Donau-Kreis)

Ehem. Prämonstratenser-Reichsstift
Abb. 187

Das dem hl. Petrus geweihte Kloster Marhctala (= Grenztal) geht auf eine Benediktinerniederlassung zurück, von deren Anfängen eine Urkunde von 776 berichtet. Sie er-

Obermarchtal. Ehem. Stiftskirche, romanischer Holzkruzifixus

wähnt, daß vor 776 ein Halaholf und dessen Gemahlin Hitta oder Hildiberga in Marchtal ein »monasterium sancti Petri« gegründet hatten. Dieses ging jedoch schon vor 805 ein. Ebenfalls bald nach seiner Gründung verschwand ein weltliches Kanonikerstift, das Herzog Hermann II. von Schwaben und seine Frau Gerberga von Burgund um 990 einrichteten. Für 995 ist eine Kirchenweihe überliefert. 1171 erneuerten Pfalzgraf Hugo von Tübingen und seine Gattin Elisabeth von Bregenz die Stiftung und übergaben sie zu Ehren der hl. Maria und des hl. Petrus den Prämonstratensern. Das Chorherrenstift war von 1500 bis 1803 Reichsabtei.

Von der 1239 geweihten Vorgängerin der heutigen Barockkirche ist nur bekannt, daß sie eine dreischiffige Basilika mit einem Querschiff war (Gemälde von Andreas Vogel, 1661).

Ihr wichtigstes romanisches Ausstattungsstück entführte der Fürst von Thurn und Taxis nach Regensburg, als er 1973 die Klosteranlage an die Diözese Rottenburg verkaufte. Es handelt sich um einen Holzkruzifixus aus Lindenholz (157,5 cm hoch, 143 cm breit). Der Kopf Christi mit Bart und schulterlangen Haaren ist leicht geneigt, die Arme sind nur schwach gekrümmt. Die parallel genagelten Füße, die auf dem Kopf Adams ruhen, berühren sich nicht. Eine Untersuchung legte 1972/73 unter einer spätgotischen Fassung Reste der ursprünglichen frei: Haar und Bart waren vergoldet, das Inkarnat kräftig fleischfarben, die Augen waren offen, das Lendentuch weiß mit rotem Futter, die Kappe Adams war grün. Der angeblich aus Scheer stammende Kruzifixus gehört zu einer Gruppe oberschwäbischer Arbeiten, deren genaue Entstehung im 12. Jh. ungeklärt ist. Stilistisch verwandt ist der Kruzifixus in Saulgau, dessen Lendentuch sehr ähnlich geknotet ist.

Lit.: M. Schefold, Kloster Obermarchtal (Deutsche Kunstführer 6), Augsburg 1927; H. Schnell, Obermarchtal (Kunstführer 139), München–Zürich 1936, ⁴1965; Kat. Suevia Sacra 1973, Nr. 40; Germania Benedictina 1975, 446 ff.

Oberstenfeld (Kreis Ludwigsburg)

Ehem. Damenstiftskirche St. Johannes Bapt., ev. Pfarrkirche
Abb. 160, 161, 162

Die durch eine radikale Erneuerung (1888–1891) grausam entstellte Kirche von Oberstenfeld, deren Baugeschichte im Detail zu klären bleibt, geht auf ein Benediktinerinnenkloster oder eher ein Kanonissenstift zurück, das nach einer »überarbeiteten« Urkunde 1016 von einem Grafen Adelhart und seinem Sohn Heinrich – als ihre Grablege natürlich – gestiftet wurde. Als Mitstifter könnte Oudalrich gelten, der Kanzler Kaiser Heinrichs II. und Konrads II., der 1032 in der Kirche beigesetzt wurde.

Jedenfalls geht der älteste erhaltene Teil der Kirche, eine dreischiffige gratgewölbte Hallenkrypta von fünf Jochen unter dem Ostteil des Mittelschiffs, in das zweite Viertel des 11. Jh. (→ Ladenburg) zurück. Die Säulchen über attischen Basen haben einfache Würfelkapitelle und Deckplatten. Zu der frühromanischen querschifflosen Basilika über dieser Krypta gehörten drei Ostapsiden und ein Westchor mit kryptaähnlichem Erdgeschoß zwischen Treppentürmchen. Dieser Westchor war der Chor der Frauen, die ab 1244 nach den Regeln des Augustinus lebten.

Etliche Jahre zuvor – um 1200/1210 – war in der Größe des Vorgängers der Neubau einer flachgedeckten Basilika mit einem quadratischen rundbogigen Chorturm über einer Kryptaerweiterung begonnen worden, der zunächst ungewölbt bleiben sollte. Die beiden mit dem Mittelschiff von zehn Jochen gleich langen Seitenschiffe schlossen im Osten mit Apsiden. Das Äußere des Chors wie der Seitenschiffe ist mit Lisenen und Bogenfriesen dekoriert. Auf der Sohlbank des Ostfensters liegen zwei kleine Löwen, ein Motiv, das an Worms oder Basel erinnert.

Um 1230 wurde, unter dem Einfluß von Maulbronn, zunächst der gegenüber dem Kryptablock nochmals kräftig erhöhte Chor mit schweren Rippen eingewölbt. Das Langhaus war zu dieser Zeit mit einer merkwürdigen Stützenfolge – es folgen zwei Pfeiler, eine Säule, ein Pfeiler, zwei Säulen, ein Pfeiler und nochmals zwei Säulen aufeinander –, spitzbogigen Arkaden und noch rundbogigen Fenstern begonnen worden. Nur in die beiden ersten Doppeljoche, die den Kryptenblock umschließen, wurden Rippengewölbe mit unvollkommenen Auflagern eingebaut. Die restlichen Joche blieben flachgedeckt.

Die Weinsberg verwandte Kirche ist beispielhaft für den zögernden Übergang der spätromanischen Flachdeckenbasilika Schwabens zum modernen Wölbungsbau und den damit verbundenen Wandel der Raumvorstellung.

Gottesackerkirche St. Peter
Abb. 163

Auf einem sanften Hügel nordöstlich des Ortes erhebt sich auf einem kleinen ummauerten Friedhof die Peterskirche, ein frühromanischer Bau bescheidener Größe, aber bedeutender Wirkung. Nach seinen spärlichen Schmuckformen (Säulchen der Turmfenster) und dem Kleinquaderwerk aus Keupersandstein entstand er um 1040/50.

An ein einschiffiges Langhaus (8,7 x 4,65 m) schließt ein etwas eingezogenes Turmquadrat (Seitenlänge 3,5 m) an, an dessen drei Seiten je eine halbrunde Apsis ansetzte. Nur die nördliche blieb erhalten, die südliche wich einer Sakristei. Die »Vierung« erhielt in der Gotik eine Rippenwölbung.

Die Dreipaßform des Grundrisses, in Baden-Württemberg nicht einmalig, ist mit Reichenau-Oberzell gut vergleichbar. Der dort als monumentale Reliquiarform zu verstehende Dreikonchenplan ist hier schwer zu deuten. Am ehesten möchte man das Kirchlein als Teil eines Priorats (wie Ellwangen-Hohenberg oder Kleinkomburg) verstehen, doch fehlen alle Urkunden. Vielleicht war es auch nur die Grabkirche der Nonnen. Für eine solche Funktion spräche die Lage auf dem angeblich alten Friedhof und ein vertiefter Raum am Westende des Schiffs, der wohl als Karner diente.

Lit.: Inv. Neckarkreis, Stuttgart 1889, 392 ff.; A. Mettler, Die bauliche Anlage der alten Stiftskirche und der Peterskirche in Oberstenfeld, in: WVjHLG 25 (1916), 47 ff.; G. Heß, Beiträge zur älteren Geschichte des Frauenstifts Oberstenfeld, in: ZWLG 9 (1949/50), 48 ff.

Oberwittighausen → Wittighausen-Oberwittighausen

Ochsenhausen (Kreis Biberach)

Ehem. Benediktiner-Reichsabtei, kath. Pfarrkirche

Zu den zahlreichen romanischen Bauten des späten 11. Jh., die auf eine Ausgrabung warten, gehört auch der Gründungsbau der ehemaligen Abtei Ochsenhausen. Die Klostergründung verdunkelt eine Legende, nach der hier 995 ein Nonnenkloster mit dem Namen Hohenhausen von den Ungarn zerstört wurde. Den Klosterschatz, den die Nonnen vor der Flucht nach Salzburg vergraben hatten, brachte fast 100 Jahre später ein Ochse wieder ans Licht. Daraufhin gründeten Hawin, Adalbert und Konrad von Wolfertschwenden aus einem Ministerialengeschlecht vor 1093 ein Benediktinerkloster zum hl. Georg als Priorat von St. Blasien, von wo – wie in Wiblingen – die ersten Mönche kamen. Für 1093 ist eine Klosterweihe durch Bischof Gebhard III. von Konstanz überliefert. Der wohl

bescheidene Gründungsbau wich 1489–1495 einem statt-
lichen Neubau. Eine Ansicht der ursprünglichen Klosterkirche zeigt ein Ölbild von 1481 im Pfarramt von Ochsenhausen.

Lit.: Inv. Württemberg, OA Biberach, Eßlingen 1914, 164 ff.; M. Schefold, Die Reichsabtei Ochsenhausen (Deutsche Kunstführer 5), Augsburg 1927; Germania Benedictina 1975, 454 ff.

Öhningen-Schienen (Kreis Konstanz)

Ehem. Klosterkirche St. Genesius, kath. Pfarrkirche
Abb. 17, 18

Die abgelegene Pfarrkirche auf dem Dorffriedhof war die
Kirche eines in karolingischer Zeit gegründeten Benediktinerklosters Skina (822/38) oder Scina (835/39). Ein Graf
Scrot von Florenz, der ein Angehöriger des alemannisch-
fränkischen Adels war, brachte kurz nach 800 Reliquien
des hl. Genesius, eines frühchristlichen Märtyrers, die er
von Papst Leo III. erhalten hatte, auf sein Landgut Schienen. Es entstanden ein Genesius-Kult und eine Wallfahrt.
Um 830/40 wurde aus der Mönchszelle ein Eigenkloster,
das u. a. Verbindung mit Reichenau und St. Gallen hatte.
Um 909 kam das Kloster an Reichenau, seit 1215 war es deren Propstei. 1757 wurde es aufgehoben.
Von der Klosteranlage blieb allein die Kirche, eine stattliche (Langhaus 23,5 x 17,75 m) dreischiffige Pfeilerbasilika
ohne Querschiff und ohne Türme. Bei einer Breite von
8,15 m ist das Mittelschiff 9,35 m hoch. Der leicht erhöhte
Rechteckchor soll im 16. Jh. aus dem alten Material erbaut
worden sein und eine halbrunde Apsis ersetzen. Der ungewölbte, 1959 renovierte Bau aus Kieselmauerwerk dürfte
aufgrund seiner Maße, seiner Pfeiler und Arkadenbogen
aus Kleinquadern und seiner Schmucklosigkeit von etwa
1030/50 stammen.
Auf dem nahen Schiener Berg lag die nach dem Klostergründer benannte Schrotzburg.

Lit.: Inv. Baden: Kreis Konstanz, Freiburg 1887, 376 f.; Hecht 1928,
173 ff.; Germania Benedictina 1975, 556 ff.

Öhringen (Hohenlohekreis)

Ehem. Stiftskirche St. Peter und Paul, ev. Stadtpfarrkirche
Abb. 95

In der Krypta der spätgotischen Hallenkirche befindet
sich ein in mehrfacher Weise aufschlußreicher Sarkophag,
der aus dem Chor des spätromanischen Vorgängers stammen muß. Auf einem kraftvoll profilierten Sockel, aus dem
auf den beiden Langseiten Kerzenständer hervorspringen,
stehen die Platten einer Tumba. Sie sind auf den Schmalseiten durch Spitzbogen, auf den Langseiten durch gestuft
vertiefte Quadrate mit Ausspitzungen in der Mitte jeder
Seite gegliedert. In die Ecken sind Ziersäulchen eingesetzt.
Die eingetiefte Deckplatte umläuft ein Wellenband (→
Heilbronn, Altar in der Deutschhauskirche). Am Rand
der Platte die Inschrift: ANNO MCCXXXXI IIII JDS
FEBR RECONDITA SVNT HIC OSSA DOMINE
NOSTRE ADILHEIDIS (»Im Jahre 1241, am 10. Fe-
bruar, sind hier die Gebeine unserer Herrin Adelheid um-
gebettet worden«). Auf dem Deckel liest man: HVIVS
FVNDATRIX TEMPLI IACET HIC TVMVLATA
KONRADI REGIS GENETRIX ADILHEYDA VO-
CATA (»Hier liegt dieser Kirche Gründerin begraben,
Konrads, des Königs, Mutter, Adelheid genannt«). Es

Öhringen. Stiftskirche, Kirchenpatrone an der Turmfassade ▷

handelt sich demnach um ein posthumes Stiftergrabdenkmal.

Die Tote ruht noch darin, was bei der letzten Öffnung 1958 verifiziert werden konnte. Adelheid von Metz (um 970–um 1039) hatte 1037 im Einverständnis mit ihrem Sohn, dem Bischof Gebhard III. von Regensburg, eine ältere Kirche in Orengau in ein Chorherrenstift umgewandelt. Sie war auch die Mutter Konrads II., des ersten salischen Kaisers. Das Denkmal dürfte zu ihrem 200. Todestag (1241) als Ersatz eines älteren angefertigt worden sein. Die Kerzenhalter sprechen für anhaltende Lichtspenden am Ort der Beisetzung.

Die Erneuerung des Grabdenkmals muß zur Zeit eines Kirchenneubaus kurz vor der Mitte des 13. Jh. erfolgt sein. Von diesem stammen auch die unterlebensgroßen Gestalten der Kirchenpatrone an der spätgotischen Turmfassade (Originale jetzt an der Ostwand des Nordquerhauses). Sie sind etwas lahme Beispiele der von Bamberg (Chorschrankenreliefs im Dom) beeinflußten Skulptur dieser Zeit. Die Figuren »schweben« mit nach unten gekippten Füßen in dicklich gerundeten Faltenbahnen auf quadratischen Platten. Der Kopf des Paulus erinnert an metallene Kopfreliquiare. Auch der mit Blattornamenten an seiner Frontseite geschmückte Altarfuß vor dem Hochaltar der Kirche stammt aus dem romanischen Bau, der anscheinend eine Säulenbasilika mit Doppelturmfassade und östlichem Querschiff war. Erhalten blieben nur die westlichen Vierungspfeiler.

Lit.: M. Schumm, Adelheid von Öhringen, in: Schwäbische Lebensbilder 6 (Stuttgart 1957), 5 ff.; H. Bätzner, Das Öhringer Kollegiatstift St. Peter und Paul, Diss. Tübingen 1958; K. Schumm, Die Stiftskirche Öhringen, Öhringen ⁵o. J.; E. Knoblauch, Die frühromanische Stiftskirche in Öhringen, in: Pfälzer Heimat 13 (1962), 10 ff.

Oppenau-Lierbach (Ortenaukreis)

Allerheiligen, ehem. Prämonstratenserkloster
Abb. 50, 51

Das Kloster Allerheiligen (Coenobium in honorem omnium sanctorum) wurde von der Herzogin Uta von Schauenburg als Niederlassung der Prämonstratenser am rechten Ufer des Grindenbaches gestiftet. Sie war eine Tochter des Pfalzgrafen Gotfrid von Calw-Schauenburg und in zweiter Ehe mit Welf VI. verheiratet. Die Gründung erfolgte nach dem Tode des zweiten Gemahls der Herzogin (1191) und vor 1196 (Bestätigungsurkunde Kaiser Hein-

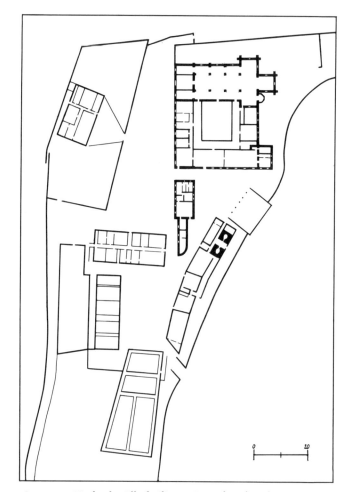

Oppenau-Lierbach. Allerheiligen, Lageplan der ehem. Prämonstratenserkirche

richs VI.). Ein Zusammenhang mit dem 1171 gegründeten Obermarchtal ist naheliegend, dieses übte auch zunächst ein Paternitätsrecht aus. Hochgotische Statuen der Gründerin und des ersten Abtes Gerungus (gest. 1217) befinden sich heute an der Fassade der Fürstenkapelle in Lichtental bei Baden-Baden. 1470 wurde das Langhaus nach einem Brand als Halle erneuert; ein Brand ist auch für 1555 überliefert. 1803 Säkularisation. Die Gebäude wurden 1816 auf Abbruch verkauft, ab 1824 wurde die Kirche als Steinbruch benutzt. Bereits seit 1845 ist sie Objekt der beginnenden Denkmalpflege. Ausgrabungen durch K. Staatsmann 1902/03.

Die malerische Kirchenruine riegelt mit den Klostergebäuden im Süden das Bergtal Wiesenau regelrecht ab. Der im Aufgehenden weitgehend erhaltene Bau ist das Musterbeispiel einer spätromanischen Klosterkirche unter dem Einfluß der aufkommenden Gotik. Der Grundriß der dreischiffigen Basilika mit ausladendem Querhaus, Vierungsturm und rechteckigem Hauptchor ist dem quadratischen Schematismus der Romanik verpflichtet. Die Pfeiler des spätgotisch erneuerten Langhauses (35 m lang) stehen offenbar an der Stelle ihrer Vorgänger. Die Seitenschiffe dürften nach dem gebundenen System geteilt gewesen sein. Ganz spätromanisch wirkt auch der Aufriß mit seinen bereits leicht gespitzten Fenstern und den geschlossenen Mauerflächen. Gotisch sind vor allem die Kleeblattbogennischen der Chorwände, der Maßwerkeinsatz des Nordquerhausfensters, die von Beginn an vorgesehene vierteilige Wölbung der Ostteile aus kräftigen Rippen über Eckdiensten, das Dienstsystem der Vierungspfeiler, die unverzierten Kelchkapitelle und die Tellerbasen. Ihre ältesten Teile sind die Westwand des Langhauses und ein Teil des tonnengewölbten (erneuerten) zweigeschossigen Westbaus. Portal, Rahmung und Sockelprofil verweisen auf die Jahre um 1210/20.

Als Wegbereiter der Gotik ist der aus sorgfältig behauenen Großquadern errichtete Bau, der 1297 noch unvollendet war, von erheblicher Bedeutung. Er zeigt, wie unter dem Einfluß des Straßburger Langhauses der neue Stil kurz vor der Mitte des 13. Jh. auf die rechte Seite des Rheins übergreift und Klosterkirchen, Bettelordenskirchen und Pfarrkirchen erfaßt.

Lit.: Inv. Baden: Kreis Offenburg, Tübingen 1908, 214 ff.; E. Zimmermann, Die Klosterkirche von Allerheiligen, Diss. Freiburg 1948; P. Schmidt-Thomé und H. Schneider, in: Die Klöster der Ortenau, Ortenau 58 (1978), 342 ff.

Ostfildern-Nellingen (Kreis Esslingen)

Ehem. Propsteikirche St. Blasius, ev. Pfarrkirche

Ein Anselm von Nallingen, der nach einer Pilgerfahrt in das Kloster St. Blasien eingetreten war, übergab vor 1120 seinem Benediktinerkloster eine 1120 und 1137 genannte »ecclesia Nallingen«. Die von Papst Calixtus II. 1120 bestätigte Schenkung wurde Ausgangspunkt des Besitzes von St. Blasien in dieser Gegend. An die Stelle eines Prokurators trat erst in der zweiten Hälfte des 13. Jh. ein Propst.

Von der geschenkten Kirche, die der Stifter auf Eigenbesitz (in fundo proprio) erbaut hatte, ist nichts mehr zu sehen. Der erhaltene Turm stammt von einem spätromani-

Ostfildern-Nellingen. Ev. Pfarrkirche, spätromanischer Turm

schen Nachfolger aus dem frühen 13. Jh. Er schließt dreiseitig freistehend an ein 1777 erneuertes Kirchenschiff an. Die Gestalt der romanischen Kirche und die Funktion des Turmes (Chorturm?) – er hat aber keine Verbindung zum Innenraum – mit seinen zwei quadratischen Geschossen und seinem oktogonalem Aufbau sind unbekannt. Die profilierten Lisenen und die fischschwänzigen Rundbogenfriese bestätigen eine Datierung auf 1210/20. Der nach einem Brand 1449 und in der zweiten Hälfte des 16. Jh. erneuerte Propsteibezirk hat durch Beschädigungen im Zweiten Weltkrieg seine geschlossene Form verloren.

Lit.: Inv. Neckarkreis, Stuttgart 1889, 228 ff.; O. Schuster, Aus der Geschichte der Propstei Nellingen, in: ZWLG 3 (1939), 329 ff.; Germania Benedictina 1975, 402 ff.

Owingen → Haigerloch-Owingen
Petershausen → Konstanz

Pforzheim

Ehem. Schloß- und Stiftskirche St. Michael, ev. Stadtkirche
Abb. 70, 71

Die seit dem 11. Jh. (1067, 1074) bezeugte Marktsiedlung »Altenstadt« auf dem linken Ufer der Enz gelangte 1125 an die Hohenstaufen und 1219 an die Markgrafen von Baden, die die bergauf liegende Neustadt mit Burg und Kapelle gründeten und bis ins 15. Jh. hier residierten.
Die 1945 stark zerstörte Kirche am Südrand der Schloßummauerung wurde 1949–1957 von E. Lacroix überzeugend wiederhergestellt. Urkunden über ihre Errichtung fehlen bis 1342 völlig. Romanisch ist vor allem der der Thomaskirche in Straßburg ähnliche mächtige Westbau, dessen ursprünglicher oberer Abschluß (Doppeltürme, Einturm) unbekannt ist. Das gestufte Rundbogenportal, die schweren Profile und ornamentierten Kehlen der rechtwinkligen Rahmung sprechen für einen Baubeginn um 1220/25 und einen Baufortgang von Westen nach Osten. In der Folge ist mehrfach umgeplant worden. Die quadratische Vorhalle, die je zwei gratgewölbte Joche begleiten, sollte ursprünglich nur rechteckig werden (s. die Außengliederung). Um 1220/30 erfolgte ihre Erweiterung, vielleicht für einen Mittelturm. Unter dem Einfluß der Werkstatt des Maulbronner Paradieses erhielt sie ein sechsteiliges Rippengewölbe über runden Schildbogen. Das zunächst über quadratischen Pfeilern als flachgedeckte Basilika entworfene Langhaus wurde um 1240/50 ebenfalls auf Rippen umgeplant.
Die Michaelskirche ist ein gutes Beispiel für die zunächst noch mangelhafte Aufnahme gotischer Architektur im rechtsrheinischen Gebiet. Der noch völlig romanisch konzipierte Westbau wurde in kleinen Schritten (spitzbogige Arkaden, Rippenwölbung) in Richtung einer »Reduktionsgotik« verändert, die deutliche Unsicherheiten in der Übernahme etwa des Konstruktionssystems zeigt.

Lit.: E. Vischer, Die Schloß-(Stifts-)Kirche zum hl. Michael in Pforzheim (Studien zur dt. Kunstgeschichte 141), Straßburg 1911; W. Noack, Die Stiftskirche St. Michael in Pforzheim, in: Badische Heimat 12 (1925), 169 ff.; Inv. Baden 9: Stadt Pforzheim, Karlsruhe 1939, 65 ff.

Altenstädter ev. Pfarrkirche St. Martin
Abb. 72

In der westlichen Turmhalle der ev. Pfarrkirche (Chor 14. Jh., Langhaus 1823/24) befindet sich ein steinernes Tympanon, das aus einem erstmals 1159 genannten Vor

gängerbau stammen muß. Ohne jedes Ordnungsschema sind verschiedene, ganz flach reliefierte Gegenstände, deren Bedeutung kaum noch zu entschlüsseln ist, über die Fläche verteilt. Über einer männlichen Halbfigur mit maskenhaftem Gesicht erscheint ein Flechtbandornament, links ein Löwe vor einem Vogel, rechts ein Hahn, ein angeketteter Löwe, in den unteren Ecken zwei weitere Flechtbandmotive. Die halbrunde Tympanonscheibe rahmt eine Leiste aus Sternen und Ranken. Einige der Motive mögen zu deuten sein: das Flechtbandkreuz als Erlösungshinweis, der Hahn als Zeichen der Wachsamkeit, das gefesselte Untier als das besiegte Böse, der Menschenkopf als »Ort der Lebenskraft und als Friedensbringer« (Budde). Doch die Gesamtaussage bleibt unscharf. Gemeint ist offenbar die Bedrohung des Menschen durch das Böse und seine Rettung durch die Kirche.
Die Kirche der ersten Hälfte des 12. Jh. war eine flachgedeckte Pfeilerbasilika von fünf rechteckigen Jochen mit einem Vierungsturm und drei Ostapsiden.

Lit.: Inv. Baden 9: Stadt Pforzheim, Karlsruhe 1939, 48 ff.; Budde 1979, Nr. 74.

Rangendingen-Bietenhausen (Zollernalbkreis)

Ev. Pfarrkirche St. Agatha

In die Wand über dem südlichen Langhauseingang der 1788–1791 errichteten Kirche ist ein romanisches Tympanon eingemauert, dessen Inschrift mehr Beachtung verdient als die ungelenke Darstellung. Das von einem Vorgänger des 12. Jh. stammende Bogenfeld (140 cm breit) zeigt in Flachrelief gegenständige, Hunden ähnelnde Tiere mit langen Schwänzen, die über gezackte Erhebungen schreiten. Die Restflächen füllen Kreise, ein Stern und Rauten. Die Inschrift ist leider unvollständig: . . .PEC-

Rangendingen-Bietenhausen. Ev. Pfarrkirche, Tympanon über dem südlichen Langhausportal

CATOR VIR FEMINA MORTIS A ω AION . . . C MI-
NAR . . . Eine Deutung – auffällig ist der griechische
Schlußteil – fehlt.

Lit.: Inv. Hechingen 1, Hechingen 1939, 42.

Reichenau (Kreis Konstanz)

Mittelzell, ehem. Klosterkirche St. Maria und Markus
Abb. 10–14

Das Münster in Mittelzell ist die Hauptkirche der Reichenau. Schon von außen erkennt man (besonders gut von
der Nordseite), daß der Bau nicht einheitlich ist. Die Strebepfeiler und Maßwerkfenster des Ostchors verraten die
Spätgotik. Es folgt ein niedriges Ostquerhaus, an das ein
basilikales Langhaus anschließt. Den Westen riegelt ein
zweites Querschiff ab, vor dessen Mitte sich ein wuchtiger
Chorturm mit seitlichen Eingangshallen erhebt. Ostquerhaus und Langhaus sind glatt verputzt und ungegliedert,
der Westbau zeigt eine Gliederung aus Hausteinlisenen
und Rundbogenfriesen. Das Westquerhaus besteht aus
drei quadratischen Jochen, im Turm öffnet sich eine weite
Apsis: der Markus-Chor Abt Bernos. Wendeltreppen in
der Ummauerung der Apsis führen zur sog. Kaiserloge im
ersten Geschoß, aus deren großem Mittelfenster vermutlich Reliquien gezeigt wurden, und im zweiten Obergeschoß zu einer Michaelskapelle. Arkaden in der Westwand
des Querhauses beweisen, daß die beiden Eingangshallen
ehemals zweigeschossig waren. Die Weite dieses Querflü-
gels, dessen auffallendster Schmuck der Schichtwechsel
der Bogenöffnungen ist, weist auf das verlorene Querhaus
des Straßburger Münsters der Zeit Bischof Werinhers als
mögliches Vorbild hin. Das Langhaus, dessen sich in zwei
Bogen öffnende Seitenschiffe fast so breit wie das von
einem offenen Dachstuhl überdeckte Mittelschiff sind, erweist sich rasch als jüngerer Bauteil. Die grüne Farbe der
Hausteine, die quadratischen Pfeiler mit ihren ornamentierten Kämpfern entstammen einer spätromanischen Erneuerung. Älter selbst als das Westquerhaus muß dagegen
der Querbau im Osten sein, dessen ausgeschiedene Vierung nach Norden und Süden spätromanische Schranken
aus dem grünen Sandstein der Langhauspfeiler abtrennen.
Ihre weiten Bogen sind aus Bruchstein, die Quaderung
ist nur aufgemalt. Der polygonale Ostchor ist rippengewölbt.
Wie sehr das Marienmünster in Mittelzell die Geschichte

der Klosterinsel spiegelt, weiß man genauer seit den Grabungen von E. Reisser (1929–1938), die erst 1960 publiziert werden konnten. Ausgehend von der Dokumentation und Interpretation Reissers, der Planfolge H. Christs
(1956) und der Stellungnahme E. Lehmanns (1962) haben
W. Erdmann und A. Zettler die Baugeschichte zusammen-
gefaßt.
Die Gründungsgeschichte des Klosters läßt sich nicht eindeutig rekonstruieren, da die meisten mittelalterlichen
Herrscherurkunden verloren sind. Die erhaltenen wurden
im 12. Jh. stark verfälscht, eine eigene Hausgeschichts-
schreibung setzte erst spät ein. Als gesichert wird angenommen, daß Pirmin, dessen monastische Heimat wohl
im irofränkischen Bereich oder im westgotischen Südfrankreich angenommen werden muß, um 724 auf der
Reichenau ein erstes Kloster gründete. Ob er dies in Zu-
sammenarbeit mit dem karolingischen Hausmeier Karl
Martell oder mit dessen Gegnern, den Alemannenherzögen, tat, ist offen. In den ersten Jahren lebte man nicht nach
der Benediktsregel, sondern wohl nach einer damals verbreiteten Mischfassung.
Die Auseinandersetzung zwischen der alemannischen
Stammes- und der fränkisch-karolingischen Zentralgewalt
bestimmte die Frühzeit der Niederlassung. »Ob odium
Caroli« mußte Pirmin bereits 727 die Insel verlassen, weil
er entweder ein Gegner Karl Martells oder dessen Freund
und damit ein Feind des Herzogs Theutbald war. Auch
Pirmins Nachfolger, der Alemanne Eddo, wurde 731 ver-
trieben. Als karolingisches Reichskloster ist die Reichenau
spätestens seit der endgültigen Unterwerfung der Alemannen (746) anzusehen.
In diese unruhige Frühzeit wird nun der erste Steinbau
(Bau I) datiert. Nach Spuren eines hölzernen Vorgängers
hat Reisser nicht gesucht. Bau I folgte einem in dieser Zeit
verbreiteten Typ: Es war ein Rechtecksaal (15 x 9,5 m) mit
eingezogenem Rechteckchor, der noch in der ersten Hälfte
des 8. Jh. nach Osten (so Reisser), eher aber nach Westen
(Bau Ib) verlängert wurde. Die Kirche wurde in der Nähe
einer Quelle auf den zum See abfallenden Hang gebaut, die
Konventgebäude standen im Norden auf einer fast ebe-
nen Terrassenstufe. Die Kirche hatte drei Altäre, die Maria, Petrus und Paulus geweiht waren. Sie war, nach Male-
reifragmenten im Abbruchschutt, ausgemalt.
Wann dieser »Pirmin-Bau« abgebrochen wurde, ist unbekannt. Von den Nachfolgern des ersten Abts, von denen
drei zugleich Bischöfe von Konstanz waren, kommt kei-
ner als Bauherr in Frage. Bau II – eine kurze gedrungene

Basilika mit Stützenwechsel (?), Querhaus mit ausgeschiedener Vierung und Vierungsturm (?), einem quadratischen Chorraum und zwei halbrunden Apsiden – geht wohl auf Heito I. (806–823) zurück, der von Hermann dem Lahmen als Bauherr bezeugt ist und 816 eine Weihe vornahm. Heito war 811 in Byzanz gewesen und hatte von dort Handwerker und Künstler mitgebracht. Seine Kirche, von der die Vierung, Teile der Querhausmauern und die sog. Witigowo-Säule im Berno-Westquerhaus erhalten blieben, manifestiert den Aufstieg der Reichenau zu einer der bedeutendsten Abteien im Reich Karls des Großen. In seine Zeit gehören u. a. der Ausbau der Bibliothek unter Reginbert und die Anfertigung des St. Galler Klosterplans für Abt Gozbert von St. Gallen. Diesem Plan entsprechend nimmt man auch für Mittelzell zweigeschossige Anbauten für Bibliothek, Schreibstube, Sakristei und Paramentenkammer im Winkel zwischen Querhaus und Langchor an. Eine brauchbare Ableitung der Kreuzbasilika Heitos fehlt; der Hinweis auf byzantinische Apostelmemorialkirchen als Vorbilder ist wenig überzeugend. Hervorzuheben bleibt das frühe Auftreten einer ausgeschiedenen Vierung und des quadratischen Schematismus. An den Bau Heitos wurde unter dessen Nachfolger Erlebald (823–838) ohne große zeitliche Unterbrechung (aber mit einer Baufuge) nicht das von Reisser angenommene Westquerhaus mit turmflankiertem Westchor angebaut, sondern ein bisher nicht erkannter westwerkartiger Bau (IIb), den Erdmann und Zettler mit turmüberhöhter Mitte rekonstruierten. In diesen Westbau wurden vor 875 die Reliquien des Evangelisten Markus, die 830 als »Valens«-Reliquien von Bischof Ratold von Verona auf die Insel gebracht worden waren, aufbewahrt. Eine architekturgeschichtliche Einordnung des Erlebald-Baus ist schwierig, da sein Aufriß praktisch unbekannt ist. Immerhin sei auf das Westwerk von Centula verwiesen.
Der Westbau Erlebalds wurde um 900 von Abt Hatto III. (888–913, → Oberzell) durch eine größere Westanlage ersetzt. Diese bestand aus einem Querhaus und einem quadratischen Chor (wohl mit Markus-Patrozinium) mit flankierenden Türmen und war durch eine Art Zwischenjoch an die Kreuzbasilika Heitos angebunden. Offenbar war hier – wie wiederholt auf der Reichenau (→ Oberzell) – der Reliquienkult der Anlaß für einen Neubau. Hatto baute nicht nur die »erste Markusbasilika« in Mittelzell, sondern auch am Dom zu Mainz, dessen Erzbischof er seit 891 war, und in Oberzell.
Im Jahre 923 oder 925 kam eine Hl.-Blut-Reliquie auf die

Reichenau. Für sie wurde an die beiden Ostapsiden der Heito-Kirche ein Rundbau (Bau IV) angesetzt, der als Rotunde im Chorscheitel eine Kopie der Anastasis, der Grabeskirche in Jerusalem, ist. 946 muß sie vollendet gewesen sein. Das Reliquiar, ein byzantinisches Abtskreuz, wird heute in einem Rokoko-Altar im Chor aufbewahrt.
Das »Carmen Purchardi«, ein Lobgedicht auf Abt Witigowo (985–997), unterrichtet uns über eine fünfte Bauperiode in Mittelzell. Witigowo vereinheitlichte den Bau, indem er das Westquerhaus zum Teil abbrechen und das Langhaus der karolingischen Kreuzbasilika durch je drei Pfeilerarkaden bis vor die verbliebene Westfassade mit dem turmflankierten Chor verlängern ließ. Er soll auch die Seitenschiffe auf je 6,6 m verbreitert haben. Er erhöhte die Türme und setzte eine Michaels- und Otmarkapelle auf den Markuschor.
Bau V wurde 1006 durch einen Brand beschädigt. Danach entstand eine neue Westanlage: der erhaltene Berno-Bau (Bau VI), den Abt Berno (1008–1048) am 24. April 1048 in Gegenwart Kaiser Heinrichs III. von Bischof Dietrich von Konstanz weihen ließ. Dieser Westbau gehört zu den schönsten frühromanischen Räumen in Deutschland.
Der heutige Zustand des Langhauses geht – soweit er romanisch ist – auf Abt Diethelm von Krenkingen (1169–1206) zurück. Er errichtete die südliche Seitenschiffwand neu und soll Apsidiolen in die äußeren Arkaden, die vom Berno-Querhaus in die Seitenschiffe führten, gesetzt haben. Von ihm stammen die Langhauspfeiler mit ihren ornamentierten Kämpfern.
Auch diese Rekonstruktion des Bauablaufs läßt etliche Zweifel bestehen. So können die drei (nach dem Arkadenansatz im südlichen Seitenschiff waren es nicht nur zwei) Bögen der östlichen Langhaushälfte schon unter Hatto III. geschlossen worden sein. Die Verbreiterung der Seitenschiffe muß jünger sein als die vielleicht schon unter Berno erbauten Ostapsiden des Westquerhauses.
Von den bedeutenden Kunstwerken, die im Mittelalter auf der Reichenau geschaffen wurden, blieb nur ein verschwindender Rest in der Schatzkammer erhalten. Von den gut 40 illustrierten, durchweg liturgischen Handschriften der »Reichenauer Malerschule« ist nicht eine am Ort geblieben. Der Schmuck dieser Codices ist zum Inbegriff ottonischer Buchkunst geworden. Auch Treibarbeiten aus Edelmetall scheinen in großer Zahl auf der Insel angefertigt worden zu sein. Das gilt vielleicht für die Basler Altartafel Heinrichs II. in Paris ebenso wie für den Buchdeckel des Ottonenevangeliars und das Goldantependium

Reichenau-Mittelzell. Romanischer Kruzifixus, sog. Oberzeller Kreuz

Kunstkreis nahe (→ Freudenstädter Lesepult) und ist wohl um 1130/40 entstanden (→ Saulgau, Obermarchtal).

Lit.: Inv. Baden: Kreis Konstanz, Freiburg 1887, 324 ff.; H. Christ, Die sechs Münster der Abtei Reichenau von der Gründung bis zum Ausgang des 12. Jahrhunderts, Reichenau 1956; E. Reisser, Die frühe Baugeschichte des Münsters zu Reichenau, Berlin 1960; I. Schroth, Die Schatzkammer des Reichenauer Münsters, Konstanz 1962; E. Lehmann, Die Baugeschichte des Marienmünsters auf der Reichenau, in: Zeitschrift für Kunstgeschichte 26 (1963), 77 ff.; W. Erdmann und A. Zettler, Zur karolingischen und ottonischen Baugeschichte des Marienmünsters zu Reichenau-Mittelzell, in: Festschrift Abtei Reichenau, Sigmaringen 1974, 481 ff.; Kat. Suevia Sacra 1973, Nr. 39, 126.

Niederzell, ehem. Stiftskirche St. Peter und Paul
Abb. 15, 16

Durch seit dem Sommer 1970 laufende Grabungen und Untersuchungen konnte die Geschichte der ehemaligen Stiftskirche weitgehend geklärt werden. Die Einrichtung der Niederzelle geht auf Egino zurück, einen alemannischen Adeligen und Mönch auf der Reichenau, den Karl der Große zum Bischof von Verona gemacht hatte. Als Chorherrenstift ist die Anlage erstmals für 1008 belegt.

799 weihte Egino nach seiner Rückkehr aus Italien an den Bodensee am Westende der Insel eine Kirche als Ort des Gebetes und seines Grabes (Augiae s. Petri basilica ab Egino Veronensis episcopo constructa et dedicata est). Die Kirche, zu der ein Wohngebäude gehörte, war wohl keine reine Eigenkirche. Eine gewisse Verfügungsgewalt des Abtes von Mittelzell ist anzunehmen. Der vor 799 begonnene Bau war vielleicht schon weitgehend vollendet, als Egino 802 in ihm bestattet wurde (in basilica cellae suae sepultus est).

Diese erste Steinkirche (Niederzell I) war eine Saalkirche von bescheidener Größe (25 x 10 m) mit einer leicht gestelzten halbkreisförmigen Apsis. Eine dreiseitig offene Vorhalle lag im Westen. An das Langhaus schlossen im Norden und Süden zwei ummauerte Innenhöfe an. Nach Norden folgten zweigeschossige Wohnbauten, nach Süden ein Kapellenanbau mit einer kleinen Apsis (Taufkapelle?). Eine bei der Grabung gefundene karolingische Chorschrankenplatte, die an der nördlichen Seitenschiffwand aufgestellt wurde, und etliche skulptierte Fragmente machen die Beteiligung langobardischer Künstler möglich. Wandmalereireste auf Putz zeugen – wie ein verlorenes Fragment aus Mittelzell – von der Existenz karolingischer Fresken auf der Reichenau.

Der karolingische Grabbau des Bischofs Egino wurde

in Aachen. Hier abgebildet ist ein kleines Reliquienkästchen mit Satteldach aus Oberzell. Die Schreinvorderseite, den Deckel und eine Schmalseite schmücken aus Silberblech getriebene Halbfiguren jugendlicher Heiliger. Da sich in ihm Reliquien burgundischer Heiliger fanden, ist es gelegentlich für ein Importstück gehalten worden. Eine genaue Lokalisierung war bisher nicht möglich. Die Form des Filigrans soll für eine Entstehung um 1150 sprechen.

Seit einiger Zeit hütet die Schatzkammer auch einen bedeutenden romanischen Kruzifixus, das sog. Oberzeller Kreuz, das aus der Kindlebild-Kapelle an der Straße Wollmatingen–Konstanz stammt. Der Gekreuzigte ist aus Lindenholz (106 cm hoch, 95 cm breit), die Arme wurden 1957 ergänzt, die Fassung ist spätgotisch. Der kräftige Christus mit Bart, langem Haupthaar und weich modellierten Formen, der sanft leidend am Kreuz hängt, ist vielleicht eine Reichenauer Arbeit. Sie steht dem Hirsauer

zweimal nach Bränden erneuert (Bau IIa/IIb), u. a. wurde seine Apsis durch eine rechteckige ersetzt.

Der so wiederhergestellte Egino-Bau wurde am Ende des 11. Jh. zugunsten eines einheitlichen Neubaus (Bau III) abgerissen. Auf der Fläche des Altbaus wurden eine relativ gedrungene querhauslose Säulenbasilika und ein gelängter, dreiteiliger und plattgeschlossener Chor errichtet, über dessen Nebenapsiden Türme stehen. Die Vorräume dieser Apsiden sollten ursprünglich zu den Seitenschiffen offen sein. Vier schlanke Säulen mit attischen Basen und merkwürdig gedrückten, verschieden dekorierten Kapitellen tragen Rundbogen, die wie der Wandstreifen über ihnen, die Chorpfeiler und der Chorbogen gequadert sind. Über einem Gesims setzt die verputzte Hochwand an. Statt der gewölbten Rokokodecke muß man eine hölzerne Flachdecke ergänzen. Eine Baunaht zwischen Chorpfeiler und erster Arkade belegt, daß die Kirche in zwei Abschnitten entstand. Nach der dendrochronologischen Untersuchung der Dachkonstruktion war der Chor um 1104 fertig, um 1126 das Langhaus. Mit der Fertigstellung der ganzen Kirche ist um 1134 zu rechnen. Von einem unbekannten Ort in der Egino-Kirche wurden die Gebeine des Stifters in die Mitte des neuen Chors übertragen, wo sie aufgefunden wurden.

Aus dem ersten Drittel des 12. Jh. stammt die mehrzonige Ausmalung der Hauptapsis. In der Kalotte erscheint ein thronender Christus, den die Evangelistensymbole, die Kirchenpatrone Petrus und Paulus und sechsflügelige Cherubim umgeben. In zwei durch Arkaden gegliederten Zonen unter der Erscheinung Christi stehen die zwölf Apostel mit Büchern in den Händen über Propheten, die Rollen halten. Wie später am Bamberger Fürstenportal »tragen« die Propheten ihre Nachfolger. Die Farbskala ist nicht so reich wie in Oberzell; die Binnenzeichnung der Figuren ist nur noch schwer zu erkennen.

Von ungewöhnlicher Bedeutung ist eine rechteckige Altarplatte, auf der 1976 zahlreiche mit Tinte aufgetragene oder eingeritzte Schriftzüge entdeckt wurden. Es handelt sich um rund 300 Namen, deren Träger zum Teil identizierbar sein sollen. Genannt sind offenbar Personen, derer im Gottesdienst gedacht werden sollte.

Lit.: Inv. Baden: Kreis Konstanz, Freiburg 1887, 324 ff.; W. Erdmann, Die ehemalige Stiftskirche St. Peter und Paul in Reichenau-Niederzell. Zum Stand der Untersuchungen Ende 1973, in: Festschrift Abtei Reichenau, Sigmaringen 1974, 523 ff.; vgl. ebd. 552 ff., 563 ff.; W. Erdmann, Zum Stand der Untersuchung Ende 1974, in: Festschrift G. Scheja, Sigmaringen 1975, 78 ff.; P. Schmidt-Thomé, Eine mittelalterliche Altarplatte mit Beschriftungen aus der ehemaligen Stiftskirche St.

Peter und Paul in Reichenau-Niederzell, in: DBW 7 (1978), 82 ff.; J. und K. Hecht 1979, 187 ff.

Oberzell, ehem. Stiftskirche St. Georg
Abb. 6–9

Die Baugeschichte der wegen ihrer ottonischen Ausmalung berühmten Kirche an der Ostspitze der Insel ist lange so unklar gewesen wie die Anfänge der Niederlassung. Jedenfalls galt sie zu Recht immer als die jüngste der drei Mönchseinrichtungen auf der Reichenau.

Um 1500 überliefert der Chronist Gallus Öhem, eine »zelg Hattonis« habe bereits in der Zeit des Abtes Ruadhelm (838–842) bestanden. Dann wäre Abt Heito (806–823) der Gründer, der von seiner Abdankung bis zu seinem Tode (836) dort gelebt haben soll. Diese Angaben konnten bisher – es fehlt eine größere Ausgrabung – nicht bestätigt werden.

Gegen die Richtigkeit dieser Überlieferung spricht die Nachricht Hermanns des Lahmen, Abt Hatto III. (888–913, er war seit 891 als Hatto I. auch Erzbischof von Mainz) habe »cellam et basilicam S. Georgii« errichtet. Notker der Stammler hat die Schenkung des Hauptes des hl. Georg durch Papst Formosus (gegen 896) an diesen Abt überliefert.

Auf diese Zeit wurde bislang auch die Errichtung der erhaltenen Kirche als einheitlicher Bau bezogen, was kaum richtig sein konnte. Die Kirche besteht aus einer zweigeschossigen Vorhalle, einer hohen und weiten Westapsis, einem dreischiffigen Säulenlanghaus, dessen Seitenschiffe in Apsiden enden, und einem durch eine steile Mittelschifftreppe zugänglichen Ostbau. Die Gestalt dieses Ostbaus gab schon immer Rätsel auf. Es sollte sich um ein hochgesetztes Querhaus mit quadratischer, aber abgeschnürter (ungleich hohe bzw. weite Öffnungen zu den Armen) Vierung handeln, an das eine quadratische Apsis ansetzt. Seitlich der Chortreppe führen tonnengewölbte, rechtwinklig umbrechende Gänge zu einem Mittelstollen unter der »Vierung«, aus dem man eine Vierstützenkrypta unter der Apsis betritt.

Nach den noch laufenden Untersuchungen A. Zettlers muß die Baugeschichte weitgehend umgeschrieben werden. Der Bau Hattos aus den Jahren um 900 war nicht doppelchörig. An das Säulenlanghaus, das im Osten eine zusätzliche (heute vermauerte) rundbogige Öffnung hatte, schloß eine Ostanlage mit hohen Konchen anstelle der rechteckigen »Querhausflügel« (so schon Adler 1869) an.

Der Boden dieser Konchen lag nicht auf der Höhe der quadratischen »Vierung« zwischen ihnen. Verständlich wird diese Ostlösung nur, wenn man annimmt, der Bauherr habe die Funktion seiner Stiftung als Reliquienbehälter/ Grabkirche durch einen Trikonchos – dessen Ostkonche der Krypta wegen rechteckig wurde – sinnfällig machen wollen.

Kreuzförmige Memorialbauten entstanden in dieser Zeit auch in Mittelzell (erste Markusbasilika) und in Schuttern. Die erstaunliche Größe des Langhauses mag mit der Absicht zusammenhängen, eine Wallfahrt zu initiieren. Problematisch ist die Beurteilung des Innenputzes. Er soll ottonisch sein und trägt die bekannten Fresken, d. h. entweder wurde der spätkarolingische Putz nach 100 Jahren völlig entfernt, oder der Hatto-Bau war unverputzt stehengeblieben.

Die Westapsis ist (Baunaht) ein nachträglicher Anbau, wohl der Zeit um 1000. Zettler hält sie für eine Auszeichnung des Eingangs. Plausibler erschiene eine Änderung der Reliquienverehrung: Man könnte die Georgs-Reliquie aus der Krypta in den Westbau übertragen haben, um sie – ähnlich wie später die Markus-Reliquien im Berno-Bau von Mittelzell – überirdisch verehren zu können. Veranlasser dieses Umbaus könnte das, wie in Niederzell, erstmals für das frühe 11. Jh. nachweisbare Stift gewesen sein, auf das dann wohl auch die Ausmalung des Mittelschiffs mit Wundertaten Christi zurückginge. Der Zusammenhang zwischen der Kraft der Reliquien und den exemplarischen Wunderszenen ist leicht einsehbar. Erst ins 11. Jh. gehören die Vorhalle und die Apsiden der Seitenschiffe. Wann und warum die Konchen in rechteckige »Querhausflügel« verwandelt wurden – jedenfalls geschah das noch in romanischer Zeit –, ist noch offen.

Die Wandmalereien im Langhaus – acht Wundertaten Christi, Abtsmedaillons in den Arkadenzwickeln und Apostel zwischen den Hochschiffenstern – sind Hauptzeugnisse (→ Goldbach) der Reichenauer Malerei, von deren Blüte in ottonischer Zeit zahlreiche illustrierte Handschriften sprechen. Sie vermitteln trotz des Verlustes der Oberfläche den großartigen Eindruck einer voll ausgemalten mittelalterlichen Kirche; vergleichbar ist etwa die Ausmalung von S. Salvatore in Brescia. Die Malereien, die man als Illustrationen von Perikopen verstehen kann, haben Vorlagen in der Buchmalerei. Der Grund für ihre Abfolge ist unklar. K. Martin vermutete »eine Steigerung [. . .] vom Sieg über die Kräfte der Finsternis, über die Krankheit, über die Bedrohung der Natur bis zum Sieg

über den Tod«. Typisch für die Zeit sind die Mäanderbänder, die Komposition in farbigen Streifen, die Bildarchitekturen als Ortsangaben, die eindringliche Gestensprache, das Fehlen maßstäblicher Verhältnisse, die Tituli (Bildunterschriften) als Zusammenfassung der illustrierten Evangelienstücke. Die zum Teil noch erhaltene Ausmalung der Krypta ist bis auf eine Kreuzigung und eine Georgsfigur noch nicht aufgedeckt. An der Ostwand der Kapelle über der Eingangshalle befindet sich über einem Altar eine Kreuzigungsdarstellung und darüber ein Weltgericht. Martin datiert die Bilder auf 1060/80.

Lit.: Inv. Baden: Kreis Konstanz, Freiburg 1887, 324 ff.; Hecht 1928, 132 ff.; K. Martin, Die ottonischen Wandbilder der St. Georgskirche Reichenau-Oberzell, Konstanz 1961, ²Sigmaringen 1975; W. Erdmann, Neue Befunde zur Baugeschichte und Wandmalerei in St. Georg zu Reichenau-Oberzell, in: Festschrift Abtei Reichenau, Sigmaringen 1974, 577 ff.; A. Weis, Die ottonische Wandmalerei der Reichenau, in: ZGO 124 (1976), 43 ff.; J. und K. Hecht 1979, 65 ff.

Rheinmünster-Schwarzach (Kreis Rastatt)

Ehem. Benediktinerkloster St. Peter und Paul,
kath. Pfarrkirche
Abb. 44–46

Der spätromanische Großbau (54 m lang) der Abtei Schwarzach in der Ebene der Ortenau hat eine lange Vorgeschichte, die durch die Untersuchungen von A. Tschira und P. Marzolff zumindest in baulicher Hinsicht weitgehend geklärt ist. Die Gründung des Klosters in der Rheinniederung – eine für ein Benediktinerkloster ungewöhnliche Lage – ist wohl auf die Nähe Straßburgs und die Römerstraße entlang des Stromes zurückzuführen. Als Gründer ist, wie für Schuttern und Gengenbach, seit dem frühen 9. Jh. der hl. Pirmin überliefert, d. h. es wurde zwischen 727 und 753 eingerichtet. Zudem führt die Zahl der um 826 im Gedenkbuch der Reichenau genannten toten Äbte von »Svvarzaha« bis in die Zeit Pirmins zurück. In der Reichsklösterordnung von 817 erscheint Schwarzach neben Fulda und Hersfeld in der zweiten Klasse. Ab 961 gilt die Abtei mit dem Petrus-Patrozinium als wirtschaftlich fundierte königliche Niederlassung. Schwarzach, das zumindest seit 828 Reichskloster war, wurde vom König mehrfach vergeben: so 1016 durch Heinrich II. an den Bischof von Straßburg und 1032 durch Konrad II. an den von Speyer. Dieses Verfahren scheint das Kloster dem Ruin nahe gebracht zu haben, zumindest war es 1104 auf

einem Tiefpunkt. Abt Konrad und sein Nachfolger Hilti-
bert, der ebenfalls aus Hirsau kam, scheint es ab 1144 wieder so weit erneuert zu haben, daß der spätromanische
Neubau, für den keine Daten überliefert sind, möglich
wurde.

Die 1964–1969 durchgeführten Ausgrabungen im Langhaus ergaben eine brauchbare relative Chronologie. Eine
vorklösterliche, vielleicht antike Besiedlung ist nicht aus-
zuschließen. Als ältester Bau, der aber nicht der Gründungsbau sein muß, gilt ein rechteckiger Saal (Bau I) aus
der zweiten Hälfte des 8. Jh. von 30,5 x 10,2 m mit quer-
rechteckigem Chorteil. Dieser – offenbar sehr solide –
Kernbau bestand bis um 1190. Er erhielt (Bau I a) im frühen 9. Jh. Umbauten an der Nordseite und eine Trenn-
wand im Langhaus. Im späten 10. Jh. erfolgte ein weitge-
hender Neubau (Bau II) von Kirche und Klostergebäuden.
Mächtige Einbauten im Ostteil des Saals werden als Unterbau einer turmtragenden »Vierung« gedeutet. Ein Altarhaus wurde angefügt, im Westen entstand eine Vorhalle
oder ein Vorhof. Neuartig an diesem Bau ist die versuchte
Gruppierung von Teilräumen. Um die Mitte des 12. Jh. erfolgte nochmals ein Umbau (Bau II a), bei dem u. a. ein
Flügelbau mit einer Apsis, der ersten in Schwarzach, entstand.

Ein unsicher zwischen 1223 und 1229 überlieferter Brand
kann nicht der Anlaß für den erhaltenen Neubau gewesen
sein, den A. Tschira wieder in seinen mittelalterlichen Zustand versetzte. Auch der Grabungsbefund weist keinen
Brand für diesen Zeitraum nach. Der nicht einheitliche
Neubau dürfte bereits im späten 12. Jh. begonnen worden
sein. Er ist in Grundriß und Aufbau ein später Nachfolger
von Alpirsbach und Gengenbach. Die drei Apsiden sind
offenkundig der älteste Bauteil und gehören in Planung
und Ausführung nicht zu dem rippengewölbten Chorquadrat und den gratgewölbten Chorseitenschiffen, deren
Ausbau in die Zeit des Abtes Burkhard (1209–1229) fallen
dürfte. An das Altarhaus schließt ein ausladendes flachgedecktes Querhaus mit Ostapsiden und Vierungsturm an.
Nach den Vorlagen sollte auch die Vierung ein Rippengewölbe erhalten. Das gleichfalls ungewölbte Säulenlanghaus hat acht Bogenachsen, ein Pfeilerpaar begrenzt den
Chorus minor.

Die Wahl des Baumaterials (Sandsteinquader und Ziegel)
machte den Einbau von hölzernen Zugbalken notwendig.
Die mächtigen Basen mit Eckaufsätzen, die blockförmigen
Kapitelle mit stilisiertem Blattdekor und Diamantbändern
und die kräftig profilierten Arkadenbögen verweisen auf

eine Entstehung beträchtlich nach dem Ostbau des Straßburger Münsters. Die westliche Säulenbasis der Nordseite
ist bereits gotisch. Bemerkenswert ist die – erneuerte – farbige Fassung des Innenraumes, die auf die Zeit nach dem
Brand von 1299 zurückgehen muß.

An der Westfassade sind die Spuren eines zweigeschossigen Vorbaus (→ Gengenbach oder Alpirsbach) erkennbar. Über einem gewölbten Erdgeschoß (Paradies) sollte
eine Kapelle mit einer Altarnische stehen. Figürliche Plastik erscheint allein am Tympanon. Die Kirchenpatrone
flankieren einen thronenden Christus. Die Haltung und
Gewandung der drei nimbierten Gestalten erinnert an
spätantike und byzantinische Elfenbeinarbeiten. Das Äußere von Langhaus und Chor ist mit Blendfeldern und
Rundbogenfriesen auf Lisenen einfach geschmückt. Von
der dekorativen Überfülle Ostschwabens (→ Schwäbisch
Gmünd) sind wir weit entfernt.

Der Bau verarbeitet – typisch für diese Spätzeit am Oberrhein – unterschiedlichste Anregungen. Aus dem Elsaß
stammt die Wölbungsart, an die burgundische Baukunst
(Payerne) erinnern die Staffelung des Ostbaus und die
zweireihige Durchfensterung der Apsis, an Oberitalien die
Bauweise, an die Zisterzienser die Rundfenster der Quer-
hausgiebel. Die romanischen Klosterbauten sind völlig
verschwunden. Skulpturenfragmente – u. a. des Kreuzgangs – sind in einem Gang nördlich der Kirche ausge-
stellt.

Lit.: P. Marzolff u. a., Die ehem. Benediktinerabtei Schwarzach. Ge-
denkschrift für A. Tschira (Bühler Blaue Hefte 20), Bühl 1969, [2]1977;
ders., Ausgrabungen in der frühmittelalterlichen Abtei Schwarzach, in:
Archäologisches Korrespondenzblatt 1 (1971), 61 ff.; Germania Bene-
dictina 1975, 574 ff.; P. Marzolff, Die frühmittelalterliche Abtei
Schwarzach, in: Die Ortenau 58 (1978), 243 ff.; ders., Abteikirche
Schwarzach (Große Baudenkmäler 237), München–Berlin [7]1985; E.
Zimmermann, Bad. Landesmuseum Karlsruhe. Die mittelalterlichen
Bildwerke, Karlsruhe 1985, 20 ff.

Rosenberg-Hohenberg (Ostalbkreis)

Kath. Pfarrkirche St. Jakob
Abb. 131

Über die Gründung der Propstei des Klosters Ellwangen
in herrlicher Aussichtslage nordwestlich der Stadt fehlen
alle Nachrichten. Die erste urkundliche Nennung von
Alto Monte stammt von 1229. Die Niederlassung, die
keine vollständige klösterliche Einrichtung, sondern nur
ein Verwaltungssitz gewesen zu sein scheint, ist aber er-

heblich älter. Sie muß ins frühe 12. Jh. gehören, was der bis ins späte 19. Jh. wenig veränderte Kirchenbau beweist. Dieser entstand ab etwa 1130 von Osten nach Westen (Lisenen, Profile) in enger Anlehnung an einen Bau wie Kleinkomburg.

Von der mittelgroßen Kirche (31 m lang) stammen noch die Umfassungsmauern des Chors, des Querhauses und die Nordwand des Langhauses. Die Fundamente von zwei Nebenapsiden, drei Pfeilern im Norden und einer durchlaufenden Wand im Süden sind ergraben. Offenbar gab es nur ein Seitenschiff. Bemerkenswert ist das nördliche Seitenportal des alten Baus: Über einem glatt gestuften Gewände rahmen Zickzack-, Palmetten- und Schleifenbänder das leere Bogenfeld. Der Turm anstelle der Südapsis stammt von 1894, als J. Cades den Bau wenig einfühlsam zur dreischiffigen Pfeilerbasilika verrestaurierte.

Lit.: Inv. Jagstkreis, Esslingen 1907, 170 ff.; A. Mettler, in: WVjHLG 34 (1928), 189 ff.; S. Mayer, Der Hohenberg, in: Ellwanger Jahrbuch 15 (1950/53), 126 ff.; Germania Benedictina 1975, 308 f.

Rot an der Rot (Kreis Biberach)

*Ehem. Prämonstratenserkloster,
kath. Pfarrkirche St. Verena und Mariä Himmelfahrt*

Nach den Annalen des Stiftes Osterhofen wurde Rot 1126 gegründet und unter einem Propst Burchard aus »Praemonstratum« (Prémontré), dem Stammkloster des jungen Ordens, besiedelt. Gründer waren die Witwe Hemma von Wildenberg (Graubünden), wohl eine Adelige aus schwäbischem Geschlecht, die nach Graubünden geheiratet hatte, ihr Sohn Kuno und ein Verwandter namens Heinrich. Der Stiftungsbrief und alle frühen Privilegien gingen bei einem Brand 1182 zugrunde, doch nennt eine Bestätigung der Privilegien durch Papst Lucius III. (1182)

Rot an der Rot. Ansicht des Klosters auf einer Karte des Reichsgotteshauses Ochsenhausen, um 1660

die obigen Namen. Das erste schwäbische Kloster der Prämonstratenser war – wie Obermarchtal – ein Doppelkloster, dessen Frauenkonvent aber nur bis 1381 bestand.

Vom Aussehen der romanischen Klosterkirche wissen wir fast nichts. Sie mußte – in spätgotisch und barock veränderter Gestalt – dem Neubau von 1777–1785 weichen. Da Ausgrabungen fehlen, sind wir auf Ansichten des 17. Jh. (1604/14, um 1660) angewiesen, nach denen die mittelalterliche Kirche eine Saalkirche (?) mit einem mächtigen Westturm war.

Lit.: Inv. Donaukreis II: OA Leutkirch, Stuttgart 1924, 114 ff.; Festschrift 850 Jahre Rot an der Rot. Geschichte und Gestalt. Sigmaringen 1976; W. Stemmler und H. Schnell, Rot a. d. Rot (Kunstführer 117), München-Zürich 1935, ⁴1978.

Rottenburg-Wurmlingen (Kreis Tübingen)

Bergkapelle St. Remigius
Abb. 176

Die Anfänge des durch Ludwig Uhlands Gedicht »Droben stehet die Kapelle . . .« berühmt gewordenen Bergkirchleins auf einem Ausläufer des Spitzbergs zwischen dem Neckar- und dem Ammertal gehen vielleicht in fränkische Zeit zurück. Ein Hinweis auf hohes Alter ist das Patrozinium des hl. Remigius, der als Bischof von Reims 498/99 den Merowingerkönig Chlodwig I. taufte. 1962/63 wurden Reste eines frühromanischen Baus mit Apsis gefunden. Urkunden gibt es erst seit dem 12. Jh.; seit 1127 versahen die Augustiner-Chorherren von Kreuzlingen als Eigentümer der Pfarrei Wurmlingen die Seelsorge auf dem Berg.

Das Kirchlein ist ein anspruchsloser Saalbau von 1682 (1685 geweiht), doch blieb unter dem Ostteil eine Hallenkrypta als Bestandteil eines zweiten Baus erhalten, der zu Anfang des 12. Jh. von den Grafen von Dillingen oder ihren Verwandten, den Herren von Rottenburg, erbaut worden sein muß. Die Krypta ist ein querrechteckiger gratgewölbter Substruktionsbau – das Gelände fällt nach Osten steil ab –, den drei Säulen in zwei Schiffe zu je vier Jochen unterteilen. Sie gilt als Grabraum eines Stifters »Anselm von Calw«. Ursprünglich betrat man sie durch einen langen Gang, der westlich vor der Kapelle begann und unter dem Schiff hindurchführte. Den wichtigsten Hinweis auf die Entstehungszeit geben die Basen und die Kapitelle mit Doppelschilden und »Nasen«, die an Alpirsbach erinnern.

Die nördlichste Säule und die zugehörige Halbsäule lassen erkennen, daß Gewölbe und Wände zum Teil gotisch erneuert wurden.

Lit.: Inv. Schwarzwaldkreis: Oberamt Rottenburg, Stuttgart 1897, 287 f.; A. Rieth, Grabungen in und bei der Wurmlinger Kapelle, in: Fundberichte aus Schwaben NF 18 (1967), 306 ff.; J. Köhler und D. Manz, Die Wurmlinger Kapelle. Sage – Geschichte – Dichtung – Kunst, Sigmaringen 1985.

Rottweil

Kath. Pfarrkirche St. Pelagius

In der Rottweiler Altstadt haben sich im Westteil der 1898/99 weitgehend erneuerten und nach Osten um ein Querhaus und einen dreiteiligen Chor mit halbrunder Hauptapsis erweiterten Pfarrkirche Reste eines flachgedeckten romanischen Vorgängers erhalten. Das einfach getreppte Stufenportal, der westliche Arkadenbogen der nördlichen Pfeilerreihe, ein Fenster auf der Nordseite des spätgotischen Südwestturms und die Kämpfer einiger westlicher Pfeiler stammen von einer dreischiffigen und sechsjochigen Pfeilerbasilika, deren Mittelapsis quadratische Türme flankierten, die leicht über die Seitenschiffwände vorsprangen. In die Westwände dieser Türme waren Altarnischen eingetieft. Diese durch einen Grundriß

Rottweil. Kath. Pfarrkirche St. Pelagius, Westfassade

304

und eine Außenansicht von 1891 bekannte Kirche ersetzte seit der Zeit Bischof Gebhards III. von Konstanz (1084–1110), also seit dem Ende des 11. Jh., eine vorkarolingische Urkirche und war mit einer Pelagius-Reliquie aus der Bischofskirche ausgestattet.

Die Kirche war ein gutes Beispiel der frühromanischen Pfeilerbasiliken (Schienen, Sulzburg) unseres Gebiets. Die Ostteile sind Klosterreichenbach, Veringendorf, auch Reichenau-Niederzell verwandt, wo allerdings die Nebenkapellen identisch mit den Turmuntergeschossen sind. M. Eimer sprach von einem »schwäbisch-konstanzischen Kirchentyp«.

Lit.: Inv. Württemberg: Schwarzwaldkreis, Stuttgart 1897, 332 ff., 485; M. Eimer, Zum schwäbischen Kirchenbau im Mittelalter, in: ZWLG 8 (1944/48), 241 ff.; A. Steinhauser, Die Pelagiuskirche in der Altstadt bei Rottweil als geschichtliches Denkmal, in: ZWLG 8 (1944/48), 185 ff.

Salem (Bodenseekreis)

Ehem. Zisterzienserabtei, kath. Pfarrkirche St. Maria

In dem Dorf Salmannsweiler (Salemanneswilare), das der Linzgauer Edle Guntram von Adelsreute 1134 dem Zisterzienserorden geschenkt hatte, errichtete der Abt von Lützel im Elsaß eine Tochtergründung, die 1138 zur Abtei erhoben wurde. Der Mönch Frowin wurde in diesem Jahr der erste Abt eines Hauses, das durch zahlreiche Schenkungen und eine ebenso kluge wie rücksichtslose Politik einen raschen Aufstieg erlebte und seinerseits Tochterklöster (Raitenhaslach, Wettingen etc.) gründete. Der Hof Salmannsweiler gab den Namen. Dem 1297/99 begonnenen Neubau eines gotischen Münsters ging ein romanischer Bau voraus, dessen erste Altäre 1152 geweiht worden waren. Die feierliche Weihe des um 1140 begonnenen Baus erfolgte 1179 unter Abt Christian (1175–1191). Der Grundriß ist unbekannt, doch dürfte er wie Bronnbach I oder Maulbronn I ausgesehen haben.

Lit.: H. D. Siebert, Gründung und Anfänge der Reichsabtei Salem, in: FDA 62 (1934), 23 ff.; J. Michler, Die ursprüngliche Chorform der Zisterzienserkirche in Salem, in: Zeitschrift für Kunstgeschichte 47 (1984), 3 ff.; Kat. Kloster und Staat. Reichsabtei Salem 1984; Festschrift Salem 850 Jahre Reichsabtei und Schloß, Konstanz 1984, 196 ff.; W. Rösener, Die Entwicklung des Zisterzienserklosters Salem, in: ZGO 133 (1985), 43 ff.

St. Blasien (Kreis Waldshut)

Ehem. Benediktinerkloster, kath. Pfarrkirche
Abb. 24

Die Frühgeschichte St. Blasiens reicht bis in die Mitte des 9. Jh. zurück, ist allerdings im Detail unklar. 858 wird eine vom Kloster Rheinau abhängige »cella alba«, wohl eine Niederlassung von Einsiedlern, erwähnt. Im fortgeschrittenen 9. Jh. kamen Blasius-Reliquien über Rheinau nach St. Blasien. Von einem um 1000 als »fundator istius loci« bezeichneten Reginbertus kennen wir bislang nur den Namen. Im 11. Jh. kam es zur Loslösung vom Rheinauer Mutterkloster. Das Immunitätsprivileg König Heinrichs IV. von 1065 gewährte dem Blasiuskloster, das im Einfluß- und Anspruchsbereich der Hochadelsfamilie der Rheinfelder und des Bischofs von Basel lag, eine Befreiung vom Grafengericht in einem begrenzten Bezirk. Zwischen 1070 und 1077 schloß sich das noch junge Kloster – offenbar noch vor Hirsau – der benediktinischen Reformbewegung an. Es wählte, wie zuvor schon die rheinische Benediktinerabtei Siegburg, das oberitalienische Reformkloster Fruttuaria als Vorbild. Kaiserin Agnes und Herzog Rudolf von Rheinfelden – 1071 stiftete er einen größeren Besitz – unterstützten diese Reformbemühungen, die bis nach Göttweig in Niederösterreich wirkten. Der Nonnenkonvent des in der zweiten Hälfte des 11. Jh. bestehenden

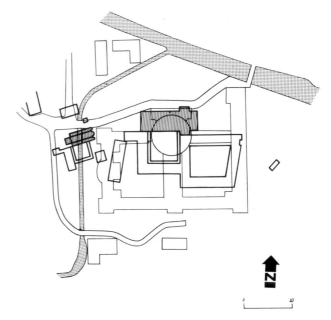

St. Blasien. Lageplan des Alten und des Neuen Münsters

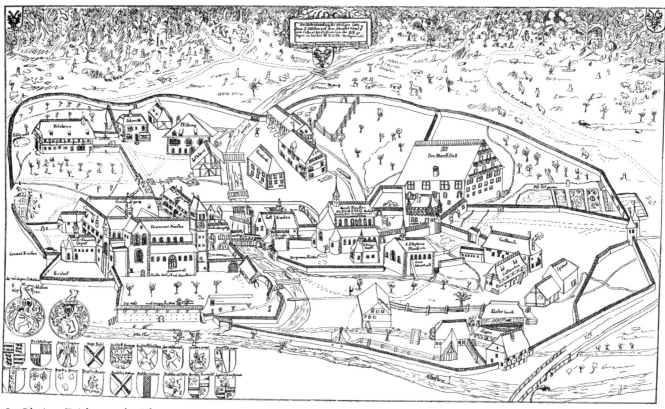

St. Blasien. Zeichnung des Klosters von 1562

Doppelklosters St. Blasien wurde zu Anfang des 12. Jh. nach Berau verlegt.

1927 führte L. Schmieder Grabungen vor der 1728 bzw. nach 1768 errichteten spätbarocken Klosteranlage durch. Dabei legte er den Chor des sog. Alten Münsters und Teile des sog. Neuen Münsters frei. 1980 ergänzte eine Sondierung unsere Kenntnis vom Neuen Münster.

Das Alte Münster war eine dreischiffige querhauslose Pfeilerbasilika von acht Jochen (27 x 15 m) mit drei Apsiden, die 1013 begonnen und 1036 geweiht wurde. 1736 fiel sie einer Verlegung des Steinabachs zum Opfer.

Das Neue Münster war ein 1095 östlich des Altbaus von Abt Uto (1086–1108) begonnener Neubau, für den u. a. eine Weihe von 1104 überliefert ist. Nach Ansichten von 1562 bzw. 1756 war er eine dreischiffige Säulenbasilika von 60 m Länge. Er hatte einen das Langhaus verlängernden Mönchschor mit geschlossenen Seitenwänden, ein ausladendes Querhaus und einen dreiteilig plattgeschlossenen Chor sowie eine Doppelturmfassade, von der wohl nur ein Turm ausgebaut wurde. Die Ähnlichkeit mit dem Konstanzer Münster ist unverkennbar.

Das bedeutendste Kunstwerk romanischer Zeit, das die Mönche nach der Auflösung des Klosters 1806 neben wertvollen mittelalterlichen Meßgewändern mit nach St. Paul im Lavanttal (Kärnten) nahmen, ist das sog. Adelheid-Kreuz, das größte süddeutsche Reliquienkreuz seiner Zeit. Das im späten 11. Jh. entstandene Goldschmiedewerk hat einen mit vergoldetem Silberblech verkleideten Holzkern und ist auf der Vorderseite mit Edelsteinen, Perlen und Gemmen besetzt. Seine Rückseite mit gravierten Darstellungen (Christus in der Mandorla, Evangelistensymbole) ist jünger. Abt Gunther (1141–1170) wird hier als Stifter genannt und abgebildet.

Lit.: Inv. Baden: Kreis Waldshut, Freiburg 1892, 68 ff.; L. Schmieder, Das Benediktinerkloster St. Blasien, Augsburg 1929; Kat. Suevia Sacra 1973, Nr. 82, 85; Germania Benedictina 1975, 146 ff.; Kat. Das 1000jährige St. Blasien, St. Blasien 1983, Nr. 43 ff.; P. Schmidt-Thomé, Grabungen im Dom, in: DBW 11 (1982), 128 ff.; Festschrift St. Blasien, München–Zürich 1983, 213 ff., 292 ff.

St. Georgen im Schwarzwald (Schwarzwald-Baar-Kreis)

Ehem. Benediktinerkloster

Im Jahre 1083 wollten die Adeligen Hezelo, ein Vogt der Reichenau, der mit ihm verwandte Hesso aus dem Hause der Sülchgaugrafen und ein Konrad aus dem niederen Adel des Eritgaus ein Benediktinerkloster bei einer Georgskapelle in »villa Waldau« (Königseggwald) gründen. Dieses Oratorium des hl. Georg war schon seit Generationen die Grablege der Familie Hezelos. Auf Wunsch des Abtes Wilhelm von Hirsau verlegten sie ihre Gründung 1084 auf einen Hügel im Quellgebiet der Brigach (später St. Georgen) und unterstellten sie dem Papst. Am 24. Juni 1085 wurde die »cella s. Georgii« – eine Holzkapelle (capella lignea) und erste Unterkünfte – durch Bischof Gebhard III. von Konstanz geweiht. Unter den Äbten Theoger (1088–1118, zuvor Prior von Klosterreichenbach) und Werner I. (1118–1134) wurde St. Georgen neben St. Blasien und Hirsau zu einem bedeutenden Reformzentrum. Sie gründeten mehrere Niederlassungen (Friedenweiler, Zabern), reformierten andere (Gengenbach) oder bauten sie wieder auf.

Der erste romanische Steinbau, der mehrfach, u. a. 1222 (1255 Neuweihe) und 1475 (Neuweihe 1496) brannte, ist seit 1958 in Umrissen bekannt. Die Kirche des frühen 12. Jh. war – wenn man den Grabungsbefunden E. Schmidts traut – eine dreischiffige Säulenbasilika mit vierungslosem Querhaus und einer Doppelapsis wie in Reichenau-Mittelzell oder Weingarten. Nach einem Brand von 1222 soll die gesamte Ostanlage erneuert worden sein. An ein durchgehendes Querhaus schlossen nun eine große Mittelapsis mit Vorchorjoch und je zwei rechteckige Querhauskapellen – wie bei den Zisterziensern – an. Nach der Zerstörung von Kirche und Kloster im Jahre 1633 verschwanden die Ruinen im 19. Jh.

Lit.: Inv. Baden 2, Freiburg 1890, 82 ff.; G. Zeggert, Theoger, Abt des Klosters St. Georgen, St. Georgen 1954, 83 ff.; H.-J. Wollasch, Die Anfänge des Klosters St. Georgen im Schwarzwald (FOLG 14), Freiburg 1964; Germania Benedictina 1975, 242 ff.; Festschrift 900 Jahre St. Georgen im Schwarzwald, St. Georgen 1984, 103 ff.

St. Ilgen → Leimen-St. Ilgen

St. Märgen (Kreis Breisgau-Hochschwarzwald)

Ehem. Augustiner-Chorherrenstift,
kath. Pfarrkirche St. Maria
Abb. 38

Zu den süddeutschen Klöstern, in denen bisher keine Forschungen nach den Vorgängern der meist barock erneuerten Anlagen unternommen wurden, zählt auch das Schwarzwaldkloster St. Märgen, das immer im Schatten seines berühmten Nachbarn St. Peter stand.
Um 1115 kamen auf Veranlassung des Grafen Bruno von Haigerloch-Wiesneck, eines Dompropstes in Straßburg, der Besitzungen im Dreisamtal hatte, Augustinerchorherren aus Lothringen auf die Höhe des Schwarzwaldes. Vermittelt hatte sie Bischof Richwin von Toul. Sie errichteten eine »cella s. Mariä«, aus der St. Märgen wurde. In der Zeit Bischof Ulrichs von Konstanz (1111–1127) kam es zu Spannungen zwischen den Lothringern und den einheimischen Konventsmitgliedern, so daß dieser die Lothringer zurückschickte. 1125 nahm Papst Honorius II. eine Marienkirche in seinen Schutz, die 1430 und 1560 mit dem Kloster brannte. Der letzte Neubau der Kirche erfolgte 1716–1725, die Aufhebung 1807. Möglicherweise spiegelt der barocke Bau mit seinen zwei Osttürmen die Marienkirche der Gründungszeit.
In der Muttergotteskapelle wird ein hölzernes Gnadenbild bewahrt, das die Gründermönche aus Lothringen mitgebracht haben sollen, was sicher nicht zutrifft. Die thronende Madonna bäuerlicher Machart hält mit beiden Händen ein winziges Kind auf dem linken Knie. Mit der Rechten streckt sie dem leblosen Sohn einen Apfel entgegen. Die Körperlichkeit der Maria und besonders die weich aufliegenden geschwungenen Falten machen eine spätromanische Entstehung wahrscheinlich.

Lit.: Inv. Baden 6, Tübingen–Leipzig 1904, 321 ff.; M. Hermann, St. Märgen/Schwarzwald (Kunstführer 539), München–Zürich 1951, [11]1980; Festschrift zur 850-Jahr-Feier St. Märgens, St. Märgen 1968, 34 f.; W. Müller, Studien zur Geschichte der Klöster St. Märgen und Allerheiligen, in: FDA 89 (1969), 5 ff.

St. Peter (Kreis Breisgau-Hochschwarzwald)

Ehem. Benediktinerabtei, kath. Pfarrkirche St. Petrus

Wie in Ettenheimmünster, St. Trudpert, St. Ulrich, St. Märgen etc. wären auch in St. Peter Grabungen nötig, um

St. Peter. Ansicht des Klosters von G. Bucelin, 1624

die Vorgeschichte der Anlage befriedigend zu klären. Unter der Barockkirche Peter Thumbs von 1724–1727 müssen u. a. die Grundmauern einer romanischen Kirche aus dem frühen 12. Jh. liegen. Sie war das Gotteshaus eines 1093 hierher verlegten Klosters, das vor 1073 Herzog Berthold I. von Zähringen zusammen mit Wilhelm von Hirsau zunächst in Weilheim an der Teck eingerichtet

hatte. Berthold II. versetzte diese Erstgründung – aus politischen Gründen – an den Aufstieg vom Breisgau in den Schwarzwald und richtete sie als Hauskloster ein. Bischof Gebhard III. von Konstanz, ein Bruder des Herzogs, vollzog die Weihe einer ersten Kirche – sicher einer Behelfskirche wie in Alpirsbach – am 1. August 1093. Ein großer Bau, der Weingarten ähnlich gewesen sein könnte, wurde erst 1148 geweiht. Ob die Zeichnung des Weingartener Historikers G. Bucelin (1626), die ein niedriges Langhaus von sechs oder mehr Jochen und einen Turm an der Chorsüdseite zeigt, mehr als nur das romanische Langschiff wiedergibt, ist offen, da für 1238 und 1437 von Brandkatastrophen berichtet wird.

Aus der Zeit der Kirchenweihe von 1148 stammte ein verschollenes Vortragekreuz mit Reliquien. In der Regierungszeit des Abtes Gozmann (1137–1154) hat es ein Künstler Billung signiert. Von einem romanischen Holzkruzifixus gibt es ebenfalls nur noch eine Abbildung.

Lit.: Inv. Baden 6, Tübingen–Leipzig 1904, 327 ff. 529; H.-O. Mühleisen, St. Peter im Schwarzwald (Großer Kunstführer 62), München–Zürich 1972, ⁴1984; Germania Benedictina 1975, 475 ff.; Festschrift St. Peter, München–Zürich 1977; W. Berschin, Topoi paralleloi, in: FDA 100 (1980), 323 ff.

St. Trudpert → Münstertal-St. Trudpert
St. Ulrich → Bollschweil-St. Ulrich

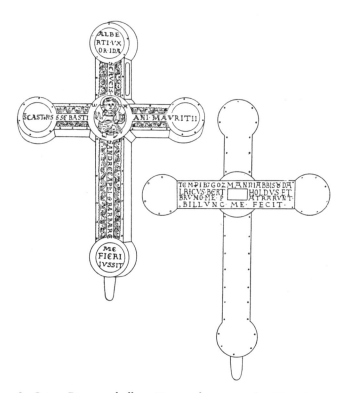

St. Peter. Das verschollene Vortragekreuz aus der Mitte des 12. Jh.

Saulgau (Kreis Sigmaringen)

Kreuzkapelle
Abb. 190

In der spätgotischen Kreuzkapelle in der Nähe des Bahnhofs von Saulgau befindet sich ein bedeutender romanischer Holzkruzifixus. Als man 1734 einen neuen Altar errichtete, ließ man zwei neu geschaffene Figuren von Maria und Johannes (1,35 m hoch) einen etwa 2 m hohen Christus des 12. Jh. flankieren. Christus »schwebt« mit weit ausgebreiteten, leicht gebogenen Armen vor dem Kreuz. Die große Seitenwunde ist gotische Zutat. Der bärtige, spitz zulaufende Kopf ist leicht nach vorn geneigt. Er trug vielleicht eine Metallkrone. Das Lendentuch hält ein Gürtel in der Körpermitte. Die Beine sind lang und schmal, die Füße hängen nach unten. Reste einer wohl frühgotischen Farbigkeit sind erkennbar, seit man sieben Schichten abgenommen hat. Die Zartheit und sanfte Trauer der Darstellung erinnert an den Kruzifixus von Reichenau-Oberzell.

Lit.: Inv. Württemberg: Kreis Saulgau, Stuttgart–Berlin 1938, 23; Himmelheber 1961, 202; E. Pattis und E. Syndicus, Christus Dominator. Vorgotische Großkreuze. Innsbruck–Wien–München 1964, 213.

Schäftersheim → Weikersheim-Schäftersheim

Schienen → Öhningen-Schienen

Schönau (Rhein-Neckar-Kreis)

Ehem. Zisterzienserkloster, ev. Pfarrkirche
Abb. 82

Von der 1142 durch Buggo oder Burkhard II., den Bischof von Worms, als sein Grabkloster gegründeten Zisterzienseranlage in der »schönen Aue« im Tal der Steinach blieben außer dem spätromanischen zweibogigen »Oberen Tor« und dem frühgotischen Herrenrefektorium nur wenige Reste erhalten: Gewölbereste am Rathaus, die seit 1985 freiliegenden Grundmauern der Westfassade der Kirche, die frisch restaurierte »Hühnerfautei«, die dendrochronologisch auf um 1251 datiert werden konnte, und einige in Privathäuser eingemauerte Grabsteine. Erst 1145 kam aus Kloster Eberbach im Rheingau, von wo auch das pfälzische Otterberg und das hessische Arnsburg besiedelt wurden, der erste Abt mit zwölf Mönchen in die Neugründung, deren ummauerte Grundfläche sich mit dem Stadtkern des heutigen Schönau deckt.
Durch die Untersuchung von R. Edelmaier ist der Grundriß der Gesamtanlage und der der Kirche (84 m lang) bekannt, die nach einer Stiftungsnachricht des Abtes Heinrich von Lorsch 1167 im Bau war. Es handelte sich um eine dreischiffige kreuzförmige Pfeilerbasilika mit Querhauskapellen und einem geradegeschlossenen Chorhaupt, um das sich eine Art Umgang und eine Folge halbrunder Kapellen legte. Über den Aufriß waren R. Edelmaier und E. Hausen unterschiedlicher Meinung. Offenbar muß man aber die von beiden vertretene Annahme einer von Beginn an auf Wölbung angelegten Kirche korrigieren. Der wohl schon um 1150 begonnene und um 1215 als »novum monasterium« geweihte Bau (Nachricht von Caesarius von Heisterbach) muß mehrfach verändert worden sein.
Das als ev. Pfarrkirche dienende Refektorium – es wird derzeit umfassend restauriert – ist ein gewaltiger Rechteckbau von 33,6 x 14 m, der mit der nördlichen Schmalseite an das einzige erhaltene Joch des Kreuzgangs anschließt. Aus dem rippengewölbten Joch dieses Ganges

Schönau. Ev. Pfarrkirche, Stufenportal

führt – dem Eingang des ehem. Brunnenhauses (anstelle der kleinen katholischen Kirche von 1737) gegenüber – ein prachtvolles Stufenportal mit bogengerahmtem Tympanon und frühgotischen Knospenkapitellen in einen Raum von eindrucksvoller Kraft und Geschlossenheit. Der Saal ist zweischiffig und fünfjochig. Die fünf Mittelstützen – die nördliche ist achteckig, die übrigen sind rund – tragen über gestuftem Sockel und flachen Tellerbasen gewaltige blattgeschmückte Kelchwürfelkapitelle, auf deren Deckplatten die Gurtbögen und die Rippen der vierteiligen Gewölbe zusammenlaufen. An den Wänden ruhen die Rippen und Gurte, wie häufig bei den Zisterziensern, auf Konsolen, deren Form an die merkwürdigen Kapitelle im Kapitelsaal von Bebenhausen erinnert. In der Mitte der Westwand öffnet sich erkerähnlich das Lektorium, von dem aus die Tischlesung vorgetragen wurde. Die nur wegen ihrer rundbogigen Öffnung noch an Romanisches erinnernden Gruppenfenster aus einem Sechspaß über jeweils zwei Fenstern, die spitzbogig geführten Rippen, Schildbogen und Gurte unter den kuppelig aufsteigenden Gewölben, die dekorativen Einzelformen zeigen deutlich, daß den Meistern die beginnende französische Hochgotik vertraut war. Der Bau wirkt ganz einheitlich, doch zeigen sich bei näherer Betrachtung feine Unterschiede in Gewölbehöhe, Rippenprofilen und Konsolen. Der um 1230/40 entstandene Hallenraum bildet mit dem – kleineren – Refektorium in Maulbronn einen Höhepunkt monastischer Baukunst in Deutschland.

Lit.: Inv. Baden: Kreis Heidelberg, Tübingen 1913, 606 ff.; R. Edelmaier, Das Kloster Schönau bei Heidelberg. Ein Beitrag zur Baugeschichte der Cisterzienser. Diss. Karlsruhe, Heidelberg 1915; E. Hausen, Die Kirche der Cisterzienserabtei Schönau, in: Oberrheinische Kunst 2 (1926/27), 116 ff.; M. Schaab, Die Zisterzienserabtei Schönau im Odenwald (Heidelberger Veröffentlichungen zur Landesgeschichte und Landeskunde 8), Heidelberg 1963.

Schöntal (Hohenlohekreis)

Ehem. Zisterzienserabtei, kath. Pfarrkirche St. Maria

Vor 1157 (1155 ?) gründete ein Wolfram von Bebenburg in einer Jagstschleife eine Zisterzienserniederlassung unter dem Namen Neusaß (neue Siedlung), die ab 1163 Schöntal (»lucida vallis«) genannt wurde. Offenbar erfüllte der Stifter ein Gelübde, das er 1147 auf einem Kreuzzug abgelegt hatte. 1157 wurde die Stiftung von Bischof Gebhard von Würzburg und Kaiser Friedrich I. Barbarossa bestätigt, der sie in den Schutz des Reiches nahm. Die ersten Mönche kamen aus Maulbronn.

Die 1707–1736 nach Plänen von Johann L. Dientzenhofer erneuerte Kirche – eine dreischiffige Halle wie auf der Komburg – ist hier deshalb von Interesse, weil sie ganz offenkundig wesentlich den Plan der mittelalterlichen Klosterkirche aus dem späteren 12. Jh. wiederholt. Hier muß wohl in der Nachfolge von Maulbronn eine flachgedeckte kreuzförmige Pfeilerbasilika mit plattgeschlossenen Nebenchören gestanden haben. Es bleibt zu prüfen, wie weit der Neubau sogar auf den romanischen Grundmauern steht.

Lit.: Inv. Jagstkreis: nur Tafeln erschienen; J. Kröll, Die Zisterzienser-Abtei Schönthal in Württemberg, Waldsee 1877; W. P. Fuchs-Röll, Kloster Schöntal (Deutsche Kunstführer 19), Augsburg 1928; E. Mellenthin, Kloster Schöntal (Kunstführer 610), München–Zürich 1955, ⁹1970.

Schussenried → Bad Schussenried
Schuttern → Friesenheim-Schuttern

Schwäbisch Gmünd (Ostalbkreis)

St. Johannis (Filialkirche der Münsterpfarrei)
Abb. 136–140

Die vor 1162 entstandene Stadt ist eine der frühesten Gründungen der Staufer. Mit der Chorseite zum Marktplatz erhebt sich die Johanniskirche, eines der sprechendsten Beispiele spätromanischer Sakralbaukunst in Schwaben. Sie wird erstmals 1297 urkundlich als »capella S. Joanni« genannt, als sie mit der Pfarrkirche der Stadt, dem Heilig-Kreuz-Münster, an das Hochstift Augsburg übergeben wird. Zuvor gehörte die Kirche dem Benediktinerkloster Lorch, das bereits um 1100 ihren Vorgänger besessen haben könnte. Diesen Bau soll der Sage nach die Herzogin Agnes von Schwaben an einer Stelle gestiftet haben, an der sie ihren bei der Jagd verlorenen Trauring wiederfand. Sie war die Gattin Herzog Friedrichs I. von Staufen (gest. 1105). Ob die im Ostteil des Mittelschiffs ergrabene ältere Saalkirche mit einer Apsis und etwa 17 m Länge diese Agnes-Kirche war oder ob diese noch älter ist (8. Jh., dann gehörte sie vielleicht zu jener Mönchszelle, die Abt Fulrad von Saint-Denis in »Gamundias« erwähnt), ist nicht entschieden.

Jedenfalls ist der erhaltene Bau, für den jegliche Urkunden fehlen, nach seinen Schmuckformen kaum vor 1220 begonnen worden. Die Johanniskirche ist eine dreischiffige Pfeilerbasilika von acht Jochen mit für eine »Kapelle« (Taufkapelle?) beachtlichen Maßen (53 × 25–28 m). Sie hat einen fast quadratischen Vorchor und besaß eine weite halbrunde Apsis, die 1406–1429 durch einen polygonalen Chor ersetzt wurde, den aber eine durchgreifende Purifizierung 1869–1880 wieder beseitigte. Aus den Eingriffen des 19. Jh. stammen auch der Obergaden, die Flachdecke, die Ausmalung und die kuriose Rosette der merkwürdig asymmetrischen Querschnittfassade. Am Vorlagensystem der inneren Westwand kann man den Grund für die Asymmetrie ablesen: Der Bau ist erheblich nach Süden verbreitert worden.

Mit Lisenen und Rundbogenfriesen, in die eine phantastische Folge von Menschen, Tieren, Pflanzen etc. eingesetzt ist, ist der gesamte Außenbau überreich ornamentiert. Dazu kommen vier skulptierte Portale von etwa 1230/40 von bescheidener Qualität. Am nach Norden verschobenen Mittelportal eine Kreuzigung: Christus ist als bärtiger König mit einer Krone dargestellt, Johannes und Maria flankieren ihn trauernd. Palmettenbaum, Weinstock und

Vögel sind wohl als Hinweise auf Frieden und Erlösung zu verstehen. Am Nebenportal zwei Tympanonfiguren: Petrus mit dem Schlüssel und ein sitzender Bischof mit einem Krummstab. Wenn die Schere als Zeichen der Büßer verstanden werden kann, ist der Bischof wohl als Richter gemeint, der die Sünder wieder zur Kirche zulassen kann. Petrus wäre der Vertreter der höchsten Richterinstanz. Am Bogenfeld des westlichen Portals der Südseite wehren zwei gegenständige Löwen den eintretenden Sünder ab, während eine offene Schere den Hals eines Menschen bedroht. Ohne Tympanon, aber wirkungsvoll von Wülsten gerahmt ist das östliche Südportal.

Erheblich jünger als diese Portalskulpturen, die steif und mit maskenhaften Gesichtern vor leerem Grunde schweben, sind zwei Reliefs, die in die südwestliche Eckvorlage und die Südwand zwischen den Nebenportalen eingelassen sind. Eine thronende Madonna (Original im Chor) von archaischer Strenge hält ihren segnenden Sohn auf dem Schoß. Beide berühren einen Apfel, wohl den des Sündenfalls. Die Haarbehandlung und die spitzen Schuhe der gekrönten Gottesmutter weisen auf eine Entstehung im fortgeschrittenen 13. Jh. hin, eine Zeit, der gotische Bildformeln bekannt waren. In diese Zeit gehört auch die Kreuzigungsgruppe mit Maria, Johannes und einer rätselhaften Gestalt unterhalb des Kreuzes. Der bärtige Mann trägt eine Kutte und einen Teller mit Münzen; handelt es sich um Judas, um Adam als Büßerfigur oder um einen Stifter?

Verglichen mit dem reich geschmückten Äußeren, das den Bau der Gruppe um Brenz, Faurndau und Murrhardt zuweist, wirkt das Innere wie ein schlichter Nachfolger von Lorch. Lediglich die Eckwülste an den Pfeilern und Arkadenbögen, die Basisprofile, die Ornamente an den Kämpferplatten und am Horizontalgesims zeigen, daß der Raum erheblich jünger ist als sein Vorbild. Die spitzbogigen östlichen Arkaden lassen vermuten, daß die Ausführung von Westen nach Osten erfolgte. Jüngster Teil der Kirche ist der schlanke Turm an der Nordseite des Chors. Von einem blockhaften Unterbau mit zwei rippengewölbten Kammern leiten Eckschrägen zu einem zweigeschossigen Oktogon über, dessen spitzbogige Schallarkaden in die Gotik gehören.

Von der Heilig-Kreuz-Kirche des 12. Jh. ist bislang wenig bekannt. Ihre Chorflankentürme stecken im gotischen Neubau. Sie soll eine dreischiffige Basilika mit Chorquadrat, drei Apsiden, sechs Arkaden und einem Westturm gewesen sein.

Lit.: Inv. Jagstkreis, Eßlingen 1907, 392 ff.; W. Klein, Die St. Johanneskirche zu Gmünd (Gmünder Kunst 6), Frankfurt 1928; H. Schnell, Schwäbisch Gmünd. St. Johannis (Kunstführer 769), München–Zürich 1962, 6 1980; M. Schneider, Die Ausgrabungsbefunde im Heilig-Kreuz-Münster aus den Jahren 1964/65, in: Einhorn 13 (1966), 222 ff.

Schwäbisch Hall

Ehem. St. Michael, ev. Stadtkirche
Abb. 101–103

Im 11. Jh. entstand nahe einer Salzquelle am Kocher eine Marktsiedlung, deren Name 1037 erstmals genannt wird. Nach dem Aussterben der Grafen von Komburg ging sie 1116 an die Staufer. König Konrad III. erweiterte den Ort, dem Friedrich I. Barbarossa 1156 Stadtrechte verlieh, hangaufwärts. In der malerischen Fachwerkstadt haben sich von den spätromanischen Wohnbauten – neben einem Teil der Stadtmauer – acht Wohntürme z. T. erhalten. Bestes Beispiel ist die Keckenburg (Untere Herrengasse).

In eindrucksvoller Lage begannen die Haller Bürger – wohl unter tatkräftiger Mithilfe des 1138 zum König aufgestiegenen Herzogs Konrad – um 1140 auf Besitz des Klosters Komburg mit dem Bau einer Pfarrkirche. Diese – eine flachgedeckte dreischiffige Basilika mit westlichem Querhaus, Ostturmpaar und einer wohl tonnengewölbten, innen halbrunden, außen ummantelten Apsis – wurde 1156, sicher noch unvollendet, von Bischof Gebhard von Würzburg geweiht. Ab 1427 wurde diese Kirche durch eine große spätgotische Hallenkirche ersetzt. Die gotischen Baumeister ließen nur den machtvollen Westturm stehen, mit dem der Bau im späten 12. Jh. vollendet worden war. Auf einem mächtigen Unterbau steigt er über einer prachtvollen Freitreppe des frühen 16. Jh. auf. Er steht – ähnlich dem Westturm auf der Komburg – dreiseitig frei. Weite Rundbogenarkaden führen in das Erdgeschoß, das ein kräftiges Bandrippengewölbe über einer vierpaßförmigen Mittelstütze überspannt. Die Art der Wölbung, das Portal und zahlreiche Ornamentformen sprechen für elsässischen Einfluß. Ein Bogenfeld mit ornamentaler Flächenfüllung und einem Kreuz im Zentrum sitzt über dem Säulenportal der Ostseite. Die Inschrift BERTHOLDVS am linken Portalgewände nennt vielleicht einen Baumeister. Über der Vorhalle öffnete sich eine mit einem ganz modernen Doppelwulstprofil gewölbte Empore dreibogig ins Langhaus. Das Äußere der vier noch romanischen würfelartigen Geschosse gliedern

Eck- und Mittellisenen, gestufte Rundbogenfriese und Schallarkaden. A. Mettler wies nach, daß der Turm eine aufschlußreiche Mischung aus hirsauischen und elsässischen Anregungen ist.

Lit.: Inv. Jagstkreis, Esslingen 1907, 494 ff.; A. Mettler, Der Turm der Michaelskirche in Hall, in: WVjHLG 35 (1929), 59 ff.; ders., Von mittelalterlicher Baukunst in und bei Hall, in: Schwäbisch Hall, ein Buch aus der Heimat, hrsg. W. Hommel, Hall 1937, 105 ff.; E. Krüger, Das romanische Münster St. Michael in Schwäbisch Hall, in: WFr 39 (1965), 66 ff.; G. Röhrich, Die Keckenburg in Schwäbisch Hall, in: WFr 19 (1937/38), 41 ff.

Ehem. Klosterkirche St. Jakob

Bis zum Stadtbrand von 1728 stand gegenüber der Michaelskirche an der Stelle des schönen Rathauses eine romanische Kloster(?)kirche: St. Jakob. An ein dreischiffiges Langhaus aus der Mitte des 11. Jh. schloß eine um 1225 erneuerte rippengewölbte Ostpartie – Querhaus und quadratischer Chor – an, die Lobenfeld glich.

Lit.: E. Krüger, Die Klosterkirche St. Jakob zu Schwäbisch Hall, in: WFr 26/27 (1951/52), 233 ff.

Schwäbisch Hall-Großkomburg

Ehem. Benediktinerkloster St. Maria und Nikolaus
Abb. 104–111

Die Frühgeschichte des Klosters auf dem weithin die Landschaft beherrschenden »Kamberg« (1078) oder »Kahenberch« (1090) ist verworren. Nach der Überlieferung des Klosters hat ein Graf Richard den Berg vom Bischof von Augsburg erworben. Wann das geschah und wann die Burg errichtet wurde, ist ungeklärt. Jedenfalls muß sie vor dem für 1078 gesicherten Beginn des Klosterbaus entstanden sein, dem wohl sicher auch die eigentliche Klostergründung vorausging. Initiator war Graf Burkhard II., dessen Geschlecht im Öhringer Stiftungsbrief von etwa 1090 als »von Komburg« bezeichnet wird und der seine Burg im Einverständnis mit seinen Brüdern Rugger und Heinrich in ein Benediktinerkloster umwandelte. Einer der Anstöße war wohl der Gesundheitszustand Burkhards, an dessen Gebeinen Spuren einer Knochenerkrankung festgestellt wurden.
Am 21. Dezember 1088 erfolgte durch Bischof Adalbero von Würzburg eine Weihe, als Patrone werden die Hl. Dreifaltigkeit, das Hl. Kreuz, Maria, Nikolaus und »Alle Heiligen« genannt. Die Stiftung muß früh in den Umkreis

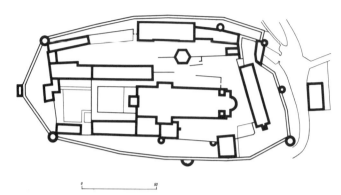

Schwäbisch Hall-Großkomburg. Grundriß des ehem. Klosters

Hirsaus getreten sein: Abt Wilhelm von Hirsau soll nach seiner Vita auf der Komburg gewesen sein, der zweite Komburger Abt Gunther kam aus dem Schwarzwaldkloster. Um 1098 starb der Stifter Burkhard als Konventuale, er soll nach der Chronik des Georg Widmann (1481–1560) die Kirche noch mit Ausnahme ihrer »drei steinernen Türme« vollendet haben. 1108 soll sie der Ministeriale Wignand von Kastell fertiggestellt haben. Als Abt Hertwig (um 1103/04–um 1140) die Kirche ausstattete, wird der Bauvorgang abgeschlossen gewesen sein.
Den 1707–1715 bis auf bedeutende Reste (Westturm, südliche Querhauswand, Krypta) durch einen barocken Neubau ersetzten Bau hat G. P. Fehring 1965 ff. ergraben und rekonstruiert. Es handelte sich um eine dreischiffige doppelchörige Pfeilerbasilika von etwa 65 m Länge mit einer östlichen Vierstützenkrypta, niedrigen westlichen Querschiffarmen und einem Westturm, der über einer Brunnenstube einen Chor umschloß. Der Aufriß war zweigeschossig: Rechteckvorlagen stiegen vor den Pfeilern zum Mittelschiff hin auf und rahmten eingeschossig die Pfeilerarkaden oder zweigeschossig – ähnlich wie im ungewölbten Speyrer Dom – die Obergadenfenster und die Arkadenöffnung. Die quadratische Krypta (→ Konstanz, Ladenburg) hatte einen tonnengewölbten Anbau nach Osten. Vier Säulen mit attischen Basen trugen doppelschildige Würfelkapitelle.
Um 1220 wurde der Ostchor erneuert. Eine leicht gestaffelte Dreiapsidenanlage mit Chorflankentürmen, die im barocken Neubau erhalten sind, ersetzte die wahrscheinlich plattgeschlossene erste Lösung.
Die Doppelchörigkeit der Komburger Klosterkirche mag sich aus der Weihe an Maria (Ostchor) und Nikolaus (Westchor) erklären. Der Ostchor war Grabstätte des Stif-

ters und Memorienort. Dreiteilig gestaffelte Chöre finden sich in Konstanz oder Limburg an der Haardt; Chortürme besaßen das Straßburger Münster und Reichenau-Mittelzell. Die Mittelschiffgliederung mit Blendbögen und Pfeilerarkaden verweist auf Speyer I. Offenkundig hatte der Bau trotz der frühen Kontakte mit Hirsau – abgesehen von Details – nichts mit den Baugewohnheiten der Reformer zu tun. Obwohl er am Beginn der Hochromanik entstand, blieb er beim kastenartigen flachgedeckten Raumtyp der Frühromanik. Mit dem Umbau der Ostteile wurde schließlich die Idee der »schwäbischen Osttürme« aufgegriffen.

Von den mittelalterlichen Klostergebäuden ist das Klostertor der ersten Hälfte des 12. Jh. erhalten. Über einem rundbogigen Durchgang läuft ein gedeckter Laufgang mit neun Arkaden auf schlanken Säulchen mit Würfelkapitellen. Darüber erheben sich zwei quadratische Türme, die den Chor der ehem. Michaelskapelle im Obergeschoß flankieren.

Durch das Untergeschoß der sog. Erhardskapelle erreicht man die Kirche. Der sechseckige, von einer Zwerggalerie umlaufene Zentralbau, dessen Obergeschoß über einer Mittelstütze rippengewölbt ist, diente als Heilig-Grab-Nachbildung, als Friedhofs- oder Reliquienkapelle. Er muß nach seinen Einzelformen um 1220 entstanden sein. Aus dieser Zeit stammt auch die gemalte Kreuzigung über dem Altar: zwei Stifter, Maria, Johannes und zwei Heilige flankieren das Kreuz Christi. Die bewaffneten Jünglinge in der Fenster- und Türleibung könnte man als Grabwächter Christi verstehen, sie stammen wohl erst aus der zweiten Hälfte des 13. Jh.

Romanisch ist auch die sog. Schenkenkapelle neben der Kirchenfront. Sie ist der ehem. Kapitelsaal des 12. Jh., dessen Vorraum eine Arkadenfolge abtrennt. An vier Balken der Decke haben sich Ranken als Reste der romanischen Bemalung erhalten. Diese soll wie das säulengeschmückte steinerne Lesepult aus dem zweiten Viertel des 12. Jh. stammen.

Von ganz hervorragender Bedeutung sind mehrere romanische Ausstattungsstücke der Kirche. Das Antependium (78 x 188 cm) ist, wie der riesige Radleuchter über ihm, eine Stiftung des Abtes Hertwig und wurde in der Klosterwerkstätte hergestellt. Ein mit Zellenschmelz und Edelsteinen dekorierter Rahmen umgibt die Mittelfigur eines stehenden Christus mit Buch, die Evangelistensymbole und die benannten Apostel. Eine lange Inschrift erläutert, daß sie den »precepta magistri« folgten, nun auf ewig selig

leben und den Würdigen den Himmel öffnen. Die weich modellierten Treibarbeiten aus vergoldetem Kupfer sind Musterbeispiele für die Umsetzung byzantinischer Vorbilder in eine abendländische Auffassung. Auch der Leuchter – Vergleichsbeispiele befinden sich in Aachen und Hildesheim – ist aus vergoldetem Kupfer. Eine lange Inschrift an dem Ring von gut 5 m Durchmesser nennt den Stifter und deutet den Kranz (mysticat ecclesiae structuram) und seine Details. Der Aufbau ist ein Sinnbild der auf »ewige Mauern und Türme gegründeten Kirche«, die zwölf Türme versinnbildlichen das Apostelkollegium, die »Säulen« die Propheten. Die getriebenen Figuren und Büsten sind bis auf Engel und Abel nicht benennbar. Reicher Dekor aus Pflanzen, Menschen, Tieren und Fabelwesen überzieht den Reif.

In die Zeit der beiden Edelmetallarbeiten gehörten wohl auch die Chorschranken, von denen umfangreiche Bruchstücke fast lebensgroßer Stuckfiguren (Christus, Heilige) gefunden wurden.

Künstlerisch weniger bedeutend, aber ideell wertvoller als die genannten Stücke ist die mit Rundbogenarkaden geschmückte Tumba, unter deren ornamentierter Deckplatte heute die Gebeine der Stifter ruhen. Das um 1180 geschaffene Denkmal war der Ort der Memoria, die Stelle des liturgischen Gedenkens, an der die Stifter auf Dauer die immaterielle Gabe des Gebets als Dank für ihre Stiftungen erwarten durften.

Lit.: F. Valentien, Untersuchungen zur Kunst des 12. Jh. im Kloster Komburg, Diss. Freiburg 1963; G. P. Fehring und R. Schweitzer, Großkomburg. Der romanische Gründungsbau und seine Geschichte, in: WFr 56 (1972), 5 ff.; dort auch Aufsätze über den Kapitelsaal, die Chorschranken, die Erhard-Kapelle; Germania Benedictina 1975, 351 ff.; Staufer-Katalog 1977, I 592; Legner 354 f., 449.

Schwäbisch Hall-Kleinkomburg

Ehem. Kloster St. Ägidius
Abb. 112–114

Das Kloster Kleinkomburg geht auf eine Stiftung des Grafen Heinrich II. von Komburg, des Ministerialen Wignand von Kastell und des Abtes Hertwig zurück. 1108 wird es als in diesem Jahr gegründete »ecclesia« genannt. Ob und wann es ein Frauenkloster war, ist unklar. 1149 wird ein Propst Gebhard genannt.

Die mittelgroße Kirche (36,6 x 14,7 m) ist eine gut erhaltene dreischiffige und flachgedeckte Säulenbasilika von fünf Jochen mit ausgeschiedener Vierung, mit quadratischen Querhausflügeln und einem tonnengewölbten Chorquadrat. Sie hat keine Krypta, ihre drei Apsiden sind bzw. waren rechteckig ummantelt, die Fassade ist turmlos und glatt. Der Vierungsturm wurde 1713 abgetragen. Die Mauern aus verputztem Bruchsteinmauerwerk gliedern einfache Lisenen und Rundbogenfriese. Sie umschließen einen harmonisch proportionierten Raum (Mittelschiffbreite 5,6 m, Höhe 10 m), dessen Grundriß (→ St. Aurelius in Hirsau), Doppelschildkapitelle mit »Nasen« und (rechteckige) Pfeiler als Begrenzung des Chorus minor an hirsauische Vorbilder erinnern.

Chor und Apsis sind mit Wandmalereien dekoriert, die 1882 ikonographisch und motivisch, aber nicht stilistisch getreu erneuert wurden. Die Fresken geben jedoch einen guten Eindruck von der Farbigkeit romanischer Innenräume der ersten Hälfte des 12. Jh. In der Apsis steht Christus, flankiert von den Evangelistensymbolen und vier Heiligen (ein bärtiger Einsiedler ist wohl Ägidius). Von den sechs Heiligen in der Zone unter der Kalotte ist nur Papst Gregor der Große zu identifizieren, die übrigen könnten ebenfalls Kirchenväter sein. Zwischen den Fenstern des Vorchors stehen Propheten (?), beidseits am Fuß der Tonne die zwölf Apostel. In der Scheitelzone des Gewölbes folgen von Osten einige ikonographisch höchst bemerkenswerte Szenen: Christus in der Kelter, die älteste erhaltene Darstellung dieses Themas, eine Kreuzigung mit Ecclesia und Synagoge und eine mit der Auferstehung der Toten verbundene Auferstehung Christi.

Lit.: Mettler 1915, 109; Valentien 1963, 152 ff.; E. Hause, Der Bau der St.-Aegidius-Basilika auf Kleinkomburg, in: WFr 56 (1972), 99 ff.; ders., Die Geschichte der Kleinkomburg und das Bauen des Kapuziner-Ordens, Diss. TH Stuttgart 1974.

Schwäbisch Hall-Steinbach

Kath. Pfarrkirche St. Johannes d. T.
Abb. 115

In einem ummauerten Hof des kleinen Ortes am Fuß der Komburg erhebt sich über dem tief eingeschnittenen Lauf von Kocher und Waschbach die reizende Kirche aus dem frühen 12. Jh. Von dem romanischen Bau haben sich der Turm über dem längstonnengewölbten Chor, die halbrunde Apsis und deren quertonnengewölbte Nebenräume erhalten. Die seltene Lösung der Ostpartie als dreigeteilter

querrechteckiger Turmchor findet sich um 1240/50 auch an der Katharinenkirche in der Vorstadt von Hall. Den Turmaufsatz rahmen Lisenen und ein Bogenfries auf spitzen Kragsteinen. Das zugehörige Langhaus (1717 erneuert) war einschiffig und flachgedeckt.

Lit.: Inv. Jagstkreis: Oberamt Hall, Esslingen 1907, 582 ff., vgl. 514 ff.

Schwarzach → Rheinmünster-Schwarzach

Sindelfingen (Kreis Böblingen)

Ehem. Augustiner-Chorherrenstift St. Martin,
ev. Stadtkirche
Abb. 164–166

Durch eine Ausgrabung konnte 1973 die bis ins frühe 8. Jh. zurückreichende Vorgeschichte des romanischen Klosters bzw. Stiftes im Bereich der Martinskirche geklärt werden. Dieser ältesten Periode gehören ein christlicher Friedhof und ein profaner Siedlungsbereich an. Ein zu diesem Außenfriedhof gehörender Sakralbau, der als Eigenkirche mit einem frühen Herrensitz in seiner unmittelbaren Nähe in Verbindung gestanden haben muß, wird im Süden oder Osten außerhalb der heutigen Kirche vermutet. Im zum Grabungsschutzgebiet erklärten »Klostergarten« sollen diese Gebäude in den nächsten Jahren gesucht werden. Im südwestlichen Teil der Kirche wurden Fundamente von zwei Steinbauten unbestimmter Funktion und vermutlich einer Fachwerkkonstruktion gefunden, die im 10. Jh. als eine Erweiterung des älteren Herrenhofs entstanden sein dürften. Dieses Siedlungsareal stand wohl im Zusammenhang mit dem »castrum« des Klostergründers des 11. Jh.

In der 1560 von dem Stuttgarter Hofhistoriographen Andreas Rüttel geschriebenen »Sindelfinger Chronik« wird die Gründungsgeschichte des frühromanischen Klosters ähnlich wie schon in den »Annales Sindelfingenses« der zweiten Hälfte des 13. Jh. erzählt: »Adelbertus genannt Atzinbart, ein grave von Calw, sein gemahel Wilica genannt . . . , die haben ein burg gehabt bey dem flecken Sindelfingen gelegen und dieselbigen abgebrochen, daraus ein closter gebawt und anfenglich mönch S. Benedicten ordens dahin verordnet, darzu auch nonnen. Und letzlich, als gemelter grave und sein gemahel angezaigte mönch und nonnen gehn Hirsaw transferiert, haben sie an derselbigen stat chorherrn, so man Canonicos Regulares S. Augustin ordens . . . daher verordnet. Und als sie die burg also abge-brochen, das closter und kirchen daraus gebawt, haben sy ihnen selbs auch ein haus neben St. Martins kirchen zu Sin-delfingen bawen lassen, darin die beyde eegemecht bis in irem tod beliben. Volgends nach ierem tod haben sie inen ir begrebnus zu Hirsaw erwölt und alda begraben wor-den.«

Die Gründung des Doppelklosters durch Graf Adalbert II. von Calw (gest. 1099) und seine Gemahlin als Calwer Hauskloster muß vor 1059 erfolgt sein, denn in diesem Jahr – dem Jahr des Baubeginns der dortigen Aureliuskir-che – muß dessen Verlegung nach Hirsau erfolgt sein. Für diese Umsetzung der Mönche müssen politische Gründe ausschlaggebend gewesen sein. Auf Betreiben Hirsaus er-folgte angeblich schon 1066 eine Neubegründung Sindel-fingens als Chorherrenstift.

Der heutige Bau entstand als Stifts- und Gemeindekirche in mehreren zeitlich auseinanderliegenden und mit Plan-änderungen verbundenen Abschnitten über Teilen des Herrenhofs und des Friedhofs. Die erste Bauphase, die Fundamentierung und wohl auch teilweise Aufrichtung, begann kurz nach der Mitte des 11. Jh., also nach der Er-richtung des Stiftes. Geplant war eine dreischiffige quer-hauslose Basilika mit einer Krypta und wohl schon mit dreiapsidialem Chorschluß von 39 x 17,5 m. Möglicher-weise bezieht sich auf diese wohl noch weit von der Voll-endung entfernte Anlage eine Weihenachricht aus dem Jahr 1083.

Die in das östliche Drittel der Kirche über die gesamte Breite eingetiefte Krypta von fünfmal drei gratgewölbten Jochen auf Säulen entstand nach einer Planänderung in einem zweiten Bauabschnitt. Im Jahre 1100 geweiht, wurde sie 1576/77 entfernt. In einem dritten Abschnitt wurde die Kirche schließlich bis etwa 1130/35 von Westen nach Osten fertiggestellt. In diese Bauphase gehören die Langhauspfeiler mit dem Oberbau und die Ostpartie, wo-bei die Mittelschiffarkaden über die Krypta hinweggeführt wurden. Der quadratische nackte Glockenturm auf der Chorsüdseite wurde wohl erst nach Abschluß des eigent-lichen Kirchenbaus errichtet. Dessen Vollendungsdatum konnte durch eine dendrochronologische Untersuchung des Dachstuhls gestützt werden. Am Abschluß der Arbei-ten muß Herzog Welf VI. von Spoleto, der 1129 durch Heirat Herr von Sindelfingen geworden war, wesentlich beteiligt gewesen sein.

Die 1973/74 vorzüglich restaurierte Kirche ist ein quer-hausloser Bau von acht Jochen mit dreiapsidialem Chor.

Sie gehört zur Gruppe der flachgedeckten Pfeilerbasiliken Schwabens. Bemerkenswert sind vor allem ihre gegenüber den Langhausaußenseiten auffallende Ostansicht, wo den Apsisrundungen gestufte schlanke Blendbogen aufgelegt sind, ihre Hallenkrypta, die an Speyer oder Oberitalien er-innert, und die Form der Pfeiler mit Kantensäulen, die in Niedersachsen (Braunschweig, Goslar) häufig ist. Einen aufschlußreichen Versuch, baugeschichtliche Feststellun-gen und historische Vorgänge zu verknüpfen, unternahm H. Schäfer 1977.

Die romanische Ausstattung ist verloren. Erhalten blieb lediglich der Eisen- und Bronzebeschlag der Holztür, die ursprünglich einen Südeingang verschloß, dessen Vorhalle 1863 abgerissen wurde.

Lit.: Inv. Neckarkreis, Stuttgart 1889, 102 ff.; H. Graessle, Sindelfingen. Dorf, Stadt und Stift bis zur Mitte des 16. Jh., Sindelfingen 1954; P. Paul-sen, Die Schildtür an der Martinskirche zu Sindelfingen, in: Sindelfinger Jahrbuch 1971, 211 ff.; Germania Benedictina 1975, 588 f.; B. Scholk-mann und H. Schäfer, in: FuBAMB-W 4 (1977), 7 ff., 77 ff., 129 ff.; H. Schäfer, in: DBW 7 (1978), 118 ff.

Sinsheim (Rhein-Neckar-Kreis)

Ehem. Benediktinerkloster St. Michael (jetzt staatliches Jugendstift)

Herzog Otto von Kärnten gründete nach einer nicht zwei-felsfreien Überlieferung um 1006 auf einer steilen Anhöhe im Nordosten von Sinsheim ein Stift, das der salischen Fa-milie (neben Speyer) als Grablege dienen sollte. Spätestens zwischen 1092 und 1099/1100 trat an seine Stelle eine Be-nediktinerabtei, die Bischof Johann von Speyer einrich-tete, weil er bei »seinen anderen Verwandten und Vorältern im Summesheimer Kloster« bestattet werden wollte. Der Stifter besiedelte sein Grabkloster mit Mönchen aus Siegburg und übergab ihm den damals als »oppidum« be-zeichneten Ort Sinsheim. Das befestigte Kloster bestand bis 1496, das nachfolgende Kollegiatstift wurde 1565 auf-gelöst.

Von der flachgedeckten Klosterkirche des frühen 12. Jh. steht nur noch das fünf Achsen lange Mittelschiff (Werk-stattraum) bis zur Vierung. Ursprünglich war sie eine drei-schiffige Pfeilerbasilika mit schmalem Querschiff, Krypta, plattgeschlossenem Hauptchor und Apsiden an den Quer-hausflügeln. Nach den Zeichnungen A. von Bayers waren um 1840/50 noch die Vierung und der Ansatz des Chors zu sehen. Auf der Südseite sind noch ornamentierte

Sinsheim. Ehem. Klosterkirche von Süden

Kämpfer zu erkennen. Der mit Flechtwerk verzierte Rest einer Türrahmung ist in den 1522–1528 angebauten Turm im Südwesten eingemauert. Die Kirche war ein gutes Beispiel der einfachen, aber formschönen Klosterkirchen vom Typ Lorch.

Romanisch ist auch die Anlage des Torhauses (Rundwülste, Quaderwerk).

Lit.: Inv. Baden 8: Kreis Heidelberg, Tübingen 1909, 104 ff.; Germania Benedictina 1975, 590 ff.

Sontheim-Brenz (Kreis Heidenheim)

Ehem. St. Gallus, ev. Pfarrkirche
Abb. 132–135

Die spätromanische (1893–1896 hart entbarockisierte) Kirche ist eine dreischiffige flachgedeckte Säulenbasilika von fünf Jochen, der ein Westbau aus quadratischem Mittelturm und niedrigeren runden Treppentürmen vorgelegt ist. Nach Osten schließen ein fast quadratisches gratgewölbtes Vorchorjoch mit halbrunder Apsis und Nebenapsiden an. Im Südwesten öffnet sich eine gratgewölbte Vorhalle mit einem Stufenportal. Der robust wirkende Bau aus unregelmäßigem Quaderwerk, der sich über eine Friedhofsmauer erhebt, ist reich verziert. Die Bogenfriese am

Langhaus und an den Ostteilen sind mit Menschen, Tieren und Fabelwesen gefüllt; die Verwandtschaft mit Faurndau, Murrhardt und Schwäbisch Gmünd ist unverkennbar. Deutlich älter als diese um 1220/1240 entstandenen Teile, zu denen auch das derbe Portal mit seinen bereits die Naturnähe der Gotik verratenden Kapitellen gehört, sind die unteren Teile der Nebenapsiden (kleinteiliges Mauerwerk), der mit Lisenen und einfachen Bogenformen dekorierte Westbau (→ Lorch) und das Tympanon mit einem lehrenden, von Maria und Johannes flankierten Christus, die schon um 1170/1180 entstanden sein könnten.

Aus dem Turm öffnet sich eine Empore wie aus einem Westwerk in das schwerfällig und gedrungen wirkende Langhaus, dessen gequaderte Arkadenzone aus drei Säulenpaaren und einem polygonalen Pfeilerpaar ein Gesims von der verputzten Hochwand mit nur drei Fenstern trennt. Lisenenähnliche Vorlagen (→ Hirsau) verbinden die mit Ranken und Blattwerk geschmückten Kapitelle mit dem Horizontalgesims. Auch im Inneren sind die Details derb und volkstümlich.

Die Vorgeschichte der 875 (Ludwig der Deutsche überläßt einem Diakon Liutprand aus Königsbesitz das »monasterium Furentovva« und eine »capella ad Prenza«), 888 (König Arnulf bestätigt Liutprands Besitz) und 895 (Liutprand schenkt Faurndau und Brenz an St. Gallen) genannten Kirche hat B. Cichy 1964 durch Grabungen geklärt. Brenz ist demnach eine der ältesten nachweisbaren Kirchengründungen in Süddeutschland. Lückenlos läßt sich eine Folge von Kirchenbauten von einer alemannischen dreischiffigen Holzkirche des 7. Jh. mit einem Stiftergrab über eine Saalkirche aus Stein (erste Hälfte 8. Jh.), deren Umwandlung von einer Eigenkirche in eine königseigene Kapelle (um 750), die Erweiterung dieser Kirche durch einen Ostchor (um 850) und einen Westchor (um 895) zu einem steckengebliebenen Pfeilerbau mit Ostquerschiff des späten 12. Jh. verfolgen, der zum Teil im heutigen Bau steckt. Den Gründungsbau datiert H. Dannheimer nach der Untersuchung bescheidener Grabbeigaben auf spätestens 630/40.

Lit.: Inv. Jagstkreis 2: Oberamt Heidenheim, Eßlingen 1913, 83 ff.; B. Cichy, Die Kirche von Brenz, Heidenheim 1966, ²1975; H. Dannheimer, in: Fundberichte aus Schwaben NF 1971, 298 ff.

Standorf → Creglingen-Standorf

Stuttgart

Ev. Stiftskirche Hl. Kreuz
Abb. 158

Die Stuttgarter Stiftskirche wurde um 1000 als Filialkirche der Altenburger Pfarrkirche (Cannstatt) errichtet. Der heutige, nach Kriegsschäden vereinfacht wiederhergestellte Bau ist spätgotisch (Chor 1321 nach der Rangerhöhung zur Stiftskirche und Grablege der Grafen von Württemberg; Langhaus 1433–1495 von Hänslin und Aberlin Jörg als Hallenkirche). Von seinem spätromanischen Vorgänger aus der Zeit um 1230/40 blieb nur der Unterbau des Südostturms (Oberbau 1488 und 1578) erhalten, der offenbar der südliche Chorflankenturm einer dreischiffigen Basilika mit quadratischem Chor war.
Die Kapelle im Erdgeschoß überspannt ein vierteiliges Gewölbe, dessen schwere, etwas gespitzte Rippen von Eckdiensten mit Blattkapitellen ausgehen. Am Außenbau trennen Rundbogenfriese unter Deutschem Band auf Ecklisenen die Geschosse. In die Bogen sind, wie z. B. in Faurndau und Murrhardt, Pflanzen- und Tierornamente eingesetzt.

Lit.: Inv. Neckarkreis: Stuttgart, Stuttgart 1889, 13 ff.; W. Friz, Die Stiftskirche zu Stuttgart, Stuttgart o. J. (1929); A. Mettler, Zur Baugeschichte der Stuttgarter Stiftskirche im 12.–14. Jh., in: Blätter für württembergische Kirchengeschichte 41 (1937), 123 ff.

Stuttgart-Plieningen

Ehem. St. Martin, ev. Pfarrkirche
Abb. 156, 157

Von einer romanischen Kirche der Mitte des 12. Jh. blieb nur das einschiffige Langhaus (17,3 x 9,3 m) erhalten. Der Chor, unter dem 1966 die Grundmauern eines nur 4,5 m breiten Vorgängers aufgedeckt wurden, stammt von 1493. Der ebenfalls gotische Westturm erhielt im 19. Jh. seitliche Anbauten. Die Südwand des sorgfältig gequaderten Äußeren ist reicher geschmückt als die Nordwand. Über einem Rücksprung in Höhe der Sohlbank der nur zum Teil erhaltenen romanischen Fenster beginnt eine zarte Gliederung, bei der jeweils zwei, vier oder fünf Bogen einer Rundbogenfolge auf einem Säulchen sitzen.
Das »Rätsel von Plieningen« bilden neun Reliefs auf der Südseite und drei auf der Nordseite des Langhauses, die sich an abgeschrägten Platten unter dem Dachansatz be-

finden. Die einfachen Bildhauerarbeiten sind Teile eines bisher nicht entschlüsselten Programms. Man erkennt Szenen aus der Bibel (Sündenfall, Adam mit der Hacke, Kain erschlägt Abel, Erweckung eines Toten, Maria und Elisabeth?), aus der Legende (Martin und Bettler) und der Mythologie (Sirene, Mann und Kentaur, Mann und Vogel, Mann und Löwe). Für die Relieffolge fehlen inhaltliche und formale Parallelen.

Lit.: Fastenau 1907, 74 ff.; W. Metzger, Neuentdeckung einer romanischen Plastik an der Martinskirche zu Stuttgart-Plieningen, in: DBW 10 (1967), 36 f.

Sulzburg (Kreis Breisgau-Hochschwarzwald)

Ehem. Klosterkirche St. Cyriacus, ev. Pfarrkirche
Abb. 27–29

Die ehemalige, dem Märtyrer Cyriacus geweihte Klosterkirche gehört zu den wichtigsten Denkmälern der ottonischen Kirchenbaukunst Deutschlands. Sie erhebt sich zwischen dem Sulzbach im Süden und dem sich nach Westen vorschiebenden Sporn des »Schlößle«-Bergs mit den Resten der Vogtsburg. Der in den Jahrhunderten nach der Auflösung des Konvents (1556) arg verstümmelte Bau konnte (seit 1956 liefen Ausgrabungen) 1962–1964 in seiner ottonischen Gestalt rekonstruiert werden.
Über die Geschichte des etwas kahl wiederhergestellten Baus sind wir gut unterrichtet. Der Gründungsbau wurde im letzten Viertel des 10. Jh. errichtet, erwähnt wird er erstmals 993. In diesem Jahr bat Birchtilo, Graf im Breisgau – er wird 990 erstmals urkundlich genannt –, König Otto III. um Zuwendungen für sein Eigen»kloster«, das er sich als Grablege erbaut hatte (». . . monasterium construxi«) und das wohl einige Mönche versorgten. Der Graf selbst hatte seiner Stiftung vor 993 mehrere Güter im Breisgau zum Unterhalt überlassen. Otto III. übergab der »ecclesia s. Cyriaci martyris« am 22. Juni 993 Königsgut »in villa Solzbach dicta«. Nach seinem Tode (wohl 1004) wurde Birchtilo vermutlich in einem (von K. List freigelegten) Bodengrab in der Westapsis beigesetzt, und am 25. Juni 1004 erhielt ein Kleriker Bezelin, vielleicht ein Sohn des Stifters, von König Heinrich II. das Marktrecht in Rinken. Am 28. März 1008 schließlich übergab ein Pirctelo mit Zustimmung seines Bruders Gebehard seinen Anteil an der religiösen Niederlassung (casa Dei) dem Bischof von Basel zum ewigen Gebrauch der dort nach der Regel des hl. Benedikt Dienenden. In dieser Urkunde ist erst-

mals von Benediktinerinnen in Sulzburg, d. h. von deren Recht auf die freie Wahl einer Äbtissin, die Rede.

Der Gründungsbau vom Ende des 10. Jh. war eine doppelchörige Pfeilerbasilika. Die Seitenschiffe endeten im Westen bündig mit dem Mittelschiff, das im Osten um etwas mehr als eine Arakadentiefe vorsprang. Eingezogene Apsiden schlossen im Osten und Westen das Mittelschiff. Es gab kein Querhaus, keine Krypta und keine Nebenapsiden. Der Bau war außen und innen klar umrissen. Das Mittelschiff überragt beherrschend die niedrigen Seitenschiffe, im Osten tritt die Hauptapsis als reiner Halbzylinder vor das Chorjoch (Mönchschor?). Die Westseite ließ den Querschnitt der nur etwa 33,7 m langen Kirche erkennen. Der erneuerte Innenraum (9,65 m hoch und 16,5 m breit, Mittelschiffbreite 7,35 m) ist wenig steil: 1 : 1,3. Die fünf Arkadenbögen auf jeder Seite sind glatt aus der Wand geschnitten. Die rechteckigen Pfeiler, die, wie auch die Außenwände, keinen Sockel haben, gehen ohne Kämpfer in die runden Bögen über. Die größtenteils originalen Hochschiffenster erhellen den Raum gleichmäßig, die ursprünglichen Eingänge führten wohl in die Seitenschiffe. Alle Teile waren bis auf die gewölbten Apsiden flachgedeckt. Schlicht wie das Mauerwerk – lagerhafte, nur auf der Vorderseite geflächte Platten aus Bruchstein – war auch die Dekoration. Unter der Decke lief ein nie vollendetes gelb-rotes Mäanderband um, die Fensterkanten waren mit Streifen gelb und rot gerahmt. Plastischer Schmuck fehlt völlig. Schlicht wie die Gesamtanlage und das Material war auch die geometrische Konzeption des Baus, der sich nach A. Tschira etwa einem Rechteck von 1:2 (25 x 50 Schritt) einbeschreiben läßt. Durch einfaches oder vielfaches Halbieren wurden die Abmessungen aller Teile ermittelt. Rechte Winkel oder senkrechte Kanten fehlen.

Mit einer anzunehmenden Überlassung von Reliquien durch den Bischof von Basel und der Einrichtung des Nonnenkonvents zu Beginn des 11. Jh. hängt wahrscheinlich der Einbau einer Krypta im Osten (Nonnenchor) zusammen. Man senkte den Boden der Apsis ab und wölbte eine Krypta mit sich gerade verschneidenden Tonnen über einer monolithischen Stütze mit ausladendem Kämpferstein. Da man gleichzeitig das Langhaus durch eine Schranke unterteilte, liegt der Gedanke nahe, daß der östliche Teil für die Nonnen, der westliche für die Laien reserviert wurde.

Die Umwandlung der Westapsis mit dem mutmaßlichen Stiftergrab in einen Turm wohl ebenfalls zu Anfang des 11. Jh. – ein Balken aus dem Turm wurde dendrochrono-

logisch auf 996 datiert – könnte auch mit der Bestimmung der westlichen Kirchenhälfte für die Gemeinde zusammenhängen. Westeintürme gelten als typisches Kennzeichen von Pfarrkirchen; als solcher gehört der Sulzburger Turm auch zu den ältesten erhaltenen Fassadentürmen. Von den Gebäuden der Klausur, die gesichert erst seit der Gotik südlich der Kirche lagen, ist nichts erhalten.

Die Sulzburger Klosterkirche ist ein für die ottonische Kirchenbaukunst und die oberrheinische Kunst einzigartiges Monument, das entwicklungsgeschichtlich am Beginn der hier ausführlicher behandelten Bauten steht.

Lit.: A. Tschira, Die Klosterkirche St. Cyriakus in Sulzburg in: Schauins-Land 80 (1962), 3 ff.; K. List, St. Cyriak in Sulzburg 993–1964, Freiburg 1964; A. Tschira, Zur Klosterkirche von Sulzburg und ihrer Wiederherstellung, in: Schau-ins-Land 83 (1965), 87 ff.; ders., Die ottonische Klosterkirche St. Cyriacus in Sulzburg, in: Bonner Jahrbücher 166 (1966), 217 ff.; Die Klosterkirche St. Cyriak in Sulzburg. Entgegnung auf eine Kritik, in: DBW 9 (1966), 8 ff.; K. List, Zur Frage der Stifter des Klosters Sulzburg im Breisgau, in: Schau-ins-Land 84/85 (1966/67), 268 ff.; ders., Der älteste bisher ermittelte Tannenholzbalken Süddeutschlands befindet sich in Sankt Cyriak zu Sulzburg, in: DBW 11 (1968), 92 ff.

Tennenbach → Emmendingen-Tennenbach

Tübingen-Bebenhausen

Ehem. Zisterzienserkloster
Abb. 168–170

Nahe seinem Stammsitz gründete Pfalzgraf Rudolf I. von Tübingen (1183–1219) kurz vor 1187 in einer Ausweitung des Goldersbachtals ein Kloster, dessen Gebäudekomplex als malerische Gruppe von Bauten unterschiedlichen Alters und unterschiedlicher Bauweise in seltener Vollständigkeit erhalten blieb. Den Boden erwarb der Stifter durch Tausch vom Bischof von Speyer. Rudolf entschied sich – wie schon sein Vater Hugo II. in Obermarchtal – zunächst für die Prämonstratenser. An deren Stelle traten jedoch aus nicht überlieferten Gründen schon 1189/90 Zisterzienser (Stiftungsurkunde vom 30. Juli 1191). Cîteaux ermächtigte 1190 Schönau, ein Tochterkloster von Eberbach, zur Gründung. Von dort trafen am 29. Oktober 1190 der erste Abt Diepold und zwölf Mönche ein. Das von Beginn an reich begüterte Kloster vergrößerte seinen Besitz durch Kauf und Schenkung im 13. und 14. Jh. erheblich. Im 14. Jh. gab es rund 80 Mönche und 40 Laienbrüder. Das Ende kam für Bebenhausen bald nach den

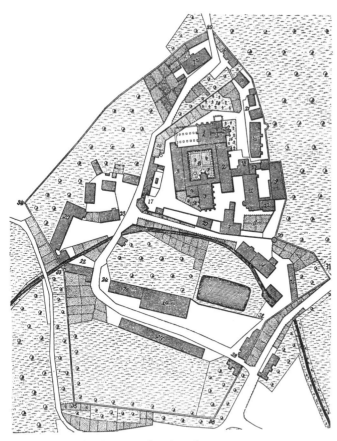

Tübingen-Bebenhausen. Plan des Klosters

haus von ehemals neun Jochen schließt ein schlankes, ausladendes Querhaus aus drei maßgleichen Raumteilen an. Der plattgeschlossene Hauptchor ist wie die Vierung quadratisch. An den Querhausostwänden sitzen je zwei quadratische Kapellen mit Halbsäulen an den Trennwänden. Die am Nordquerhaus haben noch ihre alten Tonnengewölbe, aber nicht mehr die originale Raumtiefe.

Der Aufriß ist zweigeschossig: Über den spitzbogigen Arkaden folgt ein hohe Wandzone mit Rundfenstern, die kaum ursprünglich sind. Auch die Stichkappengewölbe der Schiffe sind nachträglich (1556) eingebaut worden. Bei einer Mittelschiffbreite von 7 m war die Flachdecke 14 m hoch; mit 1:2 war der Raum harmonisch proportioniert.

Nicht nur der Grundriß ist typisch zisterziensisch, auch der Verzicht auf Türme (der Dachreiter ist spätgotische Zutat), auf Ornamente und architektonische Gliederung entspricht den strengen Bauvorschriften der Zisterzienser. Nur das schöne Quaderwerk von Chor und Querhaus ist durch Lisenen und Rundbogenfriese gegliedert.

Die Bauabfolge der 1228 Maria geweihten Kirche, deren Verzicht auf eine Einwölbung wohl der schwäbische Standort erklärt, ist nicht schwer zu durchschauen. Der Baubeginn dürfte um 1190/1195 liegen. Zunächst benutzten die Mönche wohl die Kirche der bereits bestehenden Ortschaft Bebenhausen, deren Name von einem legendären Einsiedler oder einem Heiligen Bebo stammen soll. Die durchgehend noch mit Rundbogen ausgestatteten Unterteile der Ostpartie (Fenster, Öffnungen in die Seitenschiffe) entstanden wohl bis 1200/1210. Anschließend folgten bis zur Weihe 1228 die spitzbogigen Oberteile des Querhauses und das einfache Langhaus, wobei die östliche Hälfte der ersten südlichen Langhausarkade noch einen Rundbogen beschreibt.

Auf der Ostseite des spätgotisch (1471–1496) erneuerten Kreuzgangs liegen die drei spätromanischen Räume aus dem frühen 13. Jh. Der Kapitelsaal (mit einer Johanneskapelle und etlichen Grabplatten) und die Sprechhalle (Parlatorium) haben einen quadratischen Grundriß. Je vier gedrungene Säulen teilen die Räume in jeweils neun Joche, die kräftige Rippengewölbe überspannen. Rippen und Gurtbogen ruhen auf stark profilierten achtseitigen Platten, die eine Folge aus Blattkapitellen stützt, unter deren Halsringen Wulste zu einer Bogenfolge verbunden sind. Die Brüderhalle (Mönchssaal) ist vierschiffig. Die spitzbogige Form der Gurtbögen weist auf eine jüngere Entstehung hin. Wie für die zeitgleichen Bauteile in Maulbronn

Zerstörungen des Bauernkrieges (1525). 1535 führte Herzog Ulrich von Württemberg die Reformation ein. Die Mönche gingen nach Stams/Tirol und Tennenbach. Die als ev. Klosterschule dienenden Konventgebäude waren nach 1810 königliches Jagdschloß.

Eine doppelte turmbesetzte Ringmauer umschließt eine der besterhaltenen Klosteranlagen der Zisterzienser (→ Maulbronn, Bronnbach) in Deutschland. Aus der Romanik stammen wesentliche Teile der Kirche und drei Hallen auf der Ostseite des Kreuzgangs, der wie üblich auf der Südseite des Gotteshauses liegt.

Obwohl die Kirche 1566/68 ihre sechs westlichen Joche verlor und das Raumbild (durch den Einbau eines Maßwerkfensters im Hauptchor um 1335 und die Einwölbung des Querhauses im 15. und frühen 16. Jh.) erheblich verändert wurde, ist ihre ursprüngliche Gestalt als typische Vertreterin der Zisterzienserbaukunst gut erkennbar. An ein dreischiffiges, ursprünglich flachgedecktes Pfeilerlang-

nimmt man auch hier frühgotisch-burgundische Vorbilder an.

Lit.: E. Paulus, Die Cisterzienser-Abtei Bebenhausen, Stuttgart 1887; Inv. Schwarzwaldkreis, Stuttgart 1897, 402 ff.; A. Mettler, Kloster Bebenhausen (Deutsche Kunstführer 7), Augsburg 1927; Mettler 1927, 117 ff.; E. Hannmann, K. Scholkmann, Bebenhausen als Gesamtanlage, in: DBW 4 (1975), 15 ff.

Tübingen-Schwärzloch

Ehem. Kapelle St. Nikolaus
Abb. 175

Westlich von Tübingen liegt auf halber Höhe eines nördlichen Ausläufers des Ammerbergs der Gutshof Schwärzloch, der 1085 unter einigen an Blaubeuren geschenkten Gütern genannt wird. Auf der Nordseite des rechteckigen Hofes hat sich die als Gastwirtschaft und Wohnhaus genutzte romanische Kapelle erhalten. Das verputzte Langhaus umzieht noch der alte Sockel, seine Südseite krönt ein roh versetzter Rundbogenfries, in den teils pflanzliche (Palme, Lilie, Rose, Klee), teils figürliche (Drache, Fuchs, Bär, Adler, Mann) Darstellungen eingesetzt sind. Seitlich der Tür ist über einem Löwen und einem Basilisken die Säulenfigur eines langflügeligen Engels (wohl vom Westportal) in halber Lebensgröße eingemauert. Die untere Hälfte einer zweiten Figur ist links vom Hofportal vermauert. Erst im frühen 13. Jh. entstand der quadratische Chor aus Großquadern, den ein schweres Rippengewölbe auf diagonal gestellten Kapitellen deckt. Eines von ihnen zeigt deutlich gotische Blattformen. Der Triumphbogen ist spitz, die Fenster sind noch halbrund. Das Äußere der halbrunden Apsis gliedern Lisenen und ein Rundbogenfries unter Deutschem Band. Übereck gestellte Strebepfeiler stützen das Chorquadrat.

Lit.: Inv. Schwarzwaldkreis, Stuttgart 1897, 398 f.; Troescher 1952, 31 ff.

Überlingen (Bodenseekreis)

Münster, kath. Stadtpfarrkirche St. Nikolaus

Überlingen wird als königlicher Fronhof Iburinga bereits 770 urkundlich erwähnt. Karolingische Bauten sind aber bisher nicht bekannt geworden. Im Langhausbereich des spätgotischen Münsters (1424–1494) hat J. Hecht 1912 die Grundmauern von zwei Vorgängern ergraben. Der ältere – eine Saalkirche von 13,35 x 9,2 m – ist für eine Entstehungszeit im 10. Jh. oder um 1000 auffallend schlicht. Hecht nimmt seine Erweiterung zur dreischiffigen flachgedeckten Säulenbasilika für die zweite Hälfte des 12. Jh. an. Der an das Konstanzer Münster erinnernde Chor mit seinen drei plattgeschlossenen Räumen soll erst vom Ende des 13. Jh. (Weihe 1294) stammen, was schwer zu glauben ist.

Überlingen war schon 1268 Reichsstadt geworden, erhielt aber erst 1350 eigene Pfarrechte. Bis dahin gehörte das Münster St. Michael zur Pfarrei Aufkirch.

Lit.: J. Hecht 1928, 358 ff.; ders., Das St.-Nikolaus-Münster in Überlingen, Überlingen 1938, ²1951; ders., Das Münster zu Überlingen (Kunstführer 540), München–Zürich 1951, ⁶1974.

Tübingen-Schwärzloch. Nikolauskapelle, romanische Skulpturenfragmente an der Südseite

Überlingen-Goldbach

Sylvesterkapelle
Abb. 19, 20

Die einfache, mangels eindeutiger Schmuckformen nicht exakt datierbare ehemalige Pfarrkirche am Bodenseeufer besteht aus einem rechteckigen Westbau, einem 10,24 m langen, 6,2 m breiten und 4,6 m hohen Saal und einem eingezogenen Rechteckchor. Die kleinen Fenster der Südseite und die gemalten Mäanderfriese machen deutlich, daß der flachgedeckte Bau in romanischer Zeit erhöht wurde. Hecht nahm 1979 eine Erbauung in mehreren Phasen an: Langhaus mit Vorhalle und rechteckiger Apsis, dann Erhöhung des Langhauses und des Westbaus, schließlich die gotischen Veränderungen.

Von größerer Bedeutung sind die – schlecht erhaltenen – Wandgemälde, die 1899 und 1904/5 freigelegt wurden. Sie entstanden in engem Zusammenhang mit den Fresken der Reichenau. Im Chor erkennt man die paarweise auf Bänken sitzenden zwölf Apostel, der zugehörige thronende Christus wurde durch einen gotischen Fenstereinbau zerstört. Am Triumphbogen lassen sich die Gestalten und Namen der Stifter WINIDHERE (mit Kirchenmodell) und HILTEPURG, die Frau oder Tochter des Stifters, und der sie empfehlenden hll. Priscian und Martin noch schwach ahnen. Mindestens drei Putzschichten sind im Langhaus zu unterscheiden. Über einer stark zerstörten unteren Zone mit Titulifragmenten, die ein Mäander abschließt, folgt ein Zyklus von Wundertaten Jesu. Identifizierbar blieben auf der Nordwand (von Osten) die Stillung des Sturmes auf dem Meere, die Heilung des Besessenen, auf der Südwand (ebenfalls von Osten) die Heilung des Aussätzigen, die Auferweckung des Jünglings von Nain. Es folgt ein nicht benennbares Streitgespräch. Die Bildfelder werden unten und oben von perspektivischen Mäandern begrenzt.

Die geläufige Datierung (älterer Mäanderfries, Titulifragmente, untere Zone im Langhaus Ende 9./Anfang 10. Jh.; Erhöhung des Saals und zweite Ausmalung um Mitte 10. Jh.; Chorausmalung Ende 10. Jh.) ist vielleicht zu früh. Wahrscheinlicher ist eine erste (spätkarolingische) Ausmalung um 900 und eine zweite (ottonische) um 1000. Die ottonischen Malereien in Langhaus und Chor dürften eher derbe und vereinfachte Nachfolger der Reichenau-Bilder sein als deren Vorstufen.

Lit.: F. X. Kraus, Die Wandgemälde der Sylvesterkapelle zu Goldbach am Bodensee, München 1902; Hecht 1928, 364 ff.; J. und K. Hecht 1979, 37 ff.; M. Harder, Ottonische Wandmalerei in der Sylvesterkapelle in Goldbach am Bodensee, MA Freiburg 1980.

Ühlingen-Birkendorf-Berau (Kreis Waldshut)

Ehem. Kloster St. Nikolaus
Abb. 23

1108 übergab Gottfried von Berowe, ein Mönch aus St. Blasien, den Berauer Berg seinem Kloster. St. Blasien besaß dort bereits seit 1098, der Zeit Bischof Gebhards III. (1084–1110) von Konstanz, die Kirche St. Pankratius, eine der ältesten Pfarrkirchen der Abtei. Abt Rusten (1108–1125) richtete ein Benediktinerinnenkloster für Ordensfrauen aus St. Blasien ein. Die erste Klosterkirche wurde 1117 durch Erzbischof Bruno von Trier den hll. Nikolaus, Blasius und Felix geweiht. Weitere Weihen sind für 1147 und 1194 (durch Bischof Diethelm von Konstanz) überliefert.

Aus dem 1806 aufgehobenen Kloster stammt eine der wenigen romanischen Holzskulpturen, die sich aus dem deutschen Südwesten erhalten haben. Es handelt sich um eine qualitätvolle Sitzfigur des hl. Nikolaus (?) aus Lindenholz (87,5 cm hoch, Bemalung 1705), die seit 1948 im Historischen Museum in Basel aufbewahrt wird. Der zierliche Bischof thront streng und aufrecht frontal auf einem (verlorenen) Sitz. Sein Obergewand fällt glatt und symmetrisch über die Knie herab. Aus Mitra, Pallium und Borten sind die Edelsteine entfernt worden. In die Öffnung auf der Brust war vermutlich eine Reliquie eingelassen. Die Hände fehlen, die linke hielt wohl ein Buch oder einen Stab, die rechte machte vielleicht eine Segensgeste. Ein zierlicher Lockenkranz rahmt das Haupt unter der Mitra, die Züge sind jugendlich und freundlich. H. Reinhardt hält Basel für den Entstehungsort der Skulptur. Sie soll als ein Bild des Kirchenpatrons für die im Jahre 1193 geweihte Klosterkirche geschaffen worden sein, deren Hauptaltar sie geschmückt haben könnte.

Lit.: J. Huber, Zur Geschichte der Klosterkirche Berau bei St. Blasien, in: FDA 7 (1873), 344 ff.; Inv. Baden: Kreis Waldshut, Freiburg 1892, 4 ff.; H. Reinhardt, Die Nikolausfigur aus Berau im Hochschwarzwald, in: Jahrbuch des Historischen Museums Basel 1947, 29 ff.

Ulm

Nikolauskapelle

Bei einer seit 1970 laufenden stadtkernarchäologischen Untersuchung wurde auch das »Steinhaus« mit der zu ihm gehörenden, seit dem Zweiten Weltkrieg als Ruine verbliebenen Nikolauskapelle im Ulmer Stadtquartier »Grüner Hof« erforscht. Das Haus ist eines von wenigen erhaltenen Beispielen eines romanischen Wohnbaus in einer Stauferstadt Südwestdeutschlands.

Die Kapelle, der älteste Sakralbau Ulms, wurde 1978 archäologisch untersucht und wiederhergestellt. Es handelt sich um einen kleinen Saalbau mit einer hufeisenförmigen Apsis. Das Schiff war flachgedeckt, die Apsis wohl gewölbt. Der einfache Bautyp ist seit der Antike bekannt (→ Heidelberg-Heiligenberg) und weit verbreitet; für einen romanischen Bau ist er sehr altertümlich, aber wohl mit der bescheidenen Funktion als Hauskapelle (→ Wimpfen, Pfalzkapelle) zu erklären. Das Nikolaus-Patrozinium – erstmals 1499 genannt – ist vielleicht nicht ursprünglich. Die Bauformen und die Nachrichten über den Bauherrn machen eine Entstehung des kleinen Baus kurz nach 1200 wahrscheinlich. Erbauer war der kaiserliche »clericus et notarius« und »magister« Marquard, der ab 1205 in Ulm nachweisbar ist. Er errichtete die Kapelle »propriis suis« und übergab sie 1222 »pro remedio animae suae« den Zisterziensern von Salem. Salem richtete einen Wirtschaftshof ein, der 1264 an die Reichenau verkauft wurde.

Lit.: E. Schmidt und B. Scholkmann, Die Nikolauskapelle auf dem Grünen Hof in Ulm, in: FuBAMB-W 7 (1981), 303 ff.; A. Rieber und K. Reutter, Die Pfalzkapelle in Ulm, Weißenhorn 1974. (Rez. W. Einsingbach, in: Nassauische Annalen 88/1977, 378 f.)

Ulm-Wiblingen

Ehem. Benediktinerkloster, kath. Pfarrkirche

Die Brüder Otto und Hartmann, Grafen von Kirchberg, gründeten 1093 auf ihrem Besitz an der Illermündung das Kloster Wiblingen. Die ersten Mönche, deren Abt Werner (1098–1126) war, kamen, wie in Ochsenhausen, aus St. Blasien. 1098 nahm Papst Urban II. die Abtei in seinen Schutz, bestätigte den Besitz, gewährte freie Abtswahl und Exemtion vom Bischof von Konstanz. Die Vogtei blieb erblich in der Familie der Stifter. Der romanische Gründungsbau, der möglicherweise 1126 vollendet war, als Abt

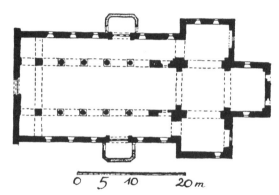

Ulm-Wiblingen. Grundriß der romanischen Klosterkirche

Werner in seiner Mitte beigesetzt wurde, stand bis zu einer Brandkatastrophe 1271. Ausgrabungen stehen noch aus, an der Stelle der mittelalterlichen Anlage steht eine der spätesten Barockkirchen Oberschwabens.

Lit.: Inv. Donaukreis, OA Laupheim, Eßlingen 1924, 153 ff.; A. Feulner, Kloster Wiblingen (Deutsche Kunstführer 1), Augsburg 1925; Germania Benedictina 1975, 652 ff.

Unterregenbach → Langenburg-Unterregenbach

Veringenstadt-Veringendorf (Kreis Sigmaringen)

Kath. Pfarrkirche St. Michael
Abb. 184

Am Westende des Dorfes steht oberhalb der Lauchert-Brücke in einem kleinen Friedhof eine Kirche, deren Ostanlage wesentlich aus romanischer Zeit stammt. Von einer dreischiffigen Pfeilerbasilika (23 x 12 m) aus verputztem Bruchstein blieben die beiden Nebenapsiden mit gratgewölbten Vorchören und das tonnengewölbte Vorjoch der Hauptapsis, die 1320 einer quadratischen Chorerweiterung weichen mußte, erhalten. Erinnert der Grundriß an bayerische Bauten (Altenstadt, Reichenbach) – G. P. Fehring nennt Eberhardzell und Birndorf –, so geben die Türme über den Vorräumen der Nebenchöre den Bau als Mitglied der Gruppe mit »schwäbischen Osttürmen« um Klosterreichenbach zu erkennen. Für eine Datierung noch ins späte 11. Jh. sprechen das Mauerwerk, die basis- und kapitellosen Vorlagen des Chorbogens, die Blendfelder der Türme und die Lisenen bzw. Rundbogen der Apsidengliederung.

Lit.: Inv. Hohenzollern 2, Stuttgart 1948, 381 ff.; G. P. Fehring, Veringendorf, in: DBW 13 (1970), 100.

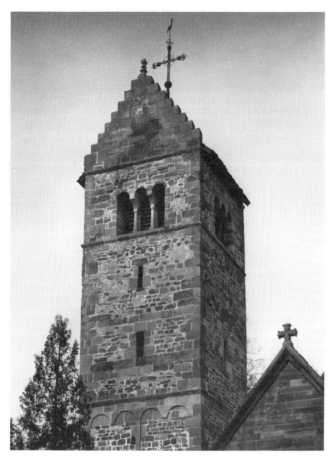

Villingen. Gottesackerkapelle, romanischer Turm

Villingen-Schwenningen, Stadtteil Villingen
(Schwarzwald-Baar-Kreis)

Gottesackerkapelle

Der Turm der Friedhofskirche (Altstadtkirche) ist der letzte mittelalterliche Zeuge der alten Pfarrkirche von Villingen auf dem linken Brigachufer. Zu der erstmals 817 als »ad Filingas« erwähnten Siedlung, die 999 durch Kaiser Otto III. das Marktrecht erhielt, gehörte wohl bereits eine karolingische Kirche. Der erhaltene quadratische Turm dürfte wegen seines Mauerwerks, seiner schlichten Lisenen- und Blendbogengliederung und der Form seiner Schallarkaden aus den Jahren um 1100 stammen. Die Anschlußspuren des einschiffigen romanischen Langhauses sind erkennbar. Der heutige Saal ist neugotisch (1855).
Lit.: Inv. Baden 2, Freiburg 1890, 104 ff.; K. Spindler, Zur Topographie

der Villinger Altstadt, in: Fundberichte aus Baden-Württemberg 4 (1979), 391 ff.

Liebfrauenmünster, kath. Pfarrkirche, urspr. St. Johannes d. T.
Abb. 25, 26

Mit der Anlage der Stadt »Filingun« auf dem rechten Ufer der Brigach wurde unter den Herzögen von Zähringen begonnen. Ihre bis heute fast unveränderte Gestalt erhielt sie wohl erst nach dem Aussterben der Herzöge (1218), als Friedrich II. die Anlage erweiterte und befestigte. Deutlich erkennt man in einem annähernd ovalen Mauerring ein Straßenkreuz, zu dem die Nebenstraßen parallel angeordnet sind. An den Enden der Hauptstraßen standen die vier Tortürme, von denen drei – verändert – erhalten blieben.

Das Münster, ursprünglich eine Filialkirche der Altstadtkirche, liegt wie in Freiburg auf einem freigelassenen Platz abseits der Marktstraßen. Die wenig durchsichtige Baugeschichte der imponierenden Kirche konnte durch Grabungen (1979/80) etwas aufgehellt werden. Da die Untersuchung unpubliziert ist, wird endgültige Klarheit in absehbarer Zeit kaum zu erwarten sein.

Die Kirche der Gründungszeit der Stadt (Bau I) aus der Mitte (?) des 12. Jh. war anscheinend eine Saalkirche von gut 35 m Länge mit drei Apsiden. Dieser Bau wurde im frühen 13. Jh. ersetzt, und zwar durch die teilweise erhaltene Pfeilerbasilika (Bau II) aus roten Sandsteinquadern, deren spitzbogige Stützenreihen durch einige Säulen unterbrochen werden. Dieser offenbar ursprünglich mit einer Holztonne überdeckte Bau ist ein Nachzügler der großen Gruppe der ungewölbten schwäbischen Pfeilerbasiliken. An die Stelle der ersten halbrunden Hauptapsis trat ein Rechteckchor, den im Norden und Süden kleine Apsiden flankierten. Das Säulenportal im Westen und das (jüngere) Doppelportal auf der Südseite gehören zu diesem spätromanischen Bau, dessen Langhauswände nach 1400 erneuert wurden.

Erst nach einem Brand von 1271 erhielt die Ostanlage ihre heutige Gestalt. Einen polygonalen Hochchor flankieren hohe Türme mit rippengewölbten Kapellen im Erdgeschoß.

Der Münsterschatz bewahrt zwei bedeutende Goldschmiedearbeiten: den Fürstenberg-Kelch, eine Stiftung des Grafen Heinrich von Fürstenberg von etwa 1280, und ein Scheibenkreuz (41,8 cm hoch) des frühen 13. Jh., auf das der Goldschmied Johannes aus Freiburg vor 1268 eine plastische Kreuzigungsgruppe setzte. Die Medaillons auf den unteren Vierpässen gleichen denen am Kelch aus St. Trudpert.

Lit.: Inv. Baden 2, Freiburg 1890, 108 ff.; W. Noack, Die Stadtanlage von Villingen als Baudenkmal, in: Badische Heimat 25 (1938), 234 ff.; K. Gruber, Zur Baugeschichte des Villinger Münsters, in: Mein Heimatland 29 (1942), 6 ff.; J. Fuchs, Villinger Münster Unserer Lieben Frau (Kunstführer 549), München–Zürich 1951, ⁵1986; B. Schwineköper, Die heutige Stadt Villingen, in: Schau-ins-Land 104 (1985), 9 ff.; Kat. Kunstepochen der Stadt Freiburg, Freiburg 1970, Nr. 32, 33; Kat. Staufer 1977, Nr. 598.

Wannweil (Kreis Reutlingen)

Ehem. St. Johannes d. T., ev. Pfarrkirche
Abb. 173, 174

Von einer einschiffigen romanischen Kirche der Jahre um 1100, die an der Stelle einer römischen Villa rustica steht, blieben bei einem Neubau von 1899–1901 die gequaderte Westfassade und ein mächtiger, südlich anstoßender Turm ohne Öffnungen erhalten. An den mittelgroßen Saal (14 x 5,8 m) schloß ursprünglich eine halbrunde Apsis an. Drei eingetiefte Rundbögen über zarten Halbsäulen mit Drachenkopfknäufen gliedern die übergiebelte Fassade, eine Dekorationsform, die offenbar über das Elsaß auf Oberitalien verweist. Im Erdgeschoß des Turmes befindet sich eine gratgewölbte Kapelle (Grabraum?) mit einer rechteckigen Altarnische nach Osten. Das obere Ende ihrer Eckpfosten schmücken Flechtbandornamente, ein Vogel und ein spitzbärtiger Kopf. Vielleicht sind diese 107 cm hohen Steine die ehemaligen Portalpfosten.
Ein flachreliefierter Türsturz (150 cm lang, 45 cm hoch), der zuletzt in die Südmauer der Kirche eingemauert war, befindet sich heute im Württembergischen Landesmuseum Stuttgart. Mit aufgerissenen Rachen rahmen zwei Untiere (Aspis und Drachen?) mit gedrehten Schlangenleibern die linke Hälfte des Rechtecks. Auf der rechten Seite stehen sich ein geflügelter Basilisk und ein Löwe (?) gegenüber. Zwischen ihren Mäulern erkennt man ein Dreiblatt. Das Feld zwischen den wohl apotropäisch zu verstehenden Tieren füllen eine weitere Blüte, eine runde Scheibe mit einem eingeritzten Kreuz, ein leeres Inschriftfeld und die Vorderbeine der Tiere.

Lit.: Inv. Schwarzwaldkreis: Oberamt Reutlingen, Stuttgart 1897, 268 ff.; Fastenau 1907, 39, 64; Troescher 1952, 17 ff.

Weikersheim-Schäftersheim (Main-Tauber-Kreis)

Ehem. St. Nikolaus, ev. Pfarrkirche

Die erhöht über der Dorfstraße liegende (1938 erneuerte), ehemals von Mauer und Graben umgebene Kirche ist ein Beispiel jener spätromanischen Wehrkirchen, die W. v. Erffa zusammenstellte. Nach G. Hoffmann war sie bis 1403 lediglich eine von Weikersheim abhängige Kapelle. An einen einfachen Saal schließt ein rippengewölbter Chorturm an, dessen Einzelformen auf 1240/50 verweisen. Links neben dem Ostfenster des Chors hat sich ein stark nachgezeichnetes Fresko eines stehenden Bischofs mit Buch und Stab erhalten. Die Gewandung der kräftigen Gestalt zeigt typische Merkmale des sog. Zackenstils. Der seinen Mantel teilende Martin auf der anderen Fensterseite dürfte jünger sein.
Von einem zwischen 1157 und 1167 von Herzog Friedrich IV. von Rothenburg, dem Sohn König Konrads III., ge-

Weikersheim-Schäftersheim. Ev. Pfarrkirche, Fresko neben dem Ostfenster des Chors

stifteten Prämonstratenserinnenkloster südlich des Dorfes (heute Gutshof) sind keine mittelalterlichen Reste erkennbar.

Lit.: G. Hoffmann, Zu den neuaufgedeckten Wandbildern in Schäftersheim, in: WFr 20/21 (1939/40), 212 ff.; K.-E. Sauer, Kloster Schäftersheim, in: WFr 61 (1977), 70 ff.

Weingarten (Kreis Ravensburg)

Benediktinerklosterkirche St. Martin von Tours und St. Oswald
Abb. 192, 193

Mit der Errichtung der barocken Klosterkirche (Baubeginn 1715) ging das bis zu diesem Zeitpunkt weitgehend erhaltene Münster, einer der bedeutendsten romanischen Großbauten unseres Gebietes, bis auf wenige Reste unter. Auf dem Martinsberg existierte vermutlich bereits seit fränkischer Zeit eine Pfarrkirche. Nach 934 gründete Heinrich »mit dem goldenen Pflug« zusammen mit seiner Gattin Hatta und seinem Sohn Konrad (dem später heilig-

Weingarten. Ansicht des Klosters von G. Bucelin, 1627

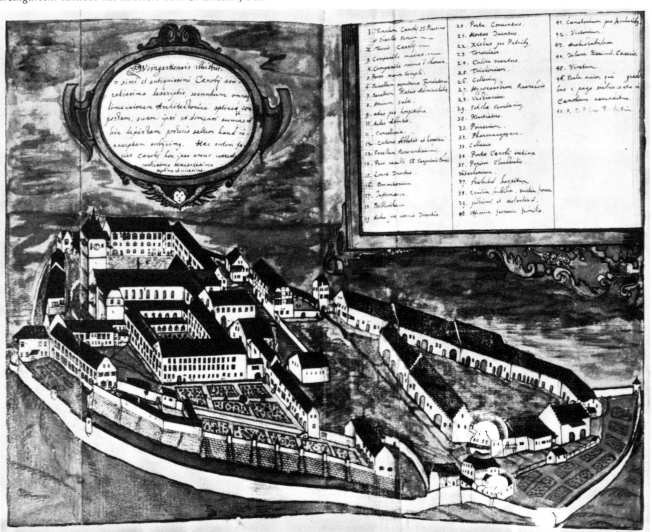

gesprochenen Bischof von Konstanz) in Altdorf am Fuß des Berges ein Nonnenkloster. Nach einem Brand (1053) errichtete Welf III. den Nonnen auf dem Berg ein Kloster, das den Namen Weingarten erhielt. 1056 trat sein Neffe Welf IV. die Nachfolge an. Um Erbstreitigkeiten zu verhindern, ließ er die Nonnen ihren Platz mit Mönchen aus Altomünster tauschen. 1098 unterstellte Welf IV. sein Hauskloster dem Papst. Durch die Stifterfamilie war so der Anschluß an die gregorianische Partei, durch die Lage des Klosters der Anschluß an die alemannische Reformgruppe von Einsiedeln gesichert. Zudem kam Abt Walicho (1088–1108) aus Hirsau, dem schwäbischen Reformkloster. Den Mönchen genügte die 1053–1055 errichtete »Nonnenkirche« noch bis 1124. Erst in diesem Jahr begann Abt Kuno von Waldburg (1109–1132) einen Neubau, den Bischof Berthold von Konstanz im Jahr 1182 weihte.

K. Hecht hat – nach A. Mettler – die Reste dieser Großbauten und ihrer Vorgänger untersucht und die Bauten mit Hilfe alter Ansichten und Grabungen rekonstruiert. Das »Nonnenkloster« Weingarten I (1053–1055) war eine dreischiffige Basilika von gut 14 m Länge mit rechtwinklig ummantelter Apsis. Sie lag im Südosten außerhalb des heutigen Querhauses.

Weingarten II (1124–1182) war ein einheitlicher Neubau von 82 m Länge, der weitgehend auf der Fläche der Barockkirche stand. Von ihm sind Teile der südlichen Umfassungsmauer (Abschluß der alten Klausur), der südwestliche Winkel des Südquerarms, die Außenwand der südlichen Abseite im Bruderhof und die südliche Hälfte vom Unterbau des südlichen Fassadenturms erhalten. Die Rekonstruktion ergibt eine dreischiffige Säulenbasilika von neun Jochen – die beiden östlichen Stützenpaare begrenzten als Pfeiler den Chorus minor – mit einer ausgeschiedenen quadratischen Vierung und etwa quadratischen Querschiffarmen. Nach Osten schloß ein Presbyterium mit zwei Apsidiolen an. Zwei rechteckige Kapellen im Norden und Süden waren durch kleine Durchgänge mit dem Chorraum verbunden. Zwischen die beiden um Mauerstärke über die Flucht der Seitenschiffe ausladenden Fassadentürme im Westen war eine durch zwei Säulen in sechs kreuzgratgewölbte Joche unterteilte Vorhalle (die Grabkapelle der Welfen) mit eigener Altarnische eingebunden. Dieses Münster war der bedeutendste Bau der seeschwäbischen Romanik des 12. Jh. und das letzte große Bauwerk der Benediktiner im Mittelalter in Oberschwaben. Seine Gestalt zeigt deutliche Anregungen aus Hirsau (Verzicht

auf eine Krypta trotz bedeutender Reliquienschätze, Pfeiler als Grenze des Mönchschors), ist aber besonders den Vorbildern des Bodenseegebietes verpflichtet (geradliniger Chorschluß, abgeschlossene Chorkapellen und Querhaus wie in Konstanz, Doppelapsiden wie in Reichenau-Mittelzell).

Aus Weingarten stammen mehrere bedeutende romanische Handschriften in zum Teil noch originalen Einbänden. In die New Yorker Pierpont Morgan Library gelangte das Graduale und Missale des Hainricus Sacrista (M. 711), eine liturgische Handschrift des späten 12. Jh., die streng linear aufgefaßte ganzseitige Illustrationen (u. a. Verkündigung, Weltgericht, Kreuzigung), szenische Initialen und allein vier Darstellungen des Hainricus auszeichnet. Hainricus, der auch unter der Marienkrönung des silbernen Buchdeckels erscheint, gilt als Stifter und Miniator des Kodex.

Das ebenfalls in der Morgan Library (M. 710) aufbewahrte Berthold-Missale von etwa 1220 ist das Glanzstück einer ganzen Gruppe von Handschriften aus dem frühen 13. Jh. Es ist u. a. mit 21 ganzseitigen Miniaturen geschmückt, die zwei Künstler für Abt Berthold von Haimburg (1200–1232) schufen. Die plastisch bewegten Szenen und Figuren gehören zu den eigenwilligsten Leistungen der spätromanischen Kunst. Auch diese Prachthandschrift hat noch ihren ursprünglichen Edelmetalldeckel. Eine thronende Madonna mit Kind umgeben die Evangelisten mit ihren Symbolen, die Erzengel Gabriel und Michael, Humilitas und Virginitas sowie die hll. Oswald, Martin, Nikolaus und Abt Berthold.

Lit.: A. Mettler, Das romanische Münster in Weingarten, in: WVjHLG 40 (1934), 31 ff.; K. Hecht, Die mittelalterlichen Bauten des Klosters, insbes. die beiden ersten Münster, in: Festschrift zur 900-Jahr-Feier der Abtei Weingarten, Weingarten 1956, 254 ff., vgl. 333 ff.; M. Harrsen, Central European manuscripts in the P. Morgan Library, New York 1958, Nr. 17, 20; vgl. Kat. Staufer 1977, I 726–729; Kat. Suevia Sacra 1973, 176, 185–189, 192–196.

Weinsberg (Kreis Heilbronn)

Ev. Stadtkirche St. Johannes d. T.
Abb. 90–93

Die hochgelegene Kirche ist neben der bekannten Burgruine Weibertreu das bemerkenswerteste Denkmal der ummauerten Stadt. Sie liegt an deren Nordwestecke nahe der Burg. Offenbar ersetzte der Bau in mehreren Abschnitten einen Vorgänger. Auffallend sind viele kleine

Unstimmigkeiten (Achsabweichungen, unsaubere Bogen-
führung, Sprünge in der Gesimshöhe). Ältester Teil (frühes 13. Jh.) ist das aus schönem Großquaderwerk errichtete dreischiffige flachgedeckte Langhaus von sieben Jochen, das außen Rundbogenfriese schmücken. Die Querschnittfassade öffnet ein Stufenportal, dessen überreich
ornamentierte Säulen durch Kopien ersetzt sind. Das mit
flach reliefierten Kreuzen und Lilien gefüllte Bogenfeld
umläuft die Inschrift: O QUI TERRENIS INHIAS
HOMO DESIPUISTI HIS QUID IN OBSCENIS
GAUDES COLE NUMINA CHRISTI + CONRADUS
(»O Mensch, der du nach dem Irdischen verlangst, wie tö-
richt bist du! Was erfreust du dich an solchem Unrat? Ehre
die Gebote Christi! + Conradus«).

Den hohen Innenraum teilen Säulen und Pfeiler in regelmäßiger Folge; die Unregelmäßigkeit auf der Südseite
muß eine spätere Veränderung sein, die mit der Orgel-
bühne zusammenhängt, hier sind die Stützen zum Teil
stuckummantelt. Während die westlichsten Bögen noch
halbrund sind, haben die folgenden eine leichte Spitze. Die
blockartigen Kapitelle mit ihrem netzartig reichen Blatt-
schmuck und die vielfach gestuften Kämpfer stammen aus
dem frühen 13. Jh. Ein Gesims setzt den noch rundbogigen Obergaden ab, auf dessen Nordwand Teile einer gotischen Freskenfolge freigelegt wurden. Am Ansatz der öst-
lichsten, am stärksten gespitzten Arkade erkennt man
deutlich eine vertikale Baunaht. Hier stand wahrscheinlich
die angeblich rechteckige Apsis des Vorgängers. Der um
mehrere Stufen erhöhte quadratische Chorraum ist mit
seinen ebenfalls quadratischen Nebenräumen der zeitlich
folgende Teil. Er öffnet sich in einem vierfach gestuften
Spitzbogen ins Langhaus; unter dem Dachansatz verdeckt
eine Bogenfolge einen Laufgang. Das achtteilige blüten-
besetzte Rippengewölbe des Altarraums, dessen Mitte ein
gewaltiger Schlußring bildet, ruht auf Dienstgruppen. Es
ist dem im Westbau von Faurndau verwandt und dürfte
um 1240/50 anzusetzen sein. Eine prachtvolle Dreierfen-
stergruppe führt in einen in der Gotik angebauten Saal-
chor. Der Altarblock ist spätromanisch.

Der über dem Altarquadrat aufsteigende Chorturm ist der
jüngste Bauteil; wie in Schwäbisch Gmünd vermitteln
Eckschrägen zum Oktogon. Die Kästchengliederung seiner Freigeschosse läßt auf eine Entstehung um die Jahr-
hundertmitte schließen. Unter dem südlichen Nebenchor
wölbt sich ein kleines Oratorium, das sogenannte »Pfaf-
fenloch«. Der rätselhafte Raum besitzt noch den ursprünglichen Altar.

Der Oberstenfeld verwandte Bau ist ein sehr gutes Beispiel
für jene Gruppe, die die moderne Form der Rippenwölbung nur als Auszeichnung des liturgisch wichtigsten Teils
aufnimmt.

Lit.: Inv. Neckarkreis, Stuttgart 1889, 512 ff.; P. Veith, Johanneskirche
Weinsberg, Weinsberg o. J. (um 1972).

Weißenau → Eschach-Weißenau

Wertheim-Bronnbach (Main-Tauber-Kreis)

Ehem. Zisterzienserkloster, kath. Pfarrkirche St. Marien
Abb. 119–122

Die kürzlich von einem Privatbesitzer (der sie wenig pfleg-
lich behandelte) an den Staat verkaufte Anlage auf dem
rechten Ufer der Tauber nahe deren Einmündung in den
Main ist eine der bedeutendsten Anlagen, die die Zisterzienser im Süden Deutschlands (→ Maulbronn, Bebenhausen) hinterlassen haben. Auf einem vom Fluß her ansteigenden Gelände liegt das mit etlichen Gebäuden verschiedenen Alters besetzte Klosterareal, das seit dem späten 19. Jh. unglücklicherweise eine Landstraße durch-
quert.

Die Überlieferung der Gründungsgeschichte variiert nur
in Details. Offenbar beschlossen unter dem Eindruck der
Kreuzzugspredigten Bernhards von Clairvaux (1146) die
fränkischen Edelfreien Billung von Lindenfels, Erlebold
von Krensheim, Sigebod und Dragobod von Zimmern
(vielleicht auch Beringer von Gamburg), ihr »castrum
Brunnebach« über Bronnbach und zugehöriges Land dem
noch jungen Orden zu schenken. Die Schenkung nahm
Abt Dieter von Maulbronn entgegen. 1151 kamen die ersten Mönche unter Reinhard von Frauenberg aus Waldsas-
sen, doch erfolgte ab 1166 die Besiedlung nur noch aus
Maulbronn. Da die Zisterzienser wasserreiche Täler be-
vorzugten, zogen sie 1157 in das heutige Talgelände, das
ihnen Erzbischof Arnold von Mainz überließ. Die Annahme B. Reuters, bereits in diesem Jahr sei die erhaltene
Klosterkirche – einer der großartigsten Ordensbauten der
deutschen Romanik – begonnen worden, ist kaum zu halten. Wie überall entstanden zuerst eine Behelfskirche und
vorläufige Wohnbauten. Der im wesentlichen 1222 geweihte Bau dürfte wohl kaum vor 1160 begonnen worden
sein.

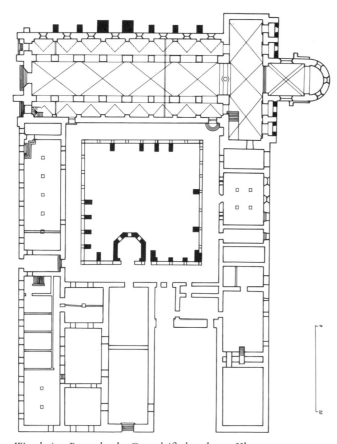

Wertheim-Bronnbach. Grundriß des ehem. Klosters

ausladendes Querschiff setzt eine halbrunde Apsis mit quadratischem Vorchorjoch an, das je zwei rechteckige Kapellen flankieren.

Der Aufriß ist zweigeschossig. Die ungemein schlanken Arkaden mit Unterzügen auf Halbsäulen begrenzt ein Horizontalgesims. Je zwei Rundbogenfenster – im ersten Joch zusätzlich ein Rundfenster – sind in die Hochwand unter dem tief ansetzenden Gewölbe eingeschnitten. Dieses Gewölbe ist merkwürdig, aber nicht ohne Parallelen. Es handelt sich um eine Langtonne mit Stichkappen oder um ein Kreuzgratgewölbe ohne Gurtbogen, das Viertelkreistonnen oder ein halbiertes Gratgewölbe in den Seitenschiffen stützen. Die Gurtbogen waren aufgemalt. Neben den Gewölben weist auch die Kapitellornamentik auf französische Vorbilder hin. Nur die Hauptapsis ist unter dem Einfluß von Maulbronn nachträglich mit schweren Bandrippen eingewölbt worden. Die mächtigen Vierungsbögen im Osten und Westen (der westliche mit einer Öffnung für die Glockenseile) sind bereits angespitzt, über ihnen wurde das Querhaus als letzter Teil eingewölbt. Von der romanischen Ausstattung blieb nichts erhalten.

Während der Errichtung des Langhauses (1190–1222) entstanden die wichtigsten Gebäude um den Kreuzgang: der Kapitelsaal als Halle mit vier Freistützen unter Wulstrippen, das Refektorium, das, wie bei den Zisterziensern üblich, mit seiner Schmalseite an den Kreuzgang anliegt, und der Konversenbau im Westen, dessen Erdgeschoß nur noch zum Teil romanisch ist. Vom Kreuzgang ist der östliche Flügel, der sich mit kleeblattförmigen Bögen in den Hof öffnet, der älteste (um 1230).

Lit.: Inv. Baden 4, Freiburg 1896, 6 ff.; H. Feldtkeller, Neue Ausgrabungen im Kloster Bronnbach, in: Kunstchronik 5 (1952), 37 f.; ders., Die Zisterzienserkirche in Bronnbach und ihre ursprüngliche Dachlösung, in: Zeitschrift für Kunstgeschichte 18 (1955), 199 ff.; B. Reuter, Bronnbach (Kunstführer 577), München–Zürich 1953, [10]1984; dies., Die Baugeschichte des ehem. Zisterzienserklosters Bronnbach (Mainfränkische Hefte 30), Würzburg 1958.

Wiblingen → Ulm-Wiblingen

Wittighausen-Oberwittighausen (Main-Tauber-Kreis)

Kath. Sigismundkapelle (ehem. St. Nikolaus)
Abb. 124, 125

Mit Grünsfeldhausen, Standorf und der abgebrochenen Kirche von Gaurettersheim gehört die Kapelle mit ihrem Polygonchor zu einer Gruppe rätselhafter Achteckanlagen im Gebiet der mittleren Tauber.

Grabungen wiesen 1951 die Fundamente eines zunächst geplanten gestaffelten Fünfapsidenchors nach (→ Herrenalb, Bebenhausen), den man wohl auch als Erstplanung für das Mutterkloster Maulbronn annehmen muß. In sieben Bauabschnitten entstand unter dem Einfluß verschiedener Kunstlandschaften bis um 1230/1240 eine ausgedehnte Anlage, die bis auf die im 17. Jh. abgebrochene Vorhalle erhalten blieb.

Der turmlose Außenbau der aus Quadern und Bruchstein errichteten Kirche ist schlicht. Nur die Hauptapsis, an deren Unterbau deutlich eine erste Planänderung zu erkennen ist, und die Portale sind ornamentiert. Schräge Fugen an den Hochwänden und romanische Wasserspeier lassen eine Dachlösung aus einer Giebelreihe vor dem heutigen Traufendach annehmen. Die geostete Kirche liegt auf der Nordseite des quadratischen Kreuzgangs. Sie hat ein dreischiffiges basilikales Langhaus mit vier Doppeljochen, im östlichen Teil wechseln Pfeiler mit Säulen, im westlichen Hauptpfeiler und schwächere Zwischenpfeiler. An ein

Der unregelmäßig polygonale Gemeinderaum (Durchmesser um 13 m) wurde durch den gotischen Einbau eines großen Turms über vier Pfeilern erheblich verändert. Ursprünglich hat er wohl eine Flachdecke über einer Mittelstütze gehabt. Der kleine Chor ist auf Konsolen sechsstrahlig rippengewölbt, der Blockaltar ist romanisch. Der nur in halber Höhe ursprüngliche, grob verputzte Außenbau zeigt einen kräftig gestuften Sockel, Reste einer Lisenenfolge und einen leicht angespitzten Bogenfries. Die derben Details verweisen auf eine Entstehung um 1230/40. O. Heckmann datiert die Rippenwölbung und die spitzen Bogen erst ins späte 13. Jh. Das rechteckig gerahmte Portal auf der Südseite zeigt eine lebhafte Stufung, eine – kaum von Anfang an so vorgesehene – angespitzte Bogenreihe als oberen Abschluß, eine Folge geschmückter Bogensteine und in den Zwickeln kleine Reliefs, die bei einer Erneuerung in der zweiten Hälfte des 17. Jh. in Unordnung kamen. Die altertümlich groben Darstellungen – u. a. Drachen, Krokodil, Bäume und Hirsch, geflügelter Kopf, gefesselter Hirsch, sitzende Gestalt mit Stab, Frau mit Buch – entziehen sich bisher einer überzeugenden Deutung.

Die ursprüngliche Funktion der einsam auf einem ummauerten Gottesacker über der Ortschaft stehenden Kirche ist, wie bei den anderen Bauten der Gruppe, ungeklärt, doch liegt die Annahme eines Grab- oder Memorialbaus nahe. Der Wechsel des Patroziniums von Nikolaus zum böhmischen Sigismund, nach dem die Kapelle Ziel einer Wallfahrt wurde, ist zeitlich nicht festlegbar.

Lit.: Inv. Baden 4,2: Kreis Mosbach, Freiburg 1898, 135 ff.; Heckmann 1941, 39 ff.

Wölchingen → Boxberg-Wölchingen
Wurmlingen → Rottenburg-Wurmlingen

Zwiefalten (Kreis Reutlingen)

Ehem. Benediktinerabteikirche Unserer Lieben Frau, kath. Pfarrkirche

Wie in Obermarchtal hat sich auch in Zwiefalten kein sichtbarer Rest der romanischen Klosterkirche erhalten. Das Kloster geht auf die beiden unverheirateten und erbenlosen Grafen Kuno und Liutold von Achalm zurück, die um 1085 für ihr Seelenheil und zur Stärkung der päpstlichen Partei den Beschluß zur Gründung einer Mönchsniederlassung faßten. Altenburg am Neckar, der zunächst

Zwiefalten. Ansicht der Abtei von G. Bucelin, 1628

gewählte Ort, wurde wegen Wassermangels aufgegeben. Am 8. September 1089 erfolgte die Stiftung des Klosters Zwiefalten (Zuiualta = duplices aquae = Zweitälerort) am Zusammenfluß von Kesselbach und Aach. Der dabei anwesende Abt Wilhelm von Hirsau schickte zwölf Mönche

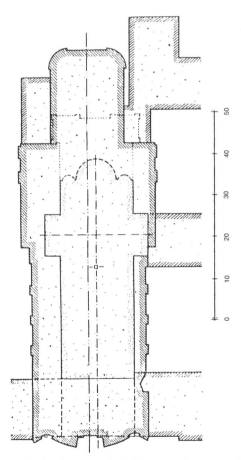

Zwiefalten. Abteikirche, Grundriß der romanischen Kirche

seines Klosters und fünf Laienbrüder in sein neues Priorat. Erster selbständiger Abt wurde 1091 der Hirsauer Mönch Nogger. Im Sinne der Hirsauer Reform entließen die Stifter das Kloster aus dem Eigenkirchenrecht und unterstellten es 1093 dem Papst.

Die Neubauten des 17. und 18. Jh. vernichteten den romanischen Bestand. Doch sind wir durch alte Ansichten, Grundrisse und einen Bestandsplan von 1732 über die Anlage unterrichtet. Die hölzernen Klosterbauten von 1097 brannten schon nach zwei Jahren ab. Eine steinerne Kirche – zunächst hatten die Mönche die Pfarrkirche benutzt – weihten 1109 die Bischöfe von Konstanz und Chur. Sie war eine kreuzförmige Säulenbasilika nach dem Muster von St. Peter und Paul in Hirsau. An eine westliche Vorhalle schlossen eine dreischiffige Basilika von sieben Jochen mit einem Pfeiler als östlichster Stütze, ein Querhaus mit Vierungsturm und ein dreiteiliger, zwei Joche tiefer und plattgeschlossener Chor an. Bei der auf den überlieferten Plänen erkennbaren Ostanlage mit zwei Türmen handelt es sich um eine Chorerweiterung des 17. Jh. Ähnlich wie in Weingarten vernichtete hier die Barockzeit einen bedeutenden Vertreter der Hirsau verpflichteten Bautengruppe.

Zeugen der Blüte der Abtei in romanischer Zeit sind etliche illustrierte Handschriften, darunter ein Psalter mit einem Bild des Himmlischen Jerusalem, eine Sammlung der Hauptgebete des Breviers mit reichem Initialschmuck, ein Martyrologium mit ganzseitigen Darstellungen aus dem Leben einzelner Heiliger und eine »Geschichte des Jüdischen Volkes« von Flavius Josephus mit Zierbuchstaben. Von den metallenen Kunstwerken des Kirchenschatzes verblieben ein Reliquienkreuz von 1122/37, auf dessen Metallverkleidung nachträglich ein bronzener Christus aufgesetzt wurde, und ein Tafelreliquiar von etwa 1138, dessen Form – Kopf, Füße und Hände Christi sind als Emailmedaillons auf eine rechteckige Platte aufgesetzt – ohne Parallele ist, im Münsterpfarramt.

Lit.: E. Gradmann, Einige Baurisse vom Zwiefaltener Münster, in: Festschrift zur Feier des 50j. Bestehens der K. Altertumssammlung in Stuttgart, Stuttgart 1912, 85 ff.; E. Fiechter, Zwiefalten (Deutsche Kunstführer 12), Augsburg 1927; H. Christ, Die Majestas Domini auf einem Evangeliar aus Kloster Zwiefalten, Augsburg 1932; A. Mettler, Das alte Münster in Zwiefalten, WVjHLG 38 (1932), 213 ff.; Kat. Suevia Sacra 1973, 119 f., 180 f.; Germania Benedictina 1975, 680 ff.; K. H. Schömig, Abteikirche Zwiefalten, Regensburg ⁶1978.

Weiterführende Literatur

Abgekürzt zitierte Periodika:

AABW   Archäologische Ausgrabungen in Baden-Württemberg 1981 ff.

DBW   Denkmalpflege in Baden-Württemberg 1 (1972) ff.

FDA   Freiburger Diözesan-Archiv 1 (1865) ff.

FuBAMB-W Forschungen und Berichte der Archäologie des Mittelalters in Baden-Württemberg 1 (1972) ff.

SVGB   Schriften des Vereins für die Geschichte des Bodensees und seiner Umgebung 1 (1925) ff.

WFr   Württembergisch Franken 1 (1882) ff.

WVjHLG   Württembergische Vierteljahreshefte für Landesgeschichte 1 (1878) ff.

ZAK   Zeitschrift für schweizerische Archäologie und Kunstwissenschaft 1 (1939) ff.

ZGO   Zeitschrift für die Geschichte des Oberrheins 1 (1850) ff.

ZWLG   Zeitschrift für Württembergische Landesgeschichte 1 (1937) ff.

E. Adam, Baukunst des Mittelalters I und II. Frankfurt–Berlin 1963

–, Baukunst der Stauferzeit in Baden-Württemberg und im Elsaß. Stuttgart–Aalen 1977

–, Baukunst der Stauferzeit am Oberrhein. In: Alemannisches Jahrbuch 1979/80, 43 ff.

A. Angenendt, Monachi peregrini. Studien zu Pirmin und den monastischen Vorstellungen des frühen Mittelalters. Münster 1972

A. Antonow, Burgen des südwestdeutschen Raumes im 13. und 14. Jahrhundert. Bühl 1977

–, Planung und Bau von Burgen im süddeutschen Raum. Frankfurt 1983

H. Appuhn, Einführung in die Ikonographie der mittelalterlichen Kunst in Deutschland. Darmstadt 1979

F. Arens, Das Werkmaß in der Baukunst des Mittelalters, 8.–11. Jahrhundert. Diss. Bonn 1938

G. Baaken, Fränkische Königshöfe und Pfalzen in Südwestdeutschland. In: Ulm und Oberschwaben 42/43 (1978), 28 ff.

E. Bachmann, Kunstlandschaften im romanischen Kleinkirchenbau Deutschlands. In: Zeitschrift des deutschen Vereins für Kunstwissenschaft 8 (1941), 159 ff.

G. Bandmann, Mittelalterliche Architektur als Bedeutungsträger. Berlin 1951

–, Zur Bedeutung der romanischen Apsis. In: Wallraf-Richartz-Jahrbuch 15 (1953), 25 ff.

J. Baum, Deutsche Bildwerke des 10. bis 18. Jahrhunderts (Kataloge der Kgl. Altertümersammlung in Stuttgart 3). Stuttgart–Berlin 1917

–, Zur Chronologie der mittelromanischen Wandmalerei in Schwaben, in: Württembergische Vergangenheit. Festschrift des Württ. Geschichts- und Altertumsvereins. Stuttgart 1932, 163 ff.

G. Binding u. a., Kleine Kunstgeschichte des deutschen Fachwerkbaus. Darmstadt 1975

–, Karolingisch-ottonische Pfalzen und Burgen. Bericht über Ausgrabungen in den letzten 20 Jahren. In: Mitt. Ges. f. vergl. Kunstforschung Wien 32 (1980), 1 ff.

–, Architektonische Formenlehre. Darmstadt 1980

– und N. Nußbaum, Der mittelalterliche Baubetrieb nördlich der Alpen in zeitgenössischen Darstellungen. Darmstadt 1978

– und M. Untermann, Kleine Kunstgeschichte der mittelalterlichen Ordensbaukunst in Deutschland. Darmstadt 1985

E. Blessing, Frauenklöster nach der Regel des Hl. Benedikt in Baden-Württemberg (735–1981). In: ZWLG 41 (1982), 233 ff.

E. Bock, Das Zeitalter der romanischen Kunst. Mit besonderer Berücksichtigung der württembergischen Denkmäler. Stuttgart 1958

–, Schwäbische Romanik. Baukunst und Plastik im württembergischen Raum. Stuttgart 1973, ²1979

–, Romanische Baukunst und Plastik in Württemberg. Stuttgart 1958, ²1973

Der Bodensee. Landschaft – Geschichte – Kultur (Bodensee-Bibl. 28). Sigmaringen 1982

W. Boeckelmann, Grundformen im frühkarolingischen Kirchenbau des östlichen Frankenreichs. In: Wallraf-Richartz-Jahrbuch 18 (1956), 27 ff.

A. Boeckler, Das Stuttgarter Passionale. Augsburg 1923

W. A. Boelcke, Handbuch Baden-Württemberg: Politik – Wirtschaft – Kultur. Stuttgart 1982

A. Borst, Mönche am Bodensee 610–1525 (Bodensee-Bibl. 5). Sigmaringen 1978

–, Lebensformen des Mittelalters. Frankfurt 1973

W. Braunfels, Abendländische Klosterbaukunst. Köln 1969

–, Abendländische Stadtbaukunst. Herrschaftsform und Baugestalt. Köln 1976

A. Brugger und Th. Hornberger, Luftbilder aus Baden-Württemberg, Konstanz ²1963

R. Budde, Deutsche Romanische Skulptur 1050–1250. München 1979

H. Büttner, Zum Städtewesen der Zähringer und Staufer am Oberrhein während des 12. Jahrhunderts. In: ZGO 105 (NF 66), 1957, 63 ff.

H. Christ, Romanische Kirchen in Schwaben und Neckar-Franken I. Stuttgart 1925

A. Dehlinger, Die Ordensgesetzgebung der Benediktiner und ihre Auswirkung auf die Grundrißgestaltung des benediktinischen Klosterbaus in Deutschland. Diss. Dresden, Leipzig 1936

O. Demus, Romanische Wandmalerei. München 1968

Deutsche Königspfalzen. Beiträge zu ihrer historischen und archäologischen Erforschung. Bd. I Göttingen 1963, Bd. II 1965, Bd. III 1979

E. Doberer, Die ornamentale Steinskulptur an der karolingischen Kirchenausstattung. In: Karolingische Kunst III, Düsseldorf 1965, 203 ff.

J. Ehlers, Adlige Stiftung und persönliche Konversion. Zur Sozialgeschichte früher Prämonstratenserkonvente. In: Festschr. W. Schlesinger (Frankfurter Hist. Abh. 5), Wiesbaden 1973, 32 ff.

M. Eimer, Die romanischen Chorturmkirchen in Süd- und Mitteldeutschland. Tübingen 1935

–, Über die sogenannte Hirsauer Bauschule. In: Blätter für Württembergische Kirchengeschichte 41 (1937), 18 ff.

–, Langobardische Steinbildner und Architekten in Südwestdeutschland. In: ZWLG 7 (1943), 161 ff.

–, Zum schwäbischen Kirchenbau im Mittelalter. In: ZWLG 8 (1944/48), 217 ff.

W. Erdmann, Zur archäologischen Erforschung der Pfalz Bodman. In: H. Berner (Hrsg.), Bodman. Dorf, Kaiserpfalz, Adel. Sigmaringen 1977

–, Zur archäologischen und baugeschichtlichen Erforschung der Pfalzen im Bodenseegebiet. Bodman, Reichenau und Zürich. In: Deutsche Königspfalzen III, Göttingen 1979, 136 ff.

W. von Erffa, Die Dorfkirche als Wehrbau. Mit Beispielen aus Württemberg. Stuttgart 1937, Nachdruck Frankfurt 1980

F. Ernst, Geschichtliche Grundlagen. In: Baden-Württemberg. Staat, Wirtschaft, Kultur. Stuttgart 1963, 13 ff.

J. Fastenau, Die Romanische Steinplastik in Schwaben. Esslingen 1907

–, Romanische Bauornamentik in Süddeutschland (Studien zur deutschen Kunstgeschichte 188). Straßburg 1916

G. P. Fehring, Die Stellung des frühmittelalterlichen Holzkirchenbaus in der Architekturgeschichte. In: Jahrbuch des Römisch-Germanischen Zentralmuseums Mainz 14 (1967), 179 ff.

–, Kirche und Burg, Herrensitz und Siedlung. In: ZGO 120 (NF 81), 1972, 1 ff.

J. Fleckenstein, Bemerkungen zum Verhältnis von Königspfalz und Bischofskirche im Herzogtum Schwaben unter den Ottonen. In: Schau-ins-Land 90 (1972), 51 ff.

–, Vom Rittertum der Stauferzeit am Oberrhein. In: Alemannisches Jahrbuch 1979/80, 21 ff.

K. Friedrich, Die Steinbearbeitung in ihrer Entwicklung vom 11. bis 18. Jahrhundert. Augsburg 1932

R. Gabel, Die romanischen Kirchtürme Württembergs. Diss. Stuttgart 1936, Tübingen 1936

K. Gamber, Sancta Sanctorum. Studien zur liturgischen Ausstattung der Kirche, vor allem des Altarraums. Regensburg 1981

F. Garscha u. a., Eine Dorfanlage des frühen Mittelalters bei Merdingen. In: Badische Fundberichte 18 (1948/50), 137 ff.

Germania Benedictina V: Die Benediktinerklöster in Baden-Württemberg. Hrsg. von F. Quarthal, Augsburg 1975

W. Giese, Zur Bautätigkeit von Bischöfen und Äbten des 10. bis 12. Jahrhunderts. In: Deutsches Archiv für Erforschung des Mittelalters 38 (1982), 388 ff.

H. Gollob, Die Entwicklung der spätantiken und frühmittelalterlichen Klosteranlage des Abendlandes. In: Studien und Mitteilungen zur Geschichte des Benediktiner-Ordens und seiner Zweige 84 (1973), 271 ff.

G. Hager, Die romanische Kirchenbaukunst Schwabens. Diss. München 1887

Handbuch der Historischen Stätten Deutschlands, Band 6: Baden-Württemberg. Stuttgart 1965, ²1980

J. Hecht, Der romanische Kirchenbau des Bodenseegebietes I. Basel 1928

– und K. Hecht, Die frühmittelalterliche Wandmalerei des Bodenseegebietes, Sigmaringen 1979

K. Hecht, Fußmaß und Maßzahl in der frühmittelalterlichen Baukunst und Wandmalerei des Bodenseegebietes. In: SVGB 97 (1979), 1 ff.

O. Heckmann, Romanische Achteckanlagen im Gebiet der mittleren Tauber. Diss. Berlin 1940, Freiburg 1941

H.-J. Heuser, Oberrheinische Goldschmiedekunst im Mittelalter. Berlin 1974

G. Himmelheber, Bildwerke des Hirsauer Kunstkreises. In: Zeitschrift für Kunstgeschichte 24 (1961), 197 ff.

I. Himmelheber, Meisterwerke der oberrheinischen Kunst des Mittelalters. Honnef 1959

P. Hofer, Die Haut des Bauwerks. Methoden zur Altersbestimmung nichtdatierter Architektur. In: Geschichte und Theorie der Architektur 1, Basel–Stuttgart 1968, 22 ff.

G. Hoffmann, Kirchenheilige in Württemberg (Darstellungen aus der Württembergischen Geschichte 23). Stuttgart 1932

W. Hotz, Kleine Kunstgeschichte der deutschen Burg. Darmstadt 1965

–, Pfalzen und Burgen der Stauferzeit. Darmstadt 1981

W. Hübener, Die frühmittelalterlichen Wehranlagen in Südwestdeutschland nach archäologischen Quellen. In: H. Patze

(Hrsg.), Die Burgen im deutschen Sprachraum (Vortr. u. Forsch. 19), Sigmaringen 1969, II 47 ff.

–, Probegrabungen im Gelände der Pfalz Neudingen. In: FuBAMB-W 6 (1979), 5 ff.

W. Irtenkauf, Stuttgarter Zimelien. Stuttgart 1985

K. U. Jäschke, Burgenbau und Landesverteidigung um 900. (Vorträge u. Forsch. Sonderband 16). Sigmaringen 1975

H. Jakobs, Die Hirsauer. Ihre Ausbreitung und Rechtsstellung im Zeitalter des Investiturstreites (Kölner Histor. Abhandlungen 4). Köln–Graz 1961

–, Kirchenreform im Hochmittelalter 1046–1215. München–Wien 1984

H. Jantzen, Ottonische Kunst. München 1947

M. Jüsten und G. Binding, Romanischer Baubetrieb in zeitgenössischen Darstellungen. Köln 1972

Katalog Staufer 1977 – Ausstellung: Die Zeit der Staufer. Geschichte – Kunst – Kultur. 5 Bde., Stuttgart 1977

Katalog Suevia Sacra 1973 – Ausstellung: Suevia Sacra – Frühe Kunst in Schwaben. Augsburg 1973

Katalog Die Zisterzienser. Ordensleben zwischen Ideal und Wirklichkeit. Aachen 1980

H.-W. Klewitz, Die Zähringer. In: Schau-ins-Land 84/85 (1966/67), 27 ff.

A. Knoepfli, Kunstgeschichte des Bodenseeraumes I. Konstanz–Lindau 1961

–, Vier Bilder zur Kunstgeschichte des Bodensee-Gebietes. In: SVGB 99/100 (1981/82), 301 ff.

F. Kocher-Benzing, Die Grundtypen der romanischen Kirchenbaukunst im südwestlichen Deutschland. Diss. Tübingen 1955

E. König, Die süddeutschen Welfen als Klostergründer. Stuttgart 1934

H. Konow, Die Baukunst der Bettelorden am Oberrhein. Berlin 1954

H. Kubach, Architektur der Romanik. Stuttgart 1974

H. Kunze, Die Klosterkirche in Limburg an der Haardt und die Frage der Doppelturmfassade am Oberrhein. In: Oberrheinische Kunst 10 (1942), 5 ff.

K. Kunze, Himmel in Stein. Das Freiburger Münster. Vom Sinn mittelalterlicher Kirchenbauten. Freiburg 1980

E. Lacroix und H. Niester, Kunstwanderungen in Baden. Stuttgart 1959

Das Land Baden-Württemberg. Amtliche Beschreibung nach Kreisen und Gemeinden. Stuttgart 1974 ff. (I 109 ff.: Abriß der Landesgeschichte)

A. Legner, Deutsche Kunst der Romanik. München 1982

E. Lehmann, Über die Bedeutung des Investiturstreits für die deutsche hochromanische Architektur. In: Zeitschrift des dt. Vereins für Kunstwissenschaft 7 (1940), 75 ff.

–, Vom Sinn und Wesen der Wandlung in der Raumanordnung der deutschen Kirche des Mittelalters. In: Zeitschrift für Kunst 1 (1947), 24 ff.

–, Die entwicklungsgeschichtliche Stellung der karolingischen Klosterkirche zwischen Kirchenfamilie und Kathedrale. In: Wiss. Zeitschrift der Universität Jena 2 (1952/53), 131 ff.

–, Grundlinien einer Geschichte der romanischen Baukunst in Deutschland. In: Festschrift W. Schubert, Weimar 1957, 37 ff.

–, Die Architektur zur Zeit Karls des Großen. In: Karolingische Kunst III, Düsseldorf 1965, 301 ff.

–, Kaisertum und Reform als Bauherren in hochkarolingischer Zeit. In: Festschrift P. Metz, Berlin 1965, 74 ff.

L. Leonards, Frühe Dorfkirchen im alemannischen Oberrheingebiet rechts des Rheins. Diss. TH Karlsruhe 1958

O. Linck, Vom mittelalterlichen Mönchtum und seinen Bauten in Württemberg (Veröffentlichungen des Württ. Landesamtes für Denkmalpflege 5). Augsburg 1931

–, Mönchtum und Klosterbauten Württembergs im Mittelalter, Stuttgart 1953

K. Löffler, Die schwäbische Buchmalerei in romanischer Zeit. Augsburg 1928

Luftbildatlas Baden-Württemberg. München–Neumünster 1971

D. Lutz, Archäologie des Mittelalters. In: DBW 11 (1982), 66 ff.

–, Bibliographie zur Archäologie des Mittelalters in Baden-Württemberg 1945–1980. In: Zeitschrift für Archäologie des Mittelalters 9 (1981), 145 ff.

–, Die Archäologie des Mittelalters in Baden-Württemberg, Entwicklung und Aufgaben. In: FuBAMB-W 4 (1977), 247 ff.

K. Maier, Mittelalterliche Steinbearbeitung und Mauertechnik als Datierungsmittel. In: Zeitschrift für Archäologie des Mittelalters 3 (1975), 209 ff.

A. Mann, Doppelchor und Stiftermemorie. Zum Kunst- und kulturgeschichtlichen Problem der Westchöre. In: Westfälische Zeitschrift 111 (1961), 149 ff.

A. Masser, Die Bezeichnungen für das christliche Gotteshaus in der deutschen Sprache des Mittelalters (Philol. Studien und Quellen 33). Berlin 1966

H. Maurer, Der Herzog von Schwaben. Grundlagen, Wirkungen und Wesen in ottonischer, salischer und staufischer Zeit. Sigmaringen 1978

H.-M. Maurer, Bauformen der hochmittelalterlichen Adelsburg in Südwestdeutschland. In: ZGO (NF 76) 1967, 62 ff.

–, Die Entstehung der hochmittelalterlichen Adelsburg in Südwestdeutschland. In: ZGO 117 (1969), 295 ff.

Hochmittelalterliche Burgen im Hegau. In: ZGO 123 (NF 84), 1975, 66 ff.

C. Meckseper, Kleine Kunstgeschichte der deutschen Stadt im Mittelalter. Darmstadt 1982

A. Mettler, Mittelalterliche Klosterkirchen und Klöster der Hirsauer und Zisterzienser in Württemberg (Veröffentlichungen des Württ. Landesamtes für Denkmalpflege 4). Stuttgart 1927

F. Möbius, Die Chorpartie der westeuropäischen Klosterkirche zwischen 8. und 11. Jahrhundert. In: Architektur des Mittelalters – Funktion und Gestalt, Weimar 1983, 9 ff.

– u. a., Symbolwerte mittelalterlicher Kunst. Leipzig 1984

R. Moller-Racke, Studien zur Bauskulptur um 1100 am Ober- und Mittelrhein. In: Oberrheinische Kunst 10 (1942), 39 ff.

P. Moraw, Über Typologie, Chronologie und Geographie der Stiftskirche im deutschen Mittelalter. In: Untersuchungen zu Kloster und Stift (Veröff. MPI 68, Stud. German. Sacra 14), Göttingen 1980, 9 ff.

W. Müller, Die Christianisierung der Oberrheinlande. In: Alemannisches Jahrbuch 1962/63, 1 ff.

–, Die Ortenau als Chorturmlandschaft. Ein Beitrag zur Geschichte der älteren Dorfkirchen. Bühl 1965

– u. a. Die Klöster der Ortenau. In: Die Ortenau 58 (1978)

–, Die mittelalterlichen Dorfkirchen im badischen Frankenland. In: Freiburger Diözesan-Archiv 98 (1978), 5 ff.

–, Zur frühen Situation des Christentums im deutschen Südwesten. In: Bausteine zur geschichtlichen Landeskunde von Baden-Württemberg. Hrsg. von der Kommission für geschichtliche Landeskunde in Baden-Württemberg anläßlich ihres 25jährigen Bestehens. Stuttgart 1979, 85 ff.

W. Noack, Stadtbaukunst und geistlich-weltliche Repräsentation im 11. Jahrhundert. In: Festschr. K. Bauch, Berlin 1957, 29 ff.

G. Noth, Frühformen der Vierung im östlichen Frankenreich. Diss. Göttingen 1967

W. Otto, Reichenauer Goldtreibarbeiten. In: Zeitschrift für Kunstgeschichte 13 (1950), 39 ff.

E. Pattis und E. Syndicus, Christus Dominator. Vorgotische Großkreuze. Innsbruck–Wien–München 1964

W. Pfefferkorn, Buckelquader an Burgen der Stauferzeit. Ludwigsburg 1977

G. Pudelko, Romanische Taufsteine. Berlin 1932

A. Rieber und K. Reutter, Die Pfalzkapelle in Ulm. Bericht über die Schwörhausgrabungen in Ulm 1953. Weißenhorn 1974

W. Rösener, Südwestdeutsche Zisterzienserklöster unter kaiserlicher Schutzherrschaft. In: ZWLG 33 (1974), 24 ff.

W. Rug, Der »bernhardinische Plan« im Rahmen der Kirchenbaukunst der Zisterzienser im 12. Jahrhundert. Diss. Tübingen 1970

W. Sage, Frühmittelalterlicher Holzbau. In: Karolingische Kunst III, Düsseldorf 1965, 573 ff.

–, Zur archäologischen Untersuchung karolingischer Pfalzen in Deutschland. In: Karolingische Kunst III, Düsseldorf 1965, 324 ff.

M. Schaab, Grundzüge und Besonderheiten der südwestdeutschen Territorialentwicklung. In: Bausteine zur geschichtlichen Landeskunde von Baden-Württemberg, Stuttgart 1979, 129 ff.

K. H. Schäfer, Pfarrkirche und Stift im deutschen Mittelalter (Kirchenrechtl. Abhandlungen 3). Stuttgart 1903, ²1962

–, Die Kanonissenstifter im deutschen Mittelalter (Kirchenrechtl. Abhandlungen 43/44). Stuttgart 1907, ²1965

A. Schahl, Beiträge zur Kenntnis der romanischen Baukunst in Oberschwaben. In: ZWLG 2 (1938), 317 ff.

M. Schefold, Alte Ansichten aus Württemberg. Stuttgart 1956/57, Nachtragsband 1974

–, Alte Ansichten aus Baden. Weißenhorn 1971

H. Schmid, Die Säkularisation der Klöster in Baden 1802–1811. Überlingen 1980

K. Schmid, Zur Problematik von Familie, Sippe und Geschlecht, Haus und Dynastie beim mittelalterlichen Adel. In: ZGO 105 (1957), 1 ff.

–, Über die Struktur des Adels im frühen Mittelalter. In: Jahrbuch für fränkische Landesforschung 19 (1959), 1 ff.

–, Welfisches Selbstverständnis. In: Festschrift G. Tellenbach, Freiburg 1968, 389 ff.

–, Adel und Reform in Schwaben. In: Vorträge u. Forsch. 17 (1973), 294 ff.

A. Schmidt, Westwerke und Doppelchöre. Höfische und liturgische Einflüsse auf die Kirchenbauten des frühen Mittelalters. In: Westfälische Zeitschrift 106 (1956), 347 ff.

E. Schmidt, Kirchliche Bauten des frühen Mittelalters in Südwestdeutschland (Katalog des Röm.-Germ. Zentralmuseums in Mainz 11). Mainz 1932

A. Schneider u. a., Die Cistercienser. Geschichte, Geist, Kunst. Köln 1973

G. Schreiber, Gemeinschaften des Mittelalters. Münster 1948

K. Schreiner, Mönchtum zwischen asketischem Anspruch und gesellschaftlicher Wirklichkeit. In: ZWLG 41 (1982), 250 ff.

L. Schürenberg, Der Anteil der südwestdeutschen Baukunst an der Ausbildung des salischen Stils. In: Zeitschrift für Kunstgeschichte 8 (1939), 249 ff.

–, Die salische Baukunst am Oberrhein. In: Deutsches Archiv für Landes- und Volksforschung 4 (1940), 13 ff.

–, Mittelalterlicher Kirchenbau als Ausdruck geistiger Strömungen. In: Wiener Jahrbuch für Kunstgeschichte 14 (1950), 23 ff.

H. Schwarzmaier, Die Klöster der Ortenau und ihre Konvente in karolingischer Zeit. In: ZGO 119 (NF 80), 1971, 1 ff.

–, Die Heimat der Staufer. Bilder und Dokumente aus 100 Jahren staufischer Geschichte in Südwestdeutschland. Sigmaringen 1976, ²1977

–, Staufisches Land und staufische Welt im Übergang. Bilder und Dokumente aus Schwaben, Franken und dem Alpenland am Ende der staufischen Herrschaft. Sigmaringen 1978

B. Schwineköper, Beobachtungen zum Problem der »Zähringerstädte«. In: Schau-ins-Land 84/85 (1966/67), 49 ff.

G. Streich, Burg und Kirche während des deutschen Mittelalters. Untersuchungen zur Sakraltopographie von Pfalzen, Burgen und Herrensitzen (Vorträge u. Forsch. Sonderband 29). Sigmaringen 1984

R. Strobel, Die Hirsauer Reform und das Würfelkapitell mit Ecknasen. In: ZWLG 30 (1971), 21 ff.

Südwestdeutsche Städte im Zeitalter der Staufer. Hrsg. von E. Maschke und J. Sydow (Stadt in der Geschichte 6). Sigmaringen 1980

B. Sütterlin, Geschichte Badens. Frühzeit und Mittelalter. Karlsruhe 1965, ²1968

J. Sydow, Bemerkungen zu den Anfängen des Städtewesens im südwestdeutschen Raum. In: Alemannisches Jahrbuch 1981/83, 93 ff.

E. Tritscheller, Die Markgrafen von Baden im 11., 12. und 13. Jahrhundert. Diss. Freiburg 1955

G. Troescher, Studien zu frühen Landkirchen im Tübinger Raum. In: Zeitschrift für Kunstgeschichte 15 (1952), 17 ff.

Vorromanische Kirchenbauten. Katalog der Denkmäler bis zum Ausgang der Ottonen. Bearbeitet von F. Oswald, L. Schäfer und H. R. Sennhauser. München 1966/70

M. Walliser-Schäfer, Entwicklung und Bedeutung der romanischen Chortürme mit Beispielen aus Schwaben und Franken. Diss. Tübingen 1986

B. Walter, Die romanische Kirchenbaukunst im badischen Frankenland. In: Badische Heimat 20 (1933), 117 ff.

H. Weigert, Das Kapitell in der deutschen Baukunst des Mittelalters. In: Zeitschrift für Kunstgeschichte 5 (1936), 7 ff.

K. Weller und A. Weller, Württembergische Geschichte im südwestdeutschen Raum, Stuttgart–Aalen ⁸1975

J. Werner, Zu den alamannischen Burgen des 4. und 5. Jahrhunderts. In: Festschrift J. Spörl, Freiburg–München 1965, 439 ff.

A. Wiedenau, Katalog der romanischen Wohnbauten in westdeutschen Städten und Siedlungen (Das deutsche Bürgerhaus 34). Tübingen 1984

F. Wiedermann, Turmburgen und Wohntürme. In: Bodensee-Hefte 7 (1956), 68 ff.

H. Wischermann, Grabmal, Grabdenkmal und Memoria (BuF 5). Freiburg 1980

Glossar

Ambo Erhöhtes Podium in der Nähe des Altars zur Verlesung von Evangelium und Epistel, Vorläufer der Kanzel

Antependium Schmückender Altarvorsatz aus Holz, Stein, Metall oder Stoff

Apsidiole Kleine → Apsis, oft in der Stärke der Wand

Apsis, Apside Meist halbrunder und mit einer Halbkuppel überwölbter Raum hinter der Altarstelle einer Kirche

Architrav Durchlaufender Steinbalken, meist auf Säulen

Archivolte Profilierte Einfassung eines Rundbogens, z. B. beim → Stufenportal

Arkade Fortlaufende Folge von Bogen über Pfeilern oder Säulen

Atrium Meist von Säulengängen umgebener offener Vorhof einer frühchristlichen oder mittelalterlichen Kirche; bei einem Ringatrium stehen die Säulen im Halbkreis um eine Apsis

Basilika Mehrschiffiger Kirchenraum mit überhöhtem Mittelschiff, das eine eigene Fensterzone (→ Obergaden) hat

Blendbogen, Blendarkade Eingetiefter Bogen oder Bogenfolge als Gliederung einer geschlossenen Wand

Bosse Un- oder rohbearbeiteter Haustein

Chor Heute meist Bezeichnung für den Altarraum der Kirche; ursprünglich war nur der Psallierchor (→ Chorus psallentium) gemeint; seit der Gotik Bezeichnung für → Chorus und Altarraum

Chorhaupt Östlich der → Vierung liegender Teil der Kirche, oft identisch mit der → Apsis

Chorus Ort des Stundengebets einer mittelalterlichen Klosterkirche, bei den Mönchen stets vor dem Hauptaltar, d.h. oft in der Vierung, wo auch das Chorgestühl

stand; bei den Nonnen meist auf einer Empore im Westen der Kirche

Chorus maior Bei den Hirsauern übliche Bezeichnung für den Aufenthaltsort der Mönche

Chorus minor Bei den Hirsauern übliche Bezeichnung für einen abgeschrankten Bereich im Ostjoch ihrer Klosterkirchen, in dem sich alte und kranke Mönche aufhielten, die nicht an der Liturgie teilnehmen konnten

Chorus psallentium Psallierchor, Ort des Stundengebets der Mönche, meist identisch mit der → Vierung

Dachreiter Glockenturmaufsatz, z. B. auf dem Chor einer Zisterzienserkirche

Deutsches Band Schicht von Steinen, die in friesartiger Folge übereckgestellt sind

Diamantband, Diamantsims Band o. ä., dessen Steine wie die Facetten eines Diamanten bearbeitet sind

Dienst Senkrechte Vorlage einer Stütze oder Wand zur Aufnahme des Gurtbogens einer Wölbung

Dormitorium Schlafsaal der Mönche

Ecksporen, Eckblätter Verzierung am Übergang von der rechteckigen Platte (Plinthe) zur runden Basis einer Säule

Gebundenes System System der Raumaufteilung einer Kirche, bei dem einem quadratischen Mittelschiffjoch auf jeder Seite zwei quadratische Seitenschiffjoche von halber Seitenlänge entsprechen

Gurtbogen Bogen, der ein Gewölbe trägt und es in Felder (→ Joch) teilt

Joch Raumabschnitt, den vier Stützen begrenzen und den meist ein Gewölbefeld überdeckt

Kämpfer Steinplatte, auf der ein Gewölbe oder ein Bogen ansetzt

Kalotte Oberteil einer sphärischen Wölbung, hier der Apsis

Kapitelsaal Versammlungsraum der Mönche innerhalb der → Klausur

Karner Beinhaus zur Lagerung der beim Ausheben neuer Gräber gefundenen Gebeine

Kenotaph Leeres Grab (Pseudograb) zur Erinnerung an einen Toten

Klausur »Abgeschlossener«, d. h. innerer Bereich des Klosters, der nur den Mönchen zugänglich ist

Kolonnade Fortlaufende Folge von Säulen unter einem → Architrav im Gegensatz zur → Arkade

Konfessio Märtyrergrab oder Grab des Titelheiligen einer Kirche, das unter dem Hauptaltar (→ Krypta) liegt

Konsekrationskreuz Bei der Kirchweihe angebrachtes Kreuz, meist an der Innenwand

Krypta Unterirdischer, selten halb unterirdischer, fast immer gewölbter Raum zur Verehrung der in der → Konfessio aufbewahrten Reliquien in Gestalt einer Halle (drei gleich hohe Schiffe), einer Folge von Gängen (Gangkrypta) oder sich kreuzender Stollen (Stollenkrypta)

Lisene Senkrechter flacher Mauerstreifen zur Gliederung der Fläche, im Gegensatz zum → Pilaster ohne Kapitell und Basis

Obergaden Fensterzone in der Hochwand eines Kirchenmittelschiffs

Paradies Offene Vorhalle oder Vorhof einer Kirche

Parlatorium Sprechraum innerhalb der → Klausur eines Klosters

Pilaster Rechteckige Wand- oder Stützenvorlage mit Basis und Kapitell

Presbyterium Altarraum einer Kirche

Psallierchor → Chorus psallentium

Quadratischer Schematismus Gliederungsform des Grundrisses (gelegentlich auch des Aufrisses) einer Kirche, die das Quadrat der → Vierung als Grundlage nimmt

Refektorium Speisesaal des Klosters

Ringatrium → Atrium

Sanktuarium Hauptaltarraum einer Kirche, identisch mit → Presbyterium

Schildwand Mauer über dem Gewölbeansatz an der Fensterseite eines → Jochs

Sepulkrum Reliquienbehälter in einem Altar

Stichkappe Kleines Gewölbe, das über einem Fenster oder Bogen ansetzt und quer zur Richtung des Hauptgewölbes verläuft

Stützenwechsel Regelmäßiger Wechsel von Pfeilern und Säulen oder von verschiedenartigen Pfeilern

Stufenportal Portalform, bei der sich die Seiten (Gewände) der Öffnung stufenweise verengen

Triforium Durch Bogen vergitterter Laufgang unter der Fensterzone einer Kirche; liegt die Gliederung unmittelbar auf der Wand, spricht man von einem Blendtriforium

Trikonchos Auch Dreikonchenanlage, Chorform aus drei wie ein Kleeblatt angeordneten halbrunden → Apsiden (Konchen)

Trommel Zylindrischer Hauptteil einer Säule oder eines Rundpfeilers

Vierpaß Geometrische Figur aus kleeblattförmig geordneten Kreisbogen in einem Kreisrahmen

Vierung Durchdringungsraum von Langhaus und Querhaus einer Kirche; bei der »ausgeschiedenen« Vierung sind die vier Bogen gleich weit und hoch, bei der »abgeschnürten« sind meist die Bogen im Süden und Norden kleiner als die übrigen

Bildnachweis

Badisches Landesmuseum Karlsruhe: Abb. 5
Günter Beck, Pforzheim: Abb. 77
Dr. Otto Beck, Otterswang: Abb. 185
Bildarchiv Foto Marburg: Abb. 69
Bildverlag Freiburg: Abb. 37
Luftbild Albrecht Brugger, Stuttgart:
    Abb. 64 (2/42035 C), 73 (2/5820), 141 (2/10157)
Joachim Feist, Pliezhausen: Abb. 1–4, 6, 8–22, 25, 26, 28,
    39, 40, 48–53, 57, 58, 60–63, 65–68, 71, 91, 94, 97, 99,
    117, 119–120, 132, 133, 138, 142, 146, 148, 149,
    151–159, 164–181, 183, 184, 186–191, 195. Textseiten
    242, 247 rechts, 259 links, 268, 270, 273, 291, 295, 296,
    299, 304, 316, 320, 323
Peter Fuchs, Weinheim: Abb. 27, 29, 32–36, 41–47, 70,
    74–76, 78–90, 92, 93, 95, 98, 100–116, 118, 121–126,
    128–130, 136, 137, 139, 140, 143–145, 147, 160–163.
    Textseiten 257, 277, 288, 293, 309, 324
Leif Geiges, Staufen: Abb. 38

Germanisches Nationalmuseum Nürnberg: Textseite 272
Hauptstaatsarchiv Stuttgart: Textseite 303
Dr. Helmut Hell, Reutlingen: Abb. 54–56, 59, 127, 182,
    194. Textseite 239
Historisches Museum Basel: Abb. 23
Otto Kasper, Singen: Abb. 7
Landesdenkmalamt Stuttgart: Abb. 96, 150
Metropolitan Museum of Art, New York: Abb. 31
Siegfried Pfefferle, Münstertal: Abb. 30
Pierpont Morgan Library, New York: Abb. 192, 193
Peter Puch, Klagenfurt: Abb. 24
Städt. Museum Ravensburg: Textseite 259 rechts
Traute Uhland-Clauss, Esslingen: Abb. 131, 134, 135
Württembergische Landesbibliothek Stuttgart: Textseiten
    285 oben, 308, 325, 329

Die Zeichnungen im Text fertigte Rolf Salzmann, Stuttgart.

Bücher über Baukunst

Gottfried Kiesow

Romanik in Hessen

280 Seiten mit 160 Tafeln, davon 22 in Farbe. 25 x 25,5 cm. Leinen.
In Text und Bild zeigt dieses Buch, daß Hessen eine erstaunlich große Zahl herausragender und gut erhaltener romanischer Bauten besitzt. Ihre stilistische Entwicklung aus der Kunst der vorromanischen Epochen und ihre Eigenart werden in den Kapiteln über karolingische, ottonische, salische und staufische Kunst erläutert. Detaillierte Informationen bietet der alphabetisch geordnete Katalog im zweiten Teil des Buches, in dem 100 Bauten und ihre Ausstattungsstücke einzeln vorgestellt werden. Mit diesem großen Bildtextband wird die romanische Kunst im Bundesland Hessen zum erstenmal im Zusammenhang vorgestellt und gewürdigt.

Walter Haas / Ursula Pfistermeister

Romanik in Bayern

352 Seiten mit 198 Tafeln, davon 19 in Farbe. 25 x 25,5 cm. Leinen.
Im heutigen Bundesland Bayern sind zahlreiche romanische Bauwerke erhalten geblieben. Noch größer ist die Zahl der romanischen Bauten, die in der Gotik oder im Barock umgebaut oder durch Neubauten ersetzt wurden. Der vorliegende Band stellt in Text und Bild nicht nur die in Bayern erhaltenen Bauwerke der Romanik vor, sondern auch Werke der Skulptur, der Wandmalerei, der Goldschmiedekunst und der Buchmalerei. Mit ausführlichem Ortsverzeichnis.

Konrad Theiss Verlag

Helmut Roth

Kunst und Handwerk im frühen Mittelalter

Archäologische Zeugnisse von Childerich I. bis zu Karl dem Großen. 320 Seiten mit 111 Textabb. und 112 Tafeln, davon 52 in Farbe. 25 x 25,5 cm. Leinen.
Eine zusammenfassende Darstellung von Kunst und Handwerk im Europa des 5. bis 9. Jh. und ihrer Einbettung in Leben und Alltag der damaligen Zeit. Im Mittelpunkt stehen die Kernlande des alten Europa. Vieles, auch der Fachwelt nur wenig Bekanntes, wird erstmals in Text und Bild vorgeführt. Gold- und Silberschmiede, Bronzegießer und Elfenbeinschnitzer, Glasmacher und Kunsttöpfer als tätige Menschen des frühen Mittelalters mit zum Teil erstaunlichen technischen und künstlerischen Fähigkeiten werden erst durch die Archäologie aus ihrer meist namenlosen Vergessenheit geholt. Aus dem Inhalt: Aus der Forschung – Vom Schicksal berühmter Funde – Personen, Territorien und Ereignisse – Kunstbegriff und Kunstverständnis im frühen Mittelalter – Künstler und Handwerker – Kunst, Handwerk und Gesellschaft – Erscheinungsformen von Kunst und Handwerk.

Volker Himmelein / Klaus Merten
Wilfried Setzler / Peter Anstett

Barock in Baden-Württemberg

256 Seiten mit 168 Tafeln, davon 78 in Farbe. 25 x 25,5 cm. Leinen.
Als ein außergewöhnlich wertvolles Buch erweist sich der Bildband über den Barock in Baden-Württemberg. Die Arbeit des Autorenteams bietet sowohl dem Laien wie dem Kunstliebhaber, dem Heimatkundler wie dem Historiker einen reichen Einblick in die barocken Baudenkmäler des Südweststaates – in ausführlicher Wortdarstellung und in einem reichhaltigen Bildangebot.

Bücher über Baukunst

Ulrich Marstaller

*Die Peterskirche in
Weilheim*

Fotos von J. Feist. 72 Seiten mit 25 Tafeln, davon 12 in Farbe. 21 x 20,5 cm. Farbiger Einband.
Die Geschichte, Architektur und Ausstattung der jüngst renovierten Kirche.

Kloster Blaubeuren – 900 Jahre

Hrsg. von Gerhard Dopffel und Gerhard Klein. 168 Seiten mit 37 Abbildungen. 21 x 20,5 cm. Farbiger Einband.
Die Bau- und Kulturgeschichte des Klosters Blaubeuren.

Hermann Baumhauer / Joachim Feist

*Das Ulmer Münster
und seine Kunstwerke*

108 Seiten mit 71 Tafeln, davon 11 in Farbe. 21 x 20,5 cm. Leinen.

Hermann Baumhauer / Joachim Feist

*Kirche und Abtei
Neresheim*

64 Seiten mit 32 Tafeln, davon 16 in Farbe. 21 x 20,5 cm. Farbiger Einband.
Entstehung, Geschichte und Schönheit des großen Kunstziels auf dem Neresheimer Ulrichsberg in Text und Bild.

Konrad Theiss Verlag